J. L. Collins

DER EINFACHE WEG ZUM REICHTUM

J.L. Collins

DER EINFACHE WEG ZUM REICHTUM

IHR SCHLÜSSEL ZU FINANZIELLER UNABHÄNGIGKEIT UND EINEM REICHEN, FREIEN LEBEN

FBV

Mit einem Vorwort von
MR. MONEY MUSTACHE

Bibliografische Information der Deutschen Nationalbibliothek
Die Deutsche Nationalbibliothek verzeichnet diese Publikation in der Deutschen Nationalbibliografie. Detaillierte bibliografische Daten sind im Internet über https://dnb.de abrufbar.

Für Fragen und Anregungen
info@m-vg.de

2. Auflage 2026

Türkenstraße 89
80799 München
Tel.: 089 651285-0

Die englische Originalausgabe erschien 2016 unter dem Titel *The Simple Path to Wealth*.

Übersetzung: Prof. Dr. Fritz Söllner
Redaktion: Ulrich Wille
Korrektorat: Manuela Kahle
Umschlaggestaltung: Sonja Vallant, in Anlehnung an das Design der englischen Originalausgabe
Umschlagabbildung: Trisha Ray
Satz: ZeroSoft, Timisoara
Druck: GGP Media GmbH, Pößneck
Printed in Germany

ISBN Print 978-3-95972-491-3
ISBN E-Book (PDF) 978-3-96092-932-1
ISBN E-Book (EPUB, Mobi) 978-3-96092-933-8

Inhalt

Widmung

Ich widme dieses Buch meiner Tochter Jessica, für die ich es geschrieben habe und die mich dazu inspiriert hat. Und den Lesern von www.jlcollinsnh.com, deren Fragen und Kommentare mir in den letzten Jahren geholfen haben, besser zu verstehen, was diejenigen, die finanzielle Unabhängigkeit anstreben, wissen wollen und wissen müssen.

Hinweis

Ich gebe in diesem Buch nur meine persönliche Meinung wieder. Meine Ideen und Konzepte waren wichtig für mich und haben mir sehr geholfen. Vielleicht werden sie mir in Zukunft nicht mehr nützen und vielleicht werden sie Ihnen nicht helfen.

Ich hoffe zwar, dass dieses Buch einige Ihrer Fragen beantworten und Ihnen eine wertvolle Hilfe sein wird, aber ich kann natürlich nicht wissen, wie die persönliche Situation jedes einzelnen Lesers aussieht.

Als Autor erhebe ich keinen Anspruch auf die Genauigkeit, die Vollständigkeit, die Aktualität, die Eignung oder die Richtigkeit der in diesem Buch enthaltenen Angaben. Die Haftung für etwaige falsche, fehlende oder veraltete Angaben und für etwaige daraus resultierende Verluste oder Schäden ist ausgeschlossen. Alle Angaben wurden unter der Annahme ihrer Richtigkeit gemacht.

Für Ihre Entscheidungen sind nur Sie selbst verantwortlich. Ich übernehme keinerlei Garantie.

Vorwort

Es gibt jede Menge Dinge, die Sie auf dieser Welt *unbedingt* lernen sollten. Und es gibt jede Menge Bücher über genau diese Dinge. Jedes bisschen an Wissen, das Sie jemals brauchen könnten, befindet sich schon irgendwo in einem dieser Bücher und wartet auf Sie. Oder in einem ganzen Regal von Büchern. Man könnte wahrscheinlich eine ganze Tiefgarage nur mit den Büchern füllen, die zum Thema Geldanlage geschrieben worden sind. Und wenn man die Tiefgarage schließlich gefüllt hat, stellt man fest, dass immer noch mehr solcher Bücher erscheinen.

Das Problem besteht darin, dass die meisten dieser Bücher langweilig sind und dass Sie sie schließlich mit einem Lesezeichen auf Seite 25 zur Seite legen und sie nie wieder in die Hand nehmen. Meiner Meinung nach schaffen es die meisten Autoren nicht, auch wenn sie die besten Absichten und Kenntnisse haben, ein gutes Buch zu schreiben. Sie schreiben entweder langatmig oder so trocken und schwierig, dass man denselben Absatz eine halbe Stunde lang immer und immer wieder lesen muss, während die Gedanken zu angenehmeren Gegenständen abschweifen.

J.L. Collins hat mit diesem althergebrachten Stil, Bücher über Geldanlagen zu schreiben, überhaupt nichts am Hut. Er schreibt so, dass man bei ihm seine Zuflucht nehmen möchte, wenn man genug davon hat, über Aktien zu lesen. Anstatt esoterische Gleichungen zu verwenden und das *Alpha* einer Aktie mit deren *Beta* zu vergleichen, vergleicht er den *gesamten* Aktienmarkt mit einem großen Krug *Bier* und erklärt, warum sich ein Kauf auch dann lohnt, wenn man nicht genau weiß, wie groß die Menge an Schaum ist.

Er nimmt am Lagerfeuer Platz und fängt einfach an, Geschichten zu erzählen. Und falls es in diesen Geschichten zufällig um das geht, was Sie ohnehin wissen wollten, dann erlangen Sie Ihr neues Wissen fast nebenbei.

Genau das passierte wirklich vor ein paar Jahren, als Jim eine Reihe von Blogbeiträgen über gute Geldanlagen auf www.jlcollinsnh.com zu schreiben begann. Ich habe sie alle gelesen, sobald sie erschienen sind, und sie waren so gut, dass ich begonnen habe, sie meinen eigenen Lesern zu empfehlen. Den Lesern gefielen seine Beiträge so gut, dass sie sie weiterempfahlen. Die Zahl seiner Leser ging in die Tausende, dann in die Hunderttausende.

Die Blogbeiträge von Jim sind sehr populär geworden und werden bis zum heutigen Tag immer populärer, weil die Leute es tatsächlich genießen, sie zu lesen. Es stimmt schon, der Autor hat viel Ahnung und stellt dies auch durch seinen eigenen, beneidenswerten finanziellen Erfolg unter Beweis. Aber seine Leser bleiben ihm nicht treu, weil sie sich in technischen Details ergehen wollen – sie bleiben, weil sie das Lagerfeuer genießen und eine gute Geschichte hören wollen.

Ich denke, dass diese erstaunliche Reaktion seiner Leser Jim dazu motiviert hat, seine großartigen Blogbeiträge umzuschreiben und zu erweitern und daraus dieses noch großartigere Buch zu machen. *Der einfache Weg zum Reichtum* ist ein revolutionäres Buch über Aktienanlagen (und den vernünftigen Umgang mit Geld im Allgemeinen), weil man es tatsächlich liest, es genießt und dann in der Lage ist, das

Gelernte sofort nutzbringend auf seine eigenen Finanzen anzuwenden.

Es wird Sie erleichtern zu hören, dass man sehr erfolgreich sein kann, auch wenn man sein ganzes Leben lang nur einen einzigen Vanguard-Fonds hält. Wenn man will, kann man mehr tun und ausgefallenere Anlagen wählen. Aber man verliert nichts dabei, sondern kann alles gewinnen, wenn man so einfach wie möglich investiert.

Nur sehr wenige Menschen folgen tatsächlich dem Weg zum Reichtum. Aber ich habe festgestellt, dass dieser Weg sowohl einfach als auch angenehm sein kann. Von daher sollte ein Buch über diesen Weg auch genau diese Eigenschaften haben. So wie dieses Buch.

Peter Adeney
alias Mr. Money Mustache
Colorado, im Juni 2016

Der Anfang

Wenn man nach einem Stern greift,
steht man vielleicht mit leeren Händen da,
aber nicht mit schmutzigen.

LEO BURNETT

Kapitel I: Einführung

Dieses Buch geht zurück auf meinen Blog www.jlcollinsnh.com. Der Blog geht wiederum zurück auf eine Reihe von Briefen, die ich an meine Tochter zu schreiben begann, als sie ein Teenager war. In diesen Briefen ging es um verschiedene Dinge, für die sie damals noch zu jung war, meistens aber um Geld und Geldanlagen.

Geld ist mit weitem Abstand das nützlichste Werkzeug, das wir haben, um in unserer komplizierten Welt zurechtzukommen. Wem es gelingt, sich Geld zunutze zu machen, dem wird es ein wunderbarer Diener sein. Wem dies nicht gelingt, der wird von ihm beherrscht werden.

»Aber Papa«, sagte mein kleines Mädchen einmal zu mir, »ich weiß, dass Geld wichtig ist. Aber ich möchte nicht mein ganzes Leben damit verbringen, darüber nachzudenken.« Das hat mir die Augen geöffnet. Ich liebe das Thema Geld. Aber die meisten Leute haben bessere Dinge zu tun, als in ihrer wertvollen Zeit über Geld nachzudenken. Sie bauen Brücken, heilen Krankheiten, klettern auf Berge, erfinden neue Technologien, unterrichten Kinder oder gründen Unternehmen.

Aber leider führt die Vernachlässigung von Geld und Finanzen dazu, dass man Opfer der Scharlatane der Finanzwelt wird. Sie machen das Anlegen von Geld so kompliziert wie möglich, weil es mit zunehmender Kompliziertheit immer profitabler für sie und immer teurer für uns wird und wir dann darauf angewiesen sind, ihre Dienste in Anspruch zu nehmen.

Es ist eine ebenso einfache wie wichtige Wahrheit, dass komplizierte Geldanlagen nur deshalb existieren, damit diejenigen, die sie sich ausdenken und die sie verkaufen, Gewinne machen. Aber sie sind nicht nur teurer für den Geldanleger, sie sind auch weniger zielführend.

Es gibt einige wichtige Spielregeln, die es zu beachten gilt:

- Geben Sie weniger aus, als Sie verdienen; legen Sie den Überschuss an; verschulden Sie sich nicht.
- Wenn Sie das befolgen, werden Sie reich werden. Und zwar nicht nur, was Geld angeht.
- Schulden zu haben ist genauso angenehm wie am ganzen Körper mit Blutegeln bedeckt zu sein – und hat so ziemlich denselben Effekt.
- Nehmen Sie Ihr schärfstes Messer und beginnen Sie, die kleinen Blutsauger zu entfernen.
- Falls die Ausgaben für Ihren Lebensstil genauso hoch wie – oder gar noch höher als – Ihr Einkommen sind, dann sind Sie nichts als ein Sklave an einer goldenen Kette.
- Nehmen Sie sich in Acht vor Leuten, die in Gelddingen unzuverlässig und unverantwortlich sind. So jemanden dürfen Sie nicht heiraten oder auf andere Weise an Ihr Geld heranlassen.
- Nehmen Sie sich vor Anlageberatern in Acht. Die meisten haben nur ihren eigenen Vorteil im Sinn. Wenn Sie genug wissen, um sich einen guten Anlageberater aussuchen zu können, dann wissen Sie auch genug, um sich selbst um Ihre Finanzen zu kümmern. Schließlich

ist es Ihr Geld und niemand wird sich besser darum kümmern als Sie selbst.

- Sie besitzen die Dinge, die Ihnen gehören – und diese wiederum besitzen Sie.
- Sie können sich viele Dinge mit Geld kaufen, aber nichts Wertvolleres als Ihre eigene Freiheit.
- Bei den Entscheidungen im Leben geht es nicht immer um Geld, aber Sie sollten sich bei jeder Entscheidung über deren finanzielle Konsequenzen im Klaren sein.
- Das vernünftige Anlegen von Geld ist nicht kompliziert.
- Sparen Sie einen Teil jedes Dollars, den Sie verdienen oder auf andere Weise erlangen.
- Je größer der Teil Ihres Einkommens ist, den Sie sparen und anlegen, desto eher werden Sie genug »Du kannst mich mal«-Geld haben.
- Versuchen Sie, 50 Prozent Ihres Einkommens zu sparen und anzulegen. Wenn Sie keine Schulden haben, ist das ohne Weiteres machbar.
- Hohe Ersparnisse haben zwei Vorteile: Sie lernen, mit weniger Geld auszukommen, und haben mehr Geld, um es anzulegen.
- Am Aktienmarkt können Sie ein Vermögen aufbauen; Sie sollten also in Aktien investieren. Aber Sie sollten auch wissen, dass die Kurse der eigenen Aktien fallen können, manchmal sogar sehr stark. Aber das ist völlig normal. Wenn es dazu kommt, ignorieren Sie den Kurssturz und kaufen Sie mehr Aktien.
- Das ist einfacher gesagt als getan. Denn bei Kursstürzen werden alle um Sie herum in Panik geraten und in den Medien werden Sie nur hören: Verkaufen, verkaufen, verkaufen!

- Niemand kann vorhersagen, wann es zu diesen Kursstürzen kommen wird, obwohl es viele Leute gibt, die behaupten, genau das zu können. Aber sie machen sich entweder selbst etwas vor, wollen Ihnen bloß etwas verkaufen oder beides. Ignorieren Sie diese Leute.
- Wenn Sie von 4 Prozent Ihres Vermögens pro Jahr leben können, sind Sie finanziell unabhängig.

Was mir jetzt so einfach und offensichtlich erscheint, musste ich auf die harte Tour lernen – und ich habe dazu Jahrzehnte gebraucht. Diese ersten Briefe an meine Tochter, dann mein Blog und schließlich dieses Buch sind das Resultat meiner Bemühungen, meine Erfahrungen mit ihr zu teilen: was funktioniert, wo Gefahren lauern und wie einfach alles sein kann und auch sein sollte. Ich hoffe, dass der Weg für meine Tochter einfacher sein wird, dass sie weniger Fehltritte tun wird und dass sie ihre eigene finanzielle Freiheit früher und mit weniger Mühen erreichen wird.

Jetzt, da Sie dieses Buch in die Hand genommen haben, hoffe ich dasselbe für Sie. Wir werden die oben erwähnten Spielregeln diskutieren und vieles andere mehr. Also lassen Sie uns zusammen beginnen! Am Anfang wird ein Gleichnis stehen.

Kapitel II:
Ein Gleichnis: Der Mönch und der Minister

Zwei enge Freunde, die zusammen aufgewachsen sind, haben verschiedene Wege im Leben eingeschlagen. Der eine wurde ein bescheidener Mönch, der andere ein reicher und mächtiger Minister des Königs.

Jahre später treffen sie sich wieder. Sie erzählen sich voneinander und der wohlgenährte Minister in seinen feinen Kleidern hat Mitleid mit dem mageren und schäbig gekleideten Mönch. Er möchte ihm einen guten Ratschlag geben und sagt: »Weißt du, wenn du es fertigbrächtest, dem König zu dienen, dann müsstest du nicht von Reis und Bohnen leben.«

Darauf antwortet der Mönch: »Und wenn du es fertigbrächtest, von Reis und Bohnen zu leben, dann müsstest du nicht dem König dienen.«

Die meisten von uns stehen in ihrem Leben irgendwo zwischen dem Mönch und dem Minister. Was mich angeht, so ziehe ich das Leben des Mönchs vor.

Kapitel III: Meine Geschichte – es ging mir nie darum, mich zur Ruhe zu setzen

Ich wollte nie nur deswegen finanziell unabhängig sein, um mich zur Ruhe setzen zu können. Ich arbeite gerne und ich liebe meinen Beruf. Es ging mir darum, die Wahl zu haben. Es ging mir darum, »nein« sagen zu können. Es ging mir darum, genug »Du kannst mich mal«-Geld zu haben und frei zu sein.

Im Alter von 13 Jahren habe ich angefangen zu arbeiten; sogar früher, wenn man die Zeit mitzählt, in der ich Fliegenklatschen an der Haustür verkaufte und Pfandflaschen am Straßenrand aufsammelte. Meistens habe ich gerne gearbeitet und ich habe es immer geliebt, wenn ich bezahlt wurde.

Es lag schon immer in meiner Natur zu sparen. Zu sehen, wie mein Geld sich vermehrt, fasziniert mich. Warum das so ist, weiß ich nicht. Vielleicht liegt es mir im Blut. Vielleicht hat mich meine Mutter dazu gebracht, die mir von einem roten Cabrio erzählt hat, das ich mir mit 16 Jahren würde leisten können. Aber das sollte nicht sein.

Mein Vater wurde vor meinem 16. Geburtstag krank und wenig später musste er sein Geschäft aufgeben. Mit meinen Ersparnissen finanzierte ich das College und ich lernte, dass wir in einer finanziell unsicheren Welt leben. Rote Cabrios kamen erst später. Bis heute erstaunt es mich, wenn ich von einem Mann in mittleren Jahren lese, der nach 20 Jahren seinen Arbeitsplatz verliert und unmittelbar danach pleite ist. Wie kann man zulassen, dass einem so etwas passiert? Das kommt dabei heraus, wenn man es nicht schafft, sich Geld zunutze zu machen.

Lange bevor ich den Ausdruck kannte, wollte ich »Du kannst mich mal«-Geld haben. Wenn ich mich recht entsinne, stammt der Ausdruck aus dem Roman *Noble House Hongkong*[1] von James Clavell. Als ich ihn gelesen hatte, hatte ich ein klares Ziel vor Augen und einen treffenden Namen dafür.

In dem Roman bemüht sich eine junge Frau, ihr eigenes »Du kannst mich mal«-Geld zusammenzubekommen. Damit meint sie das Geld, das man braucht, um von anderen vollkommen unabhängig zu sein und mit seinem Leben und seiner Zeit genau das tun zu können, was man will. Sie ist hinter 10 Millionen Dollar her, viel mehr, als man braucht, um finanziell unabhängig zu sein. Zumindest gilt das für mich. Es hilft sehr, wenn man ein bisschen wie der Mönch ist.

Noch etwas anderes fand ich sehr schnell heraus: Für finanzielle Unabhängigkeit ist es mindestens genauso wichtig, bescheiden leben zu können, wie eine Menge Geld zu haben. Das macht mein Gleichnis vom Mönch und vom Minister sehr deutlich.

Anders als im Roman bedeutet für mich genug »Du kannst mich mal«-Geld nicht unbedingt so viel, dass man davon bis ans Ende seiner Tage leben kann. Manchmal reicht es aus, sich eine kurze Auszeit zu nehmen. Ich nahm meine erste im Alter von 25 Jahren, nachdem ich es geschafft hatte, die fürstliche Summe von 5000 Dollar zu sparen, was mir nach zwei Jahren Arbeit für 10 000 Dollar pro Jahr gelang. Es war mein erster »qualifizier-

---

1 Clavell, James (2000): *Noble House Hongkong*, München: Droemer Knaur.

ter« Job und bis ich ihn gefunden hatte, musste ich nach dem College zwei lange Jahre hart arbeiten. Aber ich wollte reisen und mich ein paar Monate in Europa herumtreiben. Ich ging zu meinem Chef und bat ihn um vier Monate unbezahlten Urlaub. So etwas gab es damals nicht und er sagte Nein.

In jenen Tagen hatte ich keine Ahnung davon, dass man über Arbeitsbedingungen verhandeln konnte. Man bat um etwas; der Arbeitgeber entschied und antwortete; und das war's dann.

Ich ging nach Hause und dachte ungefähr eine Woche über die Sache nach. Obwohl ich meine Arbeit mochte und obwohl ich dachte, dass es schwer werden würde, einen neuen Job zu finden, entschloss ich mich zu kündigen. Dann passierte etwas Seltsames: Mein Chef sagte: »Übereilen Sie nichts und lassen Sie mich zuerst mit dem Unternehmensinhaber reden.«

Alles klärte sich und wir einigten uns auf einen unbezahlten Urlaub von sechs Wochen, den ich damit verbrachte, Irland und Wales mit dem Fahrrad zu erkunden.

Mir war zwar anfangs nicht klar, dass man über solche Dinge reden kann, aber ich lernte das ziemlich schnell. Ich bat bei dieser Gelegenheit für die Zukunft um einen Monat Urlaub pro Jahr, der mir auch bewilligt wurde. So kam ich im nächsten Jahr nach Griechenland. Mir fiel es wie Schuppen von den Augen: »Du kannst mich mal«-Geld verschaffte mir nicht nur die Mittel für solche Reisen, sondern auch die Möglichkeit, meine Arbeitsbedingungen aushandeln zu können. Ich würde niemals mehr ein Sklave sein.

Seit damals habe ich vier Jobs gekündigt und bin selbst einmal an die frische Luft gesetzt worden. Ich habe mir Auszeiten genommen, die zwischen drei Monaten und fünf Jahren lang waren. Ich habe das gemacht, um den Beruf zu wechseln, um ein Unternehmen zu kaufen, um zu reisen und – das eine Mal, als ich gekündigt wurde – ohne jeden Plan. Das letzte Mal habe ich meinen Job 2011 aufgegeben, dieses Mal in der Absicht, mich zur Ruhe zu setzen. Aber wer weiß? Ich liebe es, bezahlt zu werden.

Meine Tochter wurde während einer dieser unbezahlten Auszeiten geboren. So etwas passiert, wenn man genug Zeit hat ... Sie ist jetzt erwachsen und hat ihren Vater erlebt, als er 18-Stunden-Arbeitstage hatte und nie zu Hause war und als er spät aufstand und den ganzen Tag faulenzte. Aber sie wusste immer, dass das, was ich gerade tat, meistens genau das war, was ich tun wollte.

Ich denke, dass diese Erfahrung sie gelehrt hat, was es wert ist, Geld zu haben, und wie viel Spaß Arbeit machen kann, wenn man nicht ihr Sklave ist.

Als sie zwei Jahre alt war, ging ihre Mutter wieder zur Uni. In dieser Zeit war ich auf der Suche nach einem Unternehmen, das ich kaufen konnte, und ich hatte sehr viel freie Zeit.

Während meine Frau an den Abenden die Universität besuchte, verbrachten meine Tochter und ich endlose Stunden damit, den *König der Löwen* immer und immer wieder anzuschauen. Wahrscheinlich habe ich diesen Film öfter gesehen als alle anderen Filme zusammen. Wir lachen noch immer, wenn wir uns an die Türme aus Teetassen und an die Blockhütten erinnern, die wir gebaut haben. Aus diesen gemeinsam verbrachten Stunden entstand ein enges Verhältnis zwischen uns, das uns beiden viel wert ist.

Obwohl ich damals kein regelmäßiges Arbeitseinkommen hatte, beschlossen wir, dass meine Frau ihren Job aufgeben und als Hausfrau und Mutter daheimbleiben sollte. Ihr gefiel zwar die Idee, aber es war sehr schwer für sie. Wie ich hatte sie seit ihrer Kindheit gearbeitet und dies sehr gerne getan. Ihr kam es vor, als ob sie ohne einen Job nichts zu unserem Leben beitragen würde.

»Wir haben genug ›Du kannst mich mal‹-Geld«, sagte ich zu ihr. »Wir brauchen keine Luxusautos oder ein größeres Haus. Wenn du weiterarbeiten würdest, was könnten wir uns von dem Geld kaufen, das mehr wert wäre als die Zeit, die du daheim mit unserer Tochter verbringen kannst?«

So gesehen war die Entscheidung einfach. Sie gab ihren Job auf. Es war bei Weitem der beste »Kauf«, den wir je machten. Natürlich bedeutete das auch, dass wir kein Arbeitseinkommen hatten. Trotzdem wuchs während der drei Jahre, in denen keiner von uns arbeitete, unser Nettovermögen. Damals erkannten wir zum ersten Mal, dass wir mehr erreicht hatten, als nur »Du kannst mich mal«-Geld zu haben. Wir waren vollständig finanziell unabhängig geworden.

Was mich anging, so gelang es mir nicht, ein Unternehmen zu finden, das ich hätte kaufen wollen. Aber durch diese Suche kam ich dazu, als Berater zu arbeiten, und nach ein paar Jahren stellte mich einer meiner Kunden ein und zahlte mir mehr, als ich vor Jahren in meinem letzten Job verdient hatte. Wie man sieht, kann sich in Amerika ein Fehlschlag am Ende doch noch auszahlen.

Als wir nach New Hampshire zogen, begann meine Frau, ehrenamtlich in der Bücherei der Grundschule zu arbeiten, in die unsere Tochter ging. Die Arbeitszeiten meiner Frau passten natürlich perfekt zu den Unterrichtszeiten meiner Tochter. Nach ein paar Jahren bot die Schule meiner Frau eine bezahlte Stelle an. Es war zwar kein Job in der freien Wirtschaft, so wie sie es bisher gewohnt war, aber sie hatte keinen Stress und der Job machte ihr Spaß. Sie hat es nie bereut.

Während der 34 Jahre, die wir nun verheiratet sind, hat meistens mindestens einer von uns beiden gearbeitet. Dadurch waren wir immer krankenversichert. Während der frühen 1990er-Jahre, als wir beide gleichzeitig ein paar Jahre keinen Arbeitgeber hatten, schlossen wir eine Notfallkrankenversicherung mit hoher Selbstbeteiligung ab. Nach dieser langen Zeit erinnere ich mich nicht mehr an die Einzelheiten. Aber heute würden wahrscheinlich ohnehin andere Konditionen gelten. Aber so eine Art von Versicherung würden wir uns aussuchen, wenn meine Frau sich entscheiden würde, mit dem Arbeiten aufzuhören, bevor wir beide 65 sind und Medicare in Anspruch nehmen können.[2] Aber bis jetzt arbeitet sie gerne mit den Kindern in ihrer Schule und sie genießt es, dass sie viel freie Zeit für unsere Reisen hat.

Wie ich später ausführlich erklären werde und wie es schon der Titel dieses Buches nahelegt, sind unsere Finanzanlagen an Einfachheit nicht zu überbieten. Sie werden auch sehen, dass ich kein Freund des Geldanlageprinzips bin, das auf vielfältigen Einkunftsarten basiert. Nach meiner Erfahrung ist einfacher auch besser. Wir besitzen keine Viehherden, kein Gold, keine Lebensversicherungen, keine Rohstoffe et cetera.

Als ich 2011 aufhörte zu arbeiten und wir endlich finanziell vollkommen unabhängig waren, hatten wir noch einige Geldanlagen aus früheren Jahren übrig. Sie waren der Rest der vielen Fehlinvestitionen, die ich im Lauf der Jahre gemacht hatte. Jetzt, im Ruhestand, machten wir zuerst diese Anlagen zu Geld, wenn wir Bares brauchten. Sie waren im Wesentlichen das Ergebnis meiner Versuche, Aktien auszuwählen, die sich

2 Medicare ist in den USA die staatliche Krankenversicherung für Personen, die behindert oder über 65 Jahre alt sind (Anmerkung des Übersetzers).

besser als der Aktienindex entwickeln würden. Ich habe viel zu lange gebraucht, um einzusehen, dass dies unmöglich ist. Dass uns dies nicht ruiniert hat, verdanken wir drei Dingen:

1. Dass wir an unserer Sparquote von 50 Prozent festgehalten haben.
2. Dass wir uns nicht verschuldet haben. Wir haben nie eine Kreditrate für ein Auto bezahlt.
3. Dass wir schließlich die Lehren von Jack Bogle befolgt haben, Gründer der Vanguard Group und Erfinder des Indexfonds. Er hat im Lauf von 40 Jahren die Anlage in Indexfonds perfektioniert.

Wenn ich zurückdenke, dann erstaunt mich am meisten, wie viele Fehler ich gemacht habe. Aber diese drei einfachen Regeln haben uns dahin gebracht, wo wir sein wollten. Das sollte jeden ermutigen, der auch schon Fehler gemacht hat und bereit ist, sein Verhalten zu ändern.

Als ich meine Investmentkarriere begann, kannte ich niemanden, der den gleichen Weg wie ich ging. Ich hatte keine Ahnung, wohin er führen würde oder könnte. Ich hatte niemanden, der mir sagte, dass nur Dummköpfe versuchen, mit der Auswahl bestimmter Aktien den Index zu schlagen, und dass es nicht notwendig ist, alles auf eine Karte zu setzen, um finanziell unabhängig zu werden. Allein wenn ich diesen Fehler nicht gemacht hätte, hätte ich mir einen Verlust von 50 000 Dollar erspart, den ich mit Mariah International (einer hochspekulativen Goldminenaktie) gemacht habe. Diese Gesellschaft hat mich nicht reich gemacht, sondern ist pleitegegangen.

Jetzt habe ich mich (wieder einmal) zur Ruhe gesetzt und ich fühle mich gut dabei. Ich muss mich an keinen festen Tagesablauf halten. Ich kann bis vier Uhr morgens aufbleiben und bis zum Mittag schlafen. Oder ich kann um 4:30 Uhr aufstehen und mir den Sonnenaufgang ansehen. Ich kann Motorrad fahren, wann immer das Wetter oder meine Kumpels mich dazu verlocken. Ich kann mich in New Hampshire herumtreiben oder monatelang in Südamerika verschwinden. Ich schreibe für meinen Blog, wenn ich dazu Lust habe, und vielleicht schaffe ich es auch, noch ein oder zwei Bücher zu schreiben. Oder ich kann mich mit einer Tasse Kaffee auf meine Veranda setzen und Bücher lesen, die andere geschrieben haben.

Eines der wenigen Dinge, die ich bedauere, ist, dass ich mir viel zu viele Sorgen darüber gemacht habe, was alles passieren könnte. Es war eine Verschwendung von Zeit und Energie, aber ich bin eben so veranlagt. Versuchen Sie, das nicht zu tun.

Je älter ich werde, desto wertvoller ist jeder einzelne Tag für mich. Ich bemühe mich immer mehr, Dinge, Aktivitäten und Personen aus meinem Leben zu verbannen, die mir nichts bringen und nach den Dingen, Aktivitäten und Personen zu suchen, die mein Leben bereichern.

Die Welt ist groß und wunderschön. Geld ist nur ein kleiner Teil davon. Aber »Du kannst mich mal«-Geld verschafft einem die Freiheit, die Mittel und die Zeit, auf dieser Welt das Leben zu führen, das man will, ob man nun schon im Ruhestand ist oder noch nicht. Genießen Sie Ihr Leben!

Aber lesen Sie bitte zuallererst die folgenden Anmerkungen sorgfältig durch. Sie sind wichtig.

Kapitel IV:
Zwei wichtige Anmerkungen

Anmerkung 1:
Die Dinge ändern sich

An verschiedenen Stellen in diesem Buch habe ich Gesetze und Verordnungen zitiert und konkrete Zahlen verwendet, um Dinge wie den Kostenanteil von Investmentfonds, Steuerklassen oder die steuerrechtlichen Regeln für Einzahlungen auf Investmentkonten zu erläutern. Diese Angaben waren korrekt, als ich das Buch geschrieben habe. Aber wie alle Dinge auf dieser Welt können sie sich ändern. In der Tat musste ich sie in der Zeit, in der ich das Manuskript fertigstellte, häufig auf den neuesten Stand bringen.

Bis Sie dieses Buch lesen werden, werden einige dieser Vorschriften und Zahlen sicher schon veraltet sein. Aber da sie vor allem dazu benutzt werden, allgemeine Zusammenhänge zu veranschaulichen, sollte dies kein großes Problem sein. Wenn eine bestimmte Angabe doch in Ihrem konkreten Fall wichtig sein sollte oder wenn Sie es einfach genau wissen wollen, dann machen Sie sich doch die Mühe, die gerade aktuellen Zahlen und die gerade gültigen Vorschriften in Erfahrung zu bringen.

Anmerkung 2: Zu den in diesem Buch verwendeten Prognosen und Finanzrechnern

In den Kapiteln 3, 6, 13, 19, 21 und 22 werden Sie verschiedene »Was wäre wenn«-Szenarien finden.

Um diese zu erstellen, musste ich mir zunächst einen Finanzrechner im Internet aussuchen und dann bestimmte Parameter auswählen. Das bedeutet, dass diese Szenarien nur dazu dienen, ein bestimmtes Argument zu unterstreichen oder zu veranschaulichen. Die Berechnungen sind zwar richtig, können aber nicht als Vorhersagen von zukünftigen Entwicklungen dienen.

In allen Fällen habe ich die Internetadresse (URL) des verwendeten Rechners sowie die jeweils gewählten Einstellungen angegeben.

Zum Beispiel:

- http://dqydj.net/sp-500-return-calculator/ (Wählen Sie »Dividends reinvested« und »ignore inflation«.)
- http://dqydj.net/sp-500-dividend-reinvestment-and-periodic-investment-calculator/ (Klicken Sie auf »Show Advanced« und wählen Sie »Ignore Taxes« und »Ignore Fees«.)
- http://www.calculator.net/investment-calculator.html (Klicken Sie auf »End Amount«.)

Für die Berechnung dieser Szenarien habe ich folgende grundsätzliche Annahmen getroffen:

- Ich gehe von der Alternative »Dividenden reinvestieren« aus, weil dies Anleger typischerweise tun (und tun sollten), wenn sie ein Vermögen aufbauen wollen.
- Ich vernachlässige Inflation (weil sie unvorhersehbar ist), Steuern (weil es zu große Unterschiede zwischen Steuerzahlern gibt) und Gebühren (weil auch hier die Unterschiede zu groß sind; außerdem spielen Gebühren keine große Rolle, falls man sich für die Indexfonds, die ich empfehle, entscheidet).

Wenn Sie wissen wollen, wie die Zahlen aussehen, wenn man diese vernachlässigten Größen berücksichtigt, dann besuchen Sie die Webseiten der Finanzrechner und führen Sie die Berechnungen nach Ihren eigenen Angaben durch.

Ich habe die verschiedenen Szenarien meistens für den Zeitraum von Januar 1975 bis Januar 2015 berechnet. Dafür hatte ich drei Gründe:

- Es ist ein schöner, langer 40-Jahres-Zeitraum und in diesem Buch empfehle ich langfristige Geldanlagen.
- 1975 ist das Jahr, in dem Jack Bogle den ersten Indexfonds auflegte, und in diesem Buch empfehle ich die Anlage in Indexfonds.
- 1975 war zufällig das Jahr, in dem ich begann, Geld anzulegen. Aber das kann Ihnen ja egal sein.

Mit den von mir gewählten Parametern konnte man am Aktienmarkt von Januar 1975 bis Januar 2015 eine durchschnittliche Rendite von 11,9 Prozent pro Jahr erzielen. Wie Sie im Folgenden sehen werden, streuten die tatsächlichen Renditen in den einzelnen Jahren sehr weit. Aber insgesamt und im Durchschnitt ergab sich ein Wert von 11,9 Prozent.

Und das ist eine wirklich atemberaubende Zahl.

Ich kann schon die Nörgler hören: Von Januar 2000 bis Januar 2009 waren die Märkte weit davon entfernt, eine Rendite von 11,9 Prozent zu liefern. Das stimmt. Die Rendite betrug, unter der Annahme der Reinvestition der Dividenden, üble minus 3,8 Prozent. Aber in diesen Zeitrahmen fiel eine der schlimmsten Investmentperioden der letzten 100 Jahre.

In einer der besten dieser Perioden, von Januar 1982 bis Januar 2000, war die durchschnittliche Rendite deutlich höher als 11,9 Prozent. Sie betrug ungefähr 18,5 Prozent pro Jahr. In der jüngeren Vergangenheit, zwischen Januar 2009 und Januar 2015, belief sich die durchschnittliche Rendite auf 17,7 Prozent pro Jahr.

Es ist eine Tatsache, dass der Markt nur höchst selten in einem ganz bestimmten Jahr eine ganz bestimmte Rendite liefern wird. Außerdem wird die durchschnittliche Marktrendite in Abhängigkeit von der Zeitperiode, die man zugrunde legt, dramatisch variieren.

Ich stand hier vor einem gewissen Dilemma: Die wirkliche und tatsächliche Rendite für die von mir gewählte 40-Jahres-Periode betrug 11,9 Prozent. Aber, und das möchte ich ausdrücklich betonen, *diese Zahl sollte auf gar keinen Fall als die zu erwartende Rendite in der Zukunft interpretiert werden.*

Ich behaupte keinesfalls, dass Sie sich bei der Planung Ihrer finanziellen Zukunft auf eine jährliche Rendite von 11,9 Prozent verlassen können.

Die Vorstellung, dass dies jemand denken könnte, hat mich sehr beunruhigt. Ich habe deshalb überlegt, einen anderen Zeitraum zu verwenden und dabei die oben erwähnte Auswahl der Parameter beizubehalten. Aber dies hätte nur bedeutet, einen anderen Prozentsatz zu berechnen, der in der Zukunft mit genauso geringer Wahrscheinlichkeit gültig gewesen wäre.

Eine andere Möglichkeit bestand darin, dieselbe 40-Jahres-Periode zu verwenden, aber die Parameter zu variieren. Ich habe dabei folgende Ergebnisse erhalten:

- Ohne die Wiederanlage der Dividenden: 8,7 Prozent.
- Ohne die Wiederanlage der Dividenden und mit Berücksichtigung der Inflation: 4,7 Prozent.
- Mit der Wiederanlage der Dividenden und mit Berücksichtigung der Inflation: 7,8 Prozent.

Aber aus den oben genannten Gründen erschienen mir diese Zahlen noch weniger nützlich, obwohl es keine so drastischen Schwankungen wie bei der Änderung des betrachteten Zeitraums gibt.

Ich dachte kurz daran, einfach irgendeinen Prozentsatz zu wählen, der vernünftig erschien, sagen wir, 8 Prozent. Und tatsächlich verwende ich diese Zahl, wie Sie sehen werden, in ein paar Beispielrechnungen. Man sagt im Allgemeinen, dass die Marktrendite zwischen 8 und 12 Prozent pro Jahr beträgt und für meine Beispielrechnungen erschien es mir am sinnvollsten, das untere Ende dieser Spanne zu wählen. Aber das heißt trotzdem, dass man einfach eine Zahl aus dem Hut zieht, und wer kann schon sicher sagen, welche Zahl »sinnvoll« ist?

Schließlich habe ich in den meisten Fällen, wie Sie sehen werden, die atemberaubende Zahl von 11,9 Prozent beibehalten. Sie ist eben einfach so hoch, wie sie nun einmal ist. Aber, um das nochmals zu betonen:

Ich behaupte keinesfalls, dass Sie sich bei der Planung Ihrer finanziellen Zukunft auf eine jährliche Rendite von 11,9 Prozent verlassen können.

Wir stellen hier nur einige »Was wäre wenn«-Überlegungen an, um uns über die Möglichkeiten klar zu werden. Wenn Ihnen 11,9 Prozent zu hoch – oder zu niedrig – erscheinen, dann können Sie die Berechnungen auch mit der Durchschnittsrendite und dem Zeitraum durchführen, die Ihnen am sinnvollsten erscheinen.

Welche Zahlen Sie auch immer auswählen, sie werden sicher nicht für jedes einzelne Jahr richtig sein, selbst wenn sie im Durchschnitt mehrerer Jahrzehnte halbwegs zutreffend sein sollten. Niemand kann die Zukunft genau vorhersagen. Daran sollten Sie immer denken, wenn Sie solche und ähnliche Rechenexempel sehen.

Teil I:
Die Orientierung

The tide is high but I'm holding on.
BLONDIE

Kapitel 1: Schulden – und warum man keine machen darf

Ein paar Jahre nachdem ich mit dem College fertig war, besorgte ich mir meine erste Kreditkarte. Damals bekam man sie nicht so leicht wie heute, wo sogar mein Pudel eine eigene Kreditlinie hat.

Im ersten Monat kamen so ungefähr 300 Dollar zusammen. In der Monatsrechnung war jede Belastung aufgelistet, geordnet nach den Zahlungsempfängern, und die Gesamtsumme erschien am Ende der Seite. Oben rechts gab es ein Feld mit einem Dollarzeichen, neben dem ein paar Leerstellen waren. Darunter stand fettgedruckt: »Fälliger Mindestzahlbetrag: 10 Dollar«.

Ich habe meinen Augen nicht getraut. Ich habe Sachen für 300 Dollar gekauft und ich muss nur 10 Dollar pro Monat zurückzahlen? Und ich kann noch mehr kaufen? Toll, das ist wunderbar!

Aber trotzdem hatte ich noch die Stimme meines Vaters in den Ohren: »Wenn es zu schön ist, um wahr zu sein, dann ist es nicht wahr.« Nicht »es ist vielleicht nicht wahr« oder »es könnte nicht wahr sein«, sondern »es ist nicht wahr«.

Zum Glück saß meine ältere Schwester neben mir. Sie zeigte mir das Kleingedruckte. Das, in dem es darum ging, dass sie mir 18 Prozent Zinsen für die 290 Dollar berechnen wollten, von denen sie hofften, dass ich sie einfach so stehen lassen würde. Dachten diese Leute, ich sei dumm?

Nun, das dachten sie wirklich. Aber es war nicht persönlich gemeint. Sie denken dasselbe von uns allen. Und leider haben sie nur allzu oft recht damit.

Denken Sie einmal kurz über die Menschen in Ihrer Umgebung nach. Was Sie oft feststellen werden, wenn Sie ein bisschen genauer hinschauen, ist, dass sie sich mit dem allergrößten Hindernis auf dem Weg, ein Vermögen aufzubauen, einfach so abfinden: nämlich den Schulden.

Schulden sind sehr nützlich für diejenigen, die etwas verkaufen wollen oder die Werbung treiben. Denn sie können uns Waren und Dienstleistungen viel einfacher und viel teurer verkaufen, wenn es die Möglichkeit gibt, sich zu verschulden.

Glauben Sie wirklich, der Durchschnittspreis eines Neuwagens läge bei fast 32 000 Dollar, wenn man ihn nicht bequem finanzieren könnte? Oder dass ein Collegeabschluss über 100 000 Dollar kosten würde, wenn es keine leicht erhältlichen Studentenkredite gäbe? Glauben Sie das wirklich?

Es überrascht deshalb nicht, wenn man uns einredet, dass Schulden das Normalste der Welt seien, und die meisten von uns das auch noch glauben.

Tatsächlich kann man kaum bestreiten, dass Schulden »normal« geworden sind. In dem Moment, in dem ich dies schreibe, haben die Amerikaner eine Schuldenlast von insgesamt circa 12 Billionen Dollar zu tragen:

- circa 8 Billionen Dollar Hypothekendarlehen,
- circa 1 Billion Dollar Studentenkredite,
- circa 3 Billionen Dollar Konsumentenkredite (zum Beispiel Auto- oder Kreditkartenschulden).

Bis Sie dies lesen werden, werden diese Zahlen sicher noch größer geworden sein. Und am beunruhigendsten dabei ist, dass fast niemand von den Menschen, die Sie kennen, darin ein Problem erblicken wird. Im Gegenteil, die meisten werden Schulden als ihre Eintrittskarte zum »guten Leben« ansehen.

Aber lassen Sie mich eines klarstellen: Dieses Buch soll Ihnen zu finanzieller Unabhängigkeit verhelfen. Es handelt davon, wie man sich seine finanzielle Freiheit erkaufen kann. Und es soll Ihnen dabei helfen, wohlhabend zu werden und Ihre Finanzen unter Kontrolle zu haben.

Denken Sie noch einmal an all die Leute in Ihrer Umgebung: Die meisten von ihnen werden das nie schaffen. Und der Hauptgrund dafür ist, dass sie Schulden und Schuldenmachen akzeptieren.

Wenn Sie wirklich finanziell unabhängig werden wollen, dürfen Sie nicht so denken. Zuallererst müssen Sie erkennen, dass Schulden nicht als etwas Normales angesehen werden sollten. Sie sollten als das angesehen werden, was sie wirklich sind: eine gefährliche Bedrohung Ihrer Fähigkeit, ein Vermögen aufzubauen. Für Schulden darf es keinen Platz in Ihrem finanziellen Leben geben.

Die Vorstellung, sich fröhlich unter einem Berg von Schulden zu begraben, wie dies viele, ja sogar die meisten Leute tun, ist mir völlig fremd. Ich verstehe nicht einmal, warum man die Nachteile von Schulden überhaupt erklären muss. Aber ich will trotzdem ein paar dieser Nachteile nennen.

- Ihr Lebensstandard leidet. Selbst wenn Sie keinen Wert auf finanzielle Freiheit legen und Ihr einziges Ziel darin besteht, möglichst viel zu konsumieren, werden Sie dieses Ziel verfehlen, weil Sie schon einen (vielleicht sehr großen) Teil Ihres Einkommens für Zinsen ausgegeben haben. Je mehr Schulden Sie haben, desto größer ist der Teil Ihres Einkommens, der von Zinszahlungen verschlungen wird.

- Sie sind abhängig von den Einkünften, die Sie gerade erzielen, weil Sie diese benötigen, um Ihren Schuldendienst zu leisten. Sie sind nicht mehr frei, Entscheidungen in Abhängigkeit von Ihren Werten und Ihren langfristigen Zielen zu treffen.
- Sie haben Stress. Es fühlt sich an, als ob man lebendig begraben wäre. Die emotionalen und psychologischen Effekte einer großen Schuldenlast sind real und gefährlich.
- Sie haben dieselben negativen Gefühle wie Süchtige: Sie schämen sich, fühlen sich schuldig, einsam und vor allem hilflos. Die Tatsache, dass Sie in einem Käfig sitzen, den Sie sich selber gebaut haben, macht alles nur noch schlimmer.
- Ihr Handlungsspielraum kann so klein und Ihr Stress kann so groß werden, dass Sie Gefahr laufen, selbstzerstörerische Verhaltensweisen anzunehmen, die Ihre Abhängigkeit vom Geldausgeben nur noch weiter verstärken: zum Beispiel Trinken oder Rauchen oder, ironischerweise, Einkaufen und immer größere Geldausgaben. Es ist ein Teufelskreis.
- Ihre Schulden führen dazu, dass Sie Vergangenheit, Gegenwart und Zukunft im schlechtestmöglichen Licht sehen. In der Vergangenheit sehen Sie nur die Fehler, die Sie gemacht haben, in der Gegenwart nur die Probleme, die Ihnen diese Fehler bereiten, und in der Zukunft nur die Katastrophen, die Ihnen noch bevorstehen.

- Sie werden dieses Thema aus Ihren Gedanken verbannen, in der vagen Hoffnung, dass sich das Problem auf irgendeine Art irgendwann selbst lösen wird. Mit Schulden zu leben wird Teil Ihrer selbst, Teil Ihrer Einstellungen, Gewohnheiten und Werte.

Schön und gut, aber was fange ich mit den Schulden an, die ich schon habe?

Mein Mantra lautet: »Vermeiden Sie Schulden um jeden Preis!« Und wenn Sie schon Schulden haben, dann sollten Sie überlegen, ob Sie Ihr Kapital am besten dafür verwenden, sie vorzeitig zurückzuzahlen. Unter den heutigen Kapitalmarktbedingungen würde ich folgendes Vorgehen empfehlen:

Wenn der Zinssatz, den Sie zahlen müssen,

- geringer als 3 Prozent ist, dann tilgen Sie Ihre Schulden langsam und investieren Sie das Geld, das Ihnen zur Verfügung steht;
- zwischen 3 und 5 Prozent liegt, dann tun Sie, was Ihnen am ehesten liegt; tilgen Sie Ihre Schulden vorzeitig oder investieren Sie;
- über 5 Prozent liegt, dann tilgen Sie Ihre Schulden so schnell wie möglich.

Aber das ist nur die finanzielle Seite des Problems. Es gibt gute Gründe dafür, alles zu tun, um Schulden aus seinem Leben zu verbannen und für immer hinter sich zu lassen – vor allem dann, wenn es ein Problem für Sie ist, Ihre Verschuldung unter Kontrolle zu halten.

Gut, ich werde meine Schulden zurückzahlen! Aber wie?

Unzählige Artikel und Bücher sind darüber geschrieben worden, wie man sich von Schulden befreien kann. Wenn Sie dieses Kapitel gelesen haben und meinen, Sie bräuchten noch mehr Rat und Hilfe, dann können Sie sich gerne diese Artikel und Bücher holen. Aber passen Sie auf, dass die Beschäftigung damit, *wie* man etwas tut, Sie nicht davon abhält, dies auch tatsächlich *zu tun*. Es ist nun einmal so, dass es keinen bequemen Weg gibt. Aber der Weg ist dennoch ziemlich einfach. Ich würde Folgendes tun:

- Stellen Sie eine Liste all Ihrer Schulden auf.
- Verzichten Sie auf alle nicht notwendigen Ausgaben. Und ich meine wirklich alle. Diese häufigen Kaffees für 5 Dollar, Abendessen für 20 Dollar und Cocktails für 20 Dollar summieren sich. Dadurch werden Sie Geld zur Verfügung haben, mit dem Sie den Schuldenbrand löschen können, der Ihr Leben verzehrt. Je mehr Geld Sie zum Löschen verwenden, desto eher wird das Feuer ausgehen.
- Sortieren Sie Ihre Schulden nach den Zinsen, die Sie dafür zahlen müssen.
- Zahlen Sie alle Ihre Schulden mit den kleinstmöglichen Raten zurück und verwenden Sie Ihr übriges Geld zur schnellstmöglichen Tilgung der Schuld mit dem höchsten Zinssatz.
- Wenn Sie diese los sind, machen Sie weiter mit der Schuld mit dem zweithöchsten Zinssatz. Und dann immer so weiter in Ihrer Liste.

- Wenn Sie ganz fertig sind, lassen Sie es mich wissen. Ich werde Ihnen gratulieren und ein Glas auf Ihr Wohl trinken!

Und dies würde ich *nicht* tun:

- Ich würde kein Geld für einen Schuldnerberater ausgeben. Das führt nur zu zusätzlichen Ausgaben und diese Berater haben auch keine Patentrezepte und können Ihnen den Weg nicht einfacher und weniger schmerzvoll machen. Sie, und nur Sie alleine, müssen die notwendigen Anstrengungen unternehmen.
- Ich würde mich nicht darum bemühen, alle Kredite zu konsolidieren und zu einem Kredit zusammenzufassen, selbst dann nicht, wenn der Zins niedriger sein sollte. Sie werden Ihre Schulden schnell und konsequent zurückzahlen. Und wenn Sie sie los sind, dann wird Ihr Zinssatz bei *null* liegen. Das ist Ihr Ziel – und nicht nur, Ihren Zins von 18 auf 12 Prozent zu senken. Konzentrieren Sie Ihre Zeit und Ihre Energien darauf, und nicht darauf, über clevere Strategien nachzudenken.
- Ich würde nicht die niedrigen Kredite zuerst abzahlen, um mich dadurch besser zu fühlen. Ich weiß, dass dies ein wichtiger Teil mindestens einer beliebten Strategie ist, seine Schulden loszuwerden, und wenn Sie sich damit besser fühlen und es Ihnen leichter fällt durchzuhalten, dann tun Sie es ruhig. Aber wie Sie in diesem Buch noch lesen werden, bin ich kein Freund solch psychologischer Krücken. Es ist besser, sich und seine Einstellungen zu ändern, als sich nur innerhalb seiner persönlichen Komfortzone zu bewegen.

Kurz und gut, es ist alles ganz simpel: Bemühen Sie sich und bringen Sie es hinter sich. Es wird nicht leicht werden. Es ist zwar einfach, aber gewiss nicht leicht.

Sie werden Ihr Leben drastisch ändern und Ihre Ausgaben stark einschränken müssen, um das Geld für die Tilgung Ihrer Schulden zur Verfügung zu haben. Sie werden viel Disziplin brauchen, um die Monate, vielleicht Jahre durchzuhalten, die es dauern wird, um Ihre Schulden loszuwerden.

Aber es gibt auch eine gute Nachricht, und diese Nachricht ist nicht nur gut, sie ist fantastisch: Wenn Sie sich an einen Lebensstil mit geringeren Ausgaben gewöhnt haben und daran, alles frei verfügbare Geld zur Tilgung Ihrer Schulden zu verwenden, haben Sie damit auch die Grundlage für Ihre finanzielle Unabhängigkeit gelegt.

Denn sobald Sie die Schulden los sind, brauchen Sie nur Ihr frei verfügbares Geld für Investments zu verwenden. Während Sie früher zufrieden dabei zuschauen konnten, wie Ihre Schulden schrumpften, können Sie sich nun daran erfreuen, dem Wachstum Ihres Vermögens zuzuschauen.

Verschwenden Sie keine Zeit. Schulden sind ein Problem, das man sofort lösen muss. Wenn Sie aktuell Schulden haben, dann muss es Ihr wichtigstes Ziel sein, diese abzuzahlen. Nichts anderes ist wichtiger.

Denken Sie noch einmal über die Leute in Ihrer Umgebung nach. Für die meisten von ihnen gehören Schulden einfach zum Leben dazu. Aber für Sie muss das nicht gelten. Denn Sie wurden nicht als Sklave geboren.

Warnende Worte zum Thema »gute Schulden«

Gelegentlich werden Sie den Ausdruck »gute Schulden« hören. Seien Sie dann sehr vorsichtig. Wir wollen uns kurz die drei häufigsten Arten dieser Schulden anschauen.

Unternehmenskredite

Einige (aber nicht alle) Unternehmen nehmen zu verschiedenen Zwecken regelmäßig Kredite auf, zum Beispiel um Investitionsgüter zu kaufen, ihr Warenlager zu finanzieren oder zu expandieren. Wenn man vorsichtig damit umgeht, können solche Kredite ein Unternehmen voranbringen und so dessen Gewinne erhöhen.

Aber Schulden sind immer gefährlich und in der Wirtschaftsgeschichte gibt es unzählige Fälle von gescheiterten Unternehmen, die durch die Kredite, die sie aufgenommen haben, ruiniert wurden.

Wie man geschickt mit dieser Art von Krediten umgeht, ist nicht der Gegenstand dieses Buches. Ich will nur so viel sagen: Diejenigen, die diese Kredite erfolgreich einsetzen, tun dies mit großer Sorgfalt.

Hypothekenkredite

Einen Hypothekenkredit aufzunehmen, um ein Haus zu kaufen, ist der klassische Fall eines »guten Kredits«. Aber seien Sie sich dabei nicht zu sicher.

Weil Hypothekenkredite so leicht erhältlich sind, werden viele Menschen dazu verführt, Häuser zu kaufen, die sie gar nicht brauchen oder die wesentlich teurer sind, als für sie vernünftig wäre. Es ist eine Schande, dass dieser Leichtsinn von Immobilienmaklern und Kreditvermittlern noch unterstützt wird.

Wenn Ihr Ziel die finanzielle Unabhängigkeit ist, dann muss es auch Ihr Ziel sein, so wenige Schulden wie möglich zu haben. *Und das bedeutet, dass man sich das kleinste Haus aussucht, das seinen Anforderungen genügt, und nicht das größte, das man sich gerade noch so leisten kann.* Denken Sie immer daran: Je größer das Haus ist, desto höher sind die Ausgaben. Und zwar nicht nur für die Bedienung des Hypothekenkredits, sondern auch, um nur einige zu nennen, für Grundsteuer, Versicherung, Strom, Heizung, Wasser, Instandhaltung und Reparaturen, Gartengestaltung und Gartenpflege, Renovierung und Möblierung. Außerdem entstehen Opportunitätskosten dadurch, dass Ihr Geld im Haus steckt und Sie damit keine Rendite durch Finanzanlagen erzielen können.

In einem größeren Haus braucht man auch viel mehr Dinge, um es instand zu halten und zu möblieren. Je mehr und je teurere Dinge Sie sich in Ihrem Leben leisten, desto mehr Zeit, Geld und Lebensenergie nehmen sie in Anspruch.

Häuser sind ein teurer Luxus, keine Geldanlage. Das ist auch völlig in Ordnung, wenn die Zeit für Luxus gekommen ist. Ich habe auch Häuser besessen. Aber machen Sie sich nichts vor: Ein Haus zu besitzen ist nicht notwendig, nicht in jedem Fall finanziell vernünftig und rechtfertigt nicht zwangsläufig, einen dieser »guten Kredite« aufzunehmen.

Studentenkredite

Als ich an der Universität von Illinois von 1968 bis 1972 studiert habe, kostete mich das 1200 Dollar pro Jahr. Diese 1200 Dollar deckten alles ab – Studiengebühren, Bücher, Miete, Lebensmittel und sogar ein paar Freizeitvergnügen.

In den Sommerferien, die zwölf Wochen dauerten, habe ich immer gearbeitet. Ich habe morsche Ulmen gefällt. Ich erhielt 20 Dollar für jeden Tag bei einer Sechs-Tage-Arbeitswoche. Jede Woche habe ich 100 Dollar gespart und bis zum Herbst hatte ich die 1200 Dollar zusammen, die ich für das nächste Studienjahr brauchte.

Natürlich lebte ich in einem Zimmer in einem baufälligen, alten Haus, das abgerissen gehört hätte. Zwei- bis dreimal pro Woche gab es weißen Reis mit Ketchup zu essen.

Und jetzt springen wir zu den Jahren 2010 bis 2014, in denen meine Tochter studiert hat. An der University of Rhode Island, auch einer staatlichen Universität, betrugen die gesamten Kosten pro Jahr im Durchschnitt 40 000 Dollar. Die New York University, die für meine Tochter auch infrage gekommen wäre, hätte uns circa 60 000 Dollar pro Jahr gekostet. Wie ein ehemaliger Kollege von mir einmal gesagt hat: Das ist, als ob man einen neuen BMW kauft, ihn ein Jahr lang fährt und dann wegwirft. Und dann einen anderen kauft. Und das vier Jahre in Folge.

Selbstverständlich spielt Inflation dabei eine Rolle. Gemäß dem Konsumentenpreisindex (CPI) kostete 2014 das, was 1970 einen Dollar gekostet hatte, 6,19 Dollar, was einer Steigerung auf das Sechsfache entspricht.

Während desselben Zeitraums stiegen die Kosten für ein vierjähriges Studium an einer staatlichen Universität von 4800 Dollar auf 160 000 Dollar, ein Anstieg auf das 33-Fache.

Man muss sich darüber im Klaren sein: Die leicht erhältlichen Studentenkredite haben das Hochschulsystem mit Geld überschwemmt. An Universitäten wurde und wird wie verrückt gebaut. Zu den anspruchsvollen Preisen gehört schließlich auch eine anspruchsvolle Umgebung.

Ein Universitätspräsident hat 1970 im Durchschnitt zwischen 25 000 und 30 000 Dollar verdient. Heute liegt der Durchschnitt bei ungefähr 500 000 Dollar und es gibt Jahresgehälter, die in die Millionen gehen.

Das hat nicht nur alles, was irgendwie mit Hochschulen zusammenhängt, teurer gemacht, es hat einem auch die Möglichkeit genommen, billig zu leben.

Was ist mit dem baufälligen Haus, in dem ich gewohnt habe, passiert? Es wurde abgerissen, um Platz zu machen für luxuriöse Wohnheime.

Damals war es kein Problem, zu Hause Reis und Ketchup zu essen, weil meine Freunde dasselbe machten. Wir waren sogar stolz darauf. Heute müssten wir uns dafür schämen, weil all unsere Kumpels, die ihr Leben mit Studentenkrediten finanzieren, zum Sushi-Essen ausgehen.

Eine der bedauerlichsten Folgen der außer Kontrolle geratenen Studentenkredite und Hochschulkosten besteht darin, dass man das eigentliche Ziel einer Hochschulausbildung aus den Augen verloren hat: Man strebt nicht mehr Bildung und Kultur an, sondern berufliche Fertigkeiten, die man möglichst gut zu Geld machen kann und mit denen man die enormen Kosten, die man gehabt hat, und die enormen Schulden, die man gemacht hat, rechtfertigen kann.

Selbst wenn das klappt, werden auf diese Weise junge Leute auf Dauer an Jobs gefesselt, die sie vielleicht gar nicht so sehr reizen. Die Jugend sollte man damit verbringen, sich umzuschauen und seinen Horizont zu erweitern, nicht damit, sich in Ketten abzurackern.

Der Hammer ist aber, dass man Studentenkredite nicht wie andere Arten von Schulden, die auch auf ihre Art schlimm sind, hinter sich lassen kann. Sie bestehen auch bei einer Privatinsolvenz weiter und folgen einem bis ins Grab. Löhne, Gehälter und sogar Sozialversicherungsleistungen können gepfändet werden, um sie zu bezahlen. Es ist also kein Wunder, dass sich die Banken überschlagen, solche Kredite zu vergeben.

Ich glaube fest an das Prinzip der persönlichen Verantwortung und bin der Meinung, dass Schulden, die man aus freiem Willen eingegangen ist, auch gewissenhaft zurückgezahlt werden sollten. Aber ich halte es für unethisch, wenn man 17- oder 18-Jährige, die wahrscheinlich von Gelddingen wenig Ahnung haben, dazu bringt, eine solche Belastung fast wie selbstverständlich auf sich zu nehmen.

Wir erschaffen so eine Generation von Schuldknechten. Ich halte das für unmoralisch und falsch.

Kapitel 2: Warum man »Du kannst mich mal«-Geld braucht

Kurz nach den Anschlägen vom 11. September 2001 wurde ich gefeuert. Ein halbes Jahr davor hatte mich der Präsident unseres Unternehmensbereichs zum Mittagessen eingeladen und mir zu einem Rekordjahr gratuliert. Bei einer guten Flasche Wein sprachen wir über meine blendenden Zukunftsaussichten.

Es war der beste Job, den ich je hatte. Wir waren ein tolles Team, die Unternehmensleitung war großartig, die Arbeit hat mir Spaß gemacht und ich verdiente eine Menge Geld. Ich hatte gerade eine Bonuszahlung bekommen, die höher war als alles, was ich jemals zuvor in einem einzigen Jahr verdient hatte.

Ein Jahr später schaute ich mir mit meiner kleinen Tochter die Nachrichten im Fernsehen an. Es wurden Menschen gezeigt, die, wie zu Zeiten der Weltwirtschaftskrise, Schlange standen, um sich Lebensmittelpakete von der Heilsarmee abzuholen. Der Reporter sagte, dies seien die neuen Armen, die unter der Arbeitslosigkeit in der aktuellen Wirtschaftskrise litten. Ich war immer noch arbeitslos und deprimiert wegen des Verlusts meines Jobs.

»Papa«, fragte mich meine achtjährige Tochter, »sind wir auch arm?« Sie machte sich große Sorgen.

»Nein«, antwortete ich, »uns geht's gut.«

»Aber du hast keinen Job«, sagte sie. Sie verglich mich bestimmt mit den armen Arbeitslosen im Fernsehen. Ich hätte nicht gedacht, dass sie überhaupt wusste, was ein Job war.

»Das ist kein Problem, mein Schatz. Wir haben Geld, das stattdessen für uns arbeitet.«

Das sagte ich zu ihr. Aber ich dachte mir: Genau deshalb habe ich so hart gearbeitet und mich bemüht, genug »Du kannst mich mal«-Geld zu haben. Tatsächlich habe ich mich schon lange bevor ich diesen Ausdruck überhaupt kannte, darum bemüht.

Ich wusste vielleicht nicht, wie man es nannte, aber ich wusste, was es war und warum es so wichtig war. Man kann sich viele Dinge für Geld kaufen, aber das Wichtigste von allen ist die Freiheit – die Freiheit zu tun, was man will, und nur für jemanden zu arbeiten, den man auch respektiert.

Diejenigen, die von einem Monatslohn zum nächsten leben, sind nichts als Sklaven. Diejenigen, die außerdem Schulden haben, sind Sklaven, die an einer besonders schweren Kette liegen. Bilden Sie sich bloß nicht ein, ihre Herren wüssten das nicht.

Wie ich schon erwähnt habe, habe ich mir zunächst die bescheidene Summe an »Du kannst mich mal«-Geld zusammengespart, die ich brauchte, um nach zwei Jahren Arbeit einen Sonderurlaub auszuhandeln. Bis zum Jahr 1989 waren die Summe, die ich hatte, und die Freiheit, die damit verbunden war, deutlich angewachsen. Es war vielleicht nicht genug, um sich zur Ruhe zu setzen, aber mehr als genug, um, wenn nötig, »Du kannst mich mal!« sagen zu können.

Ich hatte Glück mit meinem Timing. Ich wollte mir eine Auszeit nehmen, um ein Unternehmen zu kaufen. Ich merkte, dass der richtige Zeitpunkt dafür gekommen war, als mein Chef und ich uns eines Tages im Büro gegenseitig anschrien.

Ich fuhr vielleicht keinen Mercedes, aber ich hatte meine Freiheit: die Freiheit aufzuhören, wann ich wollte, und die Freiheit, keine Sorgen zu haben, wenn ich aufhören müsste. Und das war gut so, denn es stellte sich heraus, dass ich nach dem 11. September 2001 für drei volle Jahre arbeitslos war. Ich bin richtig schlecht darin, mir einen Job zu suchen.

Kapitel 3: Kann sich wirklich jeder als Millionär zur Ruhe setzen?

»Ich frage mich, ob es wirklich möglich ist, dass sich jede einzelne Person als Millionär zur Ruhe setzt.«

Diese provozierende Frage stellte mir vor einigen Jahren jemand auf der Seite meines Blogs. Sie ist mir seither nicht mehr aus dem Kopf gegangen.

Die kurze Antwort lautet: Ja, unter bestimmten Bedingungen kann es jeder berufstätige Angehörige der Mittelklasse schaffen, sich als Millionär zur Ruhe zu setzen. Aber das wird niemals passieren – und zwar nicht deswegen, weil es rechnerisch unmöglich wäre.

Man kann leicht ausrechnen, dass man relativ wenig Geld anlegen muss, damit es über die Jahre mit Zins und Zinseszins zu einer Summe von 1 Million Dollar anwächst. Während der 40 Jahre von Januar 1975 bis Januar 2015 konnte man am Aktienmarkt eine durchschnittliche Rendite von circa 11,9 Prozent pro Jahr erzielen, wenn man die Dividendenzahlungen reinvestierte (wenn man sie stattdessen für Konsumausgaben verwendete, betrug die jährliche Durchschnittsrendite circa 8,7 Prozent).[1] Angesichts dieser Zahlen hätte man 1975 gerade

1 http://dqydj.net/sp-500-return-calculator/ (Lassen Sie »Adjust for Inflation (CPI)?« frei.)

einmal 12 000 Dollar in die Aktien des S&P 500 investieren müssen, um 2015 über 1 Million Dollar zu haben (1 077 485 Dollar).[2]

Sie haben gerade keine 12 000 Dollar in der Schublade liegen? Das macht nichts. Wenn Sie im Januar 1975 angefangen hätten, jeden Monat 130 Dollar (also 1560 Dollar pro Jahr) zu investieren, dann hätten Sie 40 Jahre später 985 102 Dollar. Nicht ganz eine Million, aber auch nicht zu verachten.

Sie bestehen auf einer vollen Million? Dann erhöhen Sie Ihr monatliches Investment um 20 Dollar auf 150 Dollar (oder 1800 Dollar pro Jahr) und Sie landen bei 1 136 656 Dollar.[3] Damit hätten Sie Ihre Million und einen neuen Tesla und eine neue Corvette.

Wenn man so darüber nachdenkt, dann ist das doch ziemlich erstaunlich, vor allem angesichts all der Finanzkrisen in den letzten 40 Jahren. Aber man muss sich darüber im Klaren sein, dass der Zinseszinseffekt Zeit braucht, um zu wirken. Deshalb ist es wichtig, in jungen Jahren zu beginnen.

Natürlich ist die Summe von 1 Million Dollar sehr willkürlich gewählt. Vielleicht sollte man besser fragen: Kann jeder finanziell unabhängig werden?

Auf den Seiten von Blogs wie *Early Retirement Extreme*[4] oder *Mr. Money Mustache*[5] findet man unzählige Geschichten von Menschen mit bescheidenem Einkommen, die es durch

---

2 http://dqydj.net/sp-500-dividend-reinvestment-and-periodic-investment-calculator/ (Klicken Sie auf »Show Advanced« und wählen Sie »Ignore Taxes« und »Ignore Fees«.)

3 http://dqydj.net/sp-500-dividend-reinvestment-and-periodic-investment-calculator/ (Klicken Sie auf »Show Advanced« und wählen Sie »Ignore Taxes« und »Ignore Fees«.)

4 www.earlyretirementextreme.com

5 www.mrmoneymustache.com

ein genügsames Leben und konsequentes Sparen in bemerkenswert kurzer Zeit geschafft haben, finanziell unabhängig zu werden. Zum Beispiel genügen dafür bei einer Rendite von jährlich 4 Prozent 175 000 Dollar, wenn man mit 7500 Dollar im Jahr auskommen kann, wie dies der Autor des Blogs *Early Retirement Extreme* in aller Zufriedenheit tut (siehe Kapitel 28).

Es gibt auch das andere Extrem. Ich kann mich noch gut an ein Mittagessen mit einem meiner Freunde kurz vor Weihnachten 1995 erinnern. Er hatte gerade seinen Jahresbonus in Höhe von 800 000 Dollar erhalten und beschwerte sich während des Essens darüber, dass es unmöglich sei, mit einem Jahresbonus von lausigen 800 000 Dollar auszukommen. Ich war einigermaßen erstaunt, aber als ich mir anhörte, welche Ausgaben er hatte, sah ich, dass er recht hatte. Er brachte jedes Vierteljahr mehr als 175 000 Dollar durch. Von finanzieller Unabhängigkeit konnte er nur träumen.

Geld ist sehr relativ. Im Moment habe ich ungefähr 100 Dollar in meiner Brieftasche. Für einige sehr reiche Menschen sind 10 000 Dollar weniger wert als diese 100 Dollar für mich. Für noch reichere entsprechen 100 000 Dollar meinen 100 Dollar. Für andere, zu denen die große Mehrheit der Armen dieser Welt gehört, sind 100 Dollar mehr Geld, als sie im Laufe eines ganzen Jahres zu sehen bekommen werden.

Bei der finanziellen Unabhängigkeit geht es mindestens genau so sehr darum, seine Bedürfnisse einzuschränken, wie darum, viel Geld zu haben. Sie hat weniger damit zu tun, wie viel man verdient, sondern mehr damit, was für einen wichtig ist. Es gibt Gutverdiener, die pleitegehen, und Geringverdiener, die finanziell unabhängig werden. Mit Geld kann man viele Sachen kaufen, aber nichts Wichtigeres als seine finanzielle Unabhängigkeit.

Das Rezept dafür ist ganz einfach:

Geben Sie weniger aus, als Sie verdienen – investieren Sie den Überschuss – machen Sie keine Schulden.

Wie ich schon in der Einführung gesagt habe: Wenn Sie das befolgen, werden Sie reich werden. Und zwar nicht nur, was Geld angeht. Aber wenn die Ausgaben für Ihren Lebensstil genauso hoch oder sogar höher als Ihr Einkommen sind, dann haben Sie keinerlei Aussicht auf finanzielle Unabhängigkeit.

Betrachten wir ein Beispiel. Nehmen wir an, Sie verdienen 25 000 Dollar im Jahr und Sie entschließen sich, finanziell unabhängig zu werden. Sie befolgen einige der Ratschläge von den Seiten der Blogs, die ich oben erwähnt habe, und richten sich Ihr Leben so ein, dass Sie mit 12 500 Dollar pro Jahr auskommen. Daraus ergeben sich sofort zwei wichtige Konsequenzen: Sie haben Ihre Ansprüche gesenkt und Sie haben sich Geld verschafft, das Sie investieren können. Nun wollen wir mithilfe unseres Finanzrechners ein paar Szenarien durchspielen.

Gehen wir davon aus, dass Sie finanziell unabhängig sind, wenn Sie von 4 Prozent Ihres Nettovermögens pro Jahr leben können. Dann bräuchten Sie 312 500 Dollar (312 500 Dollar × 4 Prozent = 12 500 Dollar). Wenn Sie jedes Jahr 12 500 Dollar anlegen (wir wählen dafür den VTSAX, den Gesamtaktienmarktindexfonds von Vanguard) und die 11,9 Prozent Jahresrendite unterstellen, die der Markt in den letzten 40 Jahren geliefert hat, dann haben Sie es in circa elfeinhalb Jahren geschafft (317 175 Dollar).[6]

6 http://www.calculator.net/investment-calculator.html (Klicken Sie auf »End Amount«.)

Nehmen wir an, Sie sagen jetzt: »Ich habe genug gespart. Ab sofort werde ich mein gesamtes Einkommen ausgeben, aber ich werde mein erspartes Vermögen nicht antasten.« Dann wird dieses Vermögen in zehn kurzen Jahren auf 976 337 Dollar angewachsen sein, ohne dass Sie einen einzigen Cent zusätzlich sparen müssen.[7] Das bringt Ihnen 39 053 Dollar pro Jahr, wenn Sie jedes Jahr 4 Prozent davon zu Bargeld machen. Sie können dann nicht nur aufhören zu arbeiten, sondern sich auch deutlich mehr leisten.

Um der Einfachheit willen habe ich bis jetzt Steuern vernachlässigt. Ich habe aber auch angenommen, dass Ihr Einkommen nicht steigen wird. Außerdem habe ich für die Geldanlage den VTSAX gewählt und eine Entnahmequote von 4 Prozent angenommen. Mit all diesen Details werden wir uns später noch ausführlich beschäftigen. Im Moment stellen wir lediglich ein paar »Was wäre wenn«-Überlegungen an, damit Sie sehen, dass Sie mit Ihrem Geld etwas wesentlich Wertvolleres kaufen können als irgendwelches Zeug.

Aber leider werden die wenigsten auch nur erkennen, dass sie diese Wahl haben. Werbung und Marketing versuchen mit aller Kraft, einem einzureden, dass man diese Wahl nicht hat. Wir werden andauernd und überall mit Werbebotschaften bombardiert, die uns davon überzeugen wollen, dass wir den allerneuesten Plunder unbedingt brauchen und jeden Müll, der gerade modern ist, unbedingt haben müssen. Man sagt uns, dass es kein Problem sei, wenn wir kein Geld hätten. Schließlich gebe es ja Kreditkarten und man könne einen Kredit mit seinem Gehalt als Sicherheit aufnehmen.

---

7 http://www.calculator.net/investment-calculator.html (Klicken Sie auf »End Amount«.)

Diese Denkweise macht es den meisten Leuten schwer zu erkennen, dass man mit einem Einkommen von 25 000 Dollar ein Nettovermögen von 1 Million Dollar aufbauen kann. Dahinter steckt keine finstere Verschwörung – sondern Unternehmen, die versuchen, ihre eigenen Ziele zu erreichen, also ihre Gewinne zu maximieren. Aber der Aufbau eines Vermögens wird dadurch fast unmöglich gemacht.

Die Ideen und Konzepte, die hinter dieser Überredungskunst stecken, sind eindrucksvoll und es geht dabei um Riesensummen. Die Grenze zwischen dem, was man braucht, und dem, was man gerne hätte, wird andauernd absichtlich verwischt. Vor einigen Jahren hatte sich einer meiner Kumpel eine neue Videokamera gekauft. Es war ein absolutes Spitzenprodukt und er filmte jede Minute im Leben seines kleinen Sohnes. In einem Ausbruch von Begeisterung sagte er zu mir: »Weißt du, Jim, es ist einfach unmöglich, ein Kind ohne eins dieser Dinger großzuziehen!«

Unsinn, es geht auch ohne. Schließlich wurden Milliarden von Kindern im Lauf der Menschheitsgeschichte großgezogen, ohne dass sie jemals mit einer Videokamera gefilmt worden wären. Und so schrecklich sich das auch anhören mag, vielen geht es heute noch so; auch meiner Tochter erging es nicht anders.

Sie müssen nicht lange suchen, um jemanden zu finden, der Ihnen erzählen wird, welche Dinge unbedingt lebensnotwendig sind. Sie kennen wahrscheinlich einige solcher Leute. Aber wenn Sie wohlhabend sein wollen – sowohl durch die Einschränkung Ihrer Bedürfnisse als auch durch den Aufbau Ihres Vermögens –, dann ist es notwendig, diese Vorstellungen zu hinterfragen.

Kapitel 4: Wie man über Geld denken sollte

Schritt 1: Es geht nicht nur ums Ausgeben

Nehmen Sie sich einen schönen, druckfrischen Geldschein wie diesen:

Legen Sie ihn auf den Tisch vor sich und denken Sie einmal darüber nach, was er für Sie bedeutet. Zum Beispiel ...

1. Sie könnten sich überlegen, was Sie genau jetzt damit kaufen könnten. Es wäre genug für ein schönes Dinner für zwei in einem guten Restaurant. Oder für ein Paar Luxussneaker. Oder für einen Tank voll Benzin für Ihren Riesen-Pick-

up-Truck. Oder für ein paar Einkaufstaschen voll Lebensmittel. Oder vielleicht für einen schönen Pullover? Ich weiß es nicht. Ich kaufe nur sehr wenig, deshalb bin ich mir unsicher. Ich habe gerade einen Hundekorb bei L.L.Bean für 119 Dollar gekauft. Aber ich gebe ihn wieder zurück; mein Hund weigert sich, darin zu schlafen.

2. Vielleicht denken Sie: Nun, ich könnte dieses Geld investieren. In der Vergangenheit gab es am Aktienmarkt eine Rendite irgendwo zwischen 8 und 12 Prozent pro Jahr. Das könnte ich jedes Jahr ausgeben und ich hätte trotzdem noch meine 100 Dollar, die weiter für mich Geld verdienen würden.

3. Oder Sie denken vielleicht: Inflation und Kursrutsche könnten ein Problem werden. Ich investiere meine 100 Dollar, aber ich gebe jedes Jahr nur 4 Prozent davon aus. Alles, was ich darüber hinaus verdiene, investiere ich wieder, so dass die angelegte Summe wächst und mein jährlicher Gewinn mit der Inflation Schritt hält.

4. Sie könnten aber auch denken: Ich investiere diese 100 Dollar und lege alles, was ich damit verdiene, wieder an. Und was ich dann damit verdiene, lege ich auch wieder an. Und nach einigen Jahren, wenn der Zinseszinseffekt seine »magische« Wirkung getan hat, denke ich darüber nach, das Geld auszugeben.

Ihnen fallen wahrscheinlich noch viele weitere Möglichkeiten ein, was man mit den 100 Dollar machen könnte. Aber Sie werden unschwer feststellen, dass von den bisher genannten Möglichkeiten die erste dafür sorgen wird, dass Sie arm bleiben, die zweite, dass Sie in die Mittelklasse aufsteigen, die dritte, dass Sie noch einen Schritt weiterkommen und die vierte und letzte, dass Sie reich werden.

Schauen wir uns zum Beispiel Mike Tyson an

Mike Tyson war einer der eindrucksvollsten und gefährlichsten Boxer aller Zeiten. Wenige beherrschten die »hohe Kunst« des Boxens so gut wie er; weniger gut beherrschte er die »niedrige Kunst« des Wirtschaftens. Obwohl er 300 Millionen Dollar verdient hatte, ging er pleite. Sein Lebensstil, der ihn angeblich 400 000 Dollar im Monat kostete, war daran nicht ganz unschuldig. Menschen, die plötzlich reich werden, aber von Geld wenig Ahnung haben, passiert das häufig. Ich denke, dass sich, wie in anderen Fällen auch, sehr schnell Haie auf Tyson gestürzt haben, um sich einen Bissen von seinem Reichtum zu schnappen. Aber die Wurzel allen Übels war, dass er Geld nur aus der Perspektive des Ausgebens sah. Ich habe nicht vor, auf Tyson herumzuhacken. (So verrückt bin ich nun auch wieder nicht!) Denn er ist nicht der Einzige mit dieser Einstellung zum Geld. Die Welt ist voll von Sportlern, Künstlern, Rechtsanwälten, Ärzten, Managern et cetera, die mit Geld überschüttet worden sind, das von ihnen abperlte und in die Taschen anderer floss. In gewisser Weise hatten sie keine Chance. Sie hatten nie gelernt, wie man über Geld denken sollte.

Dabei ist es gar nicht schwer. Hören Sie auf, darüber nachzudenken, was Sie sich mit Geld kaufen können, und fangen Sie an, sich zu überlegen, was Ihr Geld für Sie verdienen kann. Und dann überlegen Sie, was das Geld, das Ihr Geld verdient hat, verdienen kann. Wenn Sie einmal anfangen, so zu denken, dann sehen Sie sofort, dass, wenn Sie Geld ausgeben, nicht nur dieses Geld weg ist, sondern auch das Geld, welches dieses Geld hätte verdienen können – und so weiter.

Das soll natürlich nicht heißen, dass man nie Geld ausgeben sollte. Aber es soll heißen, dass man sich über die Konsequenzen im Klaren sein muss, wenn man es tut.

Nehmen wir zum Beispiel an, Sie wollen ein Auto für 20 000 Dollar kaufen. Auch die finanziell unerfahrenste Person sollte einsehen, dass sie, sobald sie das Auto kauft, die 20 Riesen nicht mehr hat. Zumindest hoffe ich, dass das jeder einsieht. Leider scheint es aber so zu sein, dass die meisten Leute nicht einsehen, dass die Entscheidung, ein Auto zu leasen oder auf Pump zu kaufen, nichts anderes bedeutet, als zu sagen: »Ich will keine 20 000 Dollar für dieses Auto zahlen. Ich will viel, viel mehr dafür zahlen.«

Schritt 2: Denken Sie an die Opportunitätskosten

Woran Sie vielleicht nicht gedacht haben und worauf ich Sie nun aufmerksam machen möchte, ist die Tatsache, dass Sie das Auto, selbst wenn Sie es bar bezahlen, viel teurer kommt als 20 000 Dollar. Es entstehen nämlich Opportunitätskosten dadurch, dass man das Geld nicht mehr zur Verfügung hat, um es für sich arbeiten zu lassen. »Opportunitätskosten« sind das, was man aufgibt, wenn man sein Geld für eine Sache (wie zum Beispiel ein Auto) statt für eine andere Sache (wie zum Beispiel eine Geldanlage) verwendet. Sie sind leicht zu beziffern.

Sie brauchen sich nur zu überlegen, wie das Geld investiert werden und was es für Sie verdienen könnte, wenn Sie es nicht ausgeben würden. Da ich in diesem Buch andauernd über den VTSAX (den Gesamtaktienmarktindexfonds von Vanguard) reden (und ihn auch erklären) werde, wollen wir diesen als Beispiel nehmen.

Im Moment brauchen Sie nur zu wissen, dass der VTSAX ein Aktienmarktindexfonds ist und als solcher die durchschnittliche Aktienmarktrendite von 8 bis 12 Prozent jährlich widerspiegelt. In seiner Rolle als Geldanlagebeispiel liefert er uns eine konkrete Zahl, die wir für die Berechnung der Opportunitätskosten verwenden können. Nehmen wir den niedrigeren Wert der Renditebandbreite, also 8 Prozent.

Bei einer Rendite von 8 Prozent verdienen die 20 000 Dollar 1600 Dollar pro Jahr. Also kostet Sie Ihr 20 000-Dollar-Auto tatsächlich 21 600 Dollar, die ursprünglichen 20 000 Dollar und die 1600 Dollar, die man damit hätte verdienen können. Aber das gilt nur für das erste Jahr und Ihnen entstehen diese Opportunitätskosten jedes Jahr. Während der zehn Jahre, die Sie vielleicht das Auto besitzen, sind das 10 × 1.600 Dollar, also 16 000 Dollar. Nun betragen die Kosten für Ihr 20 000-Dollar-Auto schon 36 000 Dollar.

Aber das ist noch nicht alles. Wir haben nämlich noch nicht berücksichtigt, dass diese Jahresbeträge von jeweils 1600 Dollar ihrerseits hätten angelegt werden können und eine Rendite hätten erzielen können. Und welche Rendite diese Einnahmen wiederum hätten erzielen können. Und so weiter.

Wenn Sie angesichts dessen noch nicht deprimiert genug sind, dann denken Sie daran, dass die 20 000 Dollar für immer weg sind – und dass Ihnen deswegen für immer jährliche Einnahmen von 1600 Dollar entgehen, Jahr für Jahr für Jahr. So gesehen ist es ein verdammt teures Auto.

Sie haben wahrscheinlich schon von der »Magie« des Zinseszinseffekts gehört. Die Idee, die dahintersteckt, ist folgende: Das Geld, das man spart, bringt Zinsen. Diese Zinsen bringen dann wiederum selbst Zinsen. Das führt zu einer Art Schneeballeffekt, indem die Geldsumme, die Zinsen bringt, immer größer und größer wird. Wie ein Schneeball, der am Anfang klein ist und, wenn er den Berg hinunterrollt, immer größer wird, beginnt auch eine kleine Geldsumme, die man anlegt, bald höchst eindrucksvoll zu wachsen. In gewisser Weise ist es wirklich magisch.

Und die Opportunitätskosten müssen Sie sich als den bösen Zwilling des Zinseszinseffekts denken.

Einer der Vorteile der finanziellen Unabhängigkeit besteht darin, dass man dann so viel Geld hat, dass der Zinseszinseffekt des Geldanlegens immer größer ist als die Opportunitätskosten des Geldausgebens. Wenn man einmal genug »Du kannst mich mal«-Geld besitzt, muss man nur dafür sorgen, dass man so viel reinvestiert, um mit der Inflation Schritt zu halten, und dass man weniger ausgibt, als nach diesen Reinvestitionen von den Erträgen seines Vermögens übrig bleibt.

Falls Sie noch nicht finanziell unabhängig sind, aber dies gerne wären, dann wird es Ihnen sehr helfen, wenn Sie Ihre Ausgaben einmal durch die Brille der Opportunitätskosten betrachten.

Schritt 3: Wie man über seine Geldanlagen denken sollte

Warren Buffett wird gerne wie folgt zitiert:

- Regel 1: Verlieren Sie niemals Geld.
- Regel 2: Denken Sie immer an Regel 1.

Leider nehmen das viel zu viele Leute wörtlich und denken, dass Warren Buffett den Stein der Weisen gefunden habe und genau wisse, wann man einsteigen und wann man aussteigen muss, um den unvermeidbaren Kursstürzen zu entgehen. Das stimmt nicht und er hat gesagt, dass es eine Dummheit wäre, das auch nur zu versuchen: »Der Dow Jones begann im letzten Jahrhundert mit einem Anfangswert von 66 und stieg bis heute auf 11 400. Wie kann man in einer solchen Zeit Geld verlieren? Vielen Leuten ist genau das gelungen – weil sie versucht haben, zu den richtigen Zeiten ein- und auszusteigen.«

Tatsächlich hat Buffett während des Crashs von 2008 bis 2009 ungefähr 25 Milliarden Dollar »verloren« und sein Vermögen nahm von 62 auf 37 Milliarden Dollar ab. (Wegen dieses »Rests« von 37 Milliarden Dollar habe ich damals meine Freunde genervt und ihnen immer gesagt: »Mensch, ich wünschte mir nur, ich hätte 25 Milliarden verlieren können!«)

Wie wir anderen auch konnte Buffett die Marktentwicklung nicht voraussehen und weil er wusste, dass dies nur Narren tun würden, hat er es erst gar nicht versucht.

Aber Buffett ist nicht wie viele andere in Panik geraten und hat verkauft. Er wusste, dass man mit Kursstürzen rechnen muss. Im Gegenteil, er hat weiter investiert, als es wegen der starken Kursrückgänge gute Kaufgelegenheiten gab. Als sich der Markt erholte, wie er das immer tut, hat sich auch sein Vermögen erholt – genau wie das Vermögen all derer, die ebenfalls auf Kurs geblieben sind. Deswegen steht »verloren« auch in Anführungszeichen.

Es gibt viele Gründe dafür, warum Buffett nicht in Panik geriet, als diese 25 Milliarden Dollar dahinschmolzen. Dass noch 37 Milliarden Dollar übrig waren, hat ihm sicher dabei geholfen. Aber ein anderer Grund besteht in der Art und Weise, wie er über das Geld, das er investiert hat, denkt.

Buffett spricht davon, dass er die Unternehmen besitzt, in die er investiert hat. Manchmal gehören sie ihm zum Teil (in Form eines Aktienanteils), manchmal gehören sie ihm ganz.

Wenn der Kurs der Aktie eines seiner Unternehmen fällt, dann weiß er in seinem tiefsten Inneren, dass ihm immer noch genau derselbe Anteil an diesem Unternehmen gehört wie davor. Und solange das Unternehmen als solches gesund ist, spielen die Kursschwankungen keine große Rolle. Der Kurs kann steigen oder fallen, aber ein gutes Unternehmen wird immer Gewinne machen und sein Wert wird deshalb im Zeitablauf unaufhörlich steigen.

Wir können lernen, genauso zu denken. Nehmen wir wieder den VTSAX her, um uns mit dieser Denkweise vertraut zu machen.

Angenommen, Sie haben gestern gesagt: »Es erscheint mir sinnvoll, in den VTSAX zu investieren. Ich werde mir einige Anteile kaufen.« Und dann haben Sie Vanguard 10 000 Dollar überwiesen. Der gestrige Schlusskurs von VTSAX war 53,67 Dollar und mit Ihren 10 000 Dollar konnten Sie sich 186,3238308 Anteile kaufen.

Falls die Anteile von VTSAX eine Woche später für 56 Dollar gehandelt werden, könnten Sie sich sagen: »Meine 10 000 Dollar sind jetzt 10 434 Dollar wert. Klasse! Herr Collins ist schon ein schlauer Fuchs!«

Falls aber die Anteile eine Woche später bei 52 Dollar notieren, dann könnten Sie denken: »Verdammt. Meine 10 000 Dollar sind jetzt nur noch 9689 Dollar wert. Dieser Collins ist doch ein Rindvieh!«

Das ist typisch für die Art und Weise, in der der durchschnittliche Investor von seinen Anlagen denkt: als kleine Schnipsel Papier oder, wie man heute besser sagen muss, als Bits und Bytes, die im Wert steigen oder fallen. Wenn sie tatsächlich nichts weiter wären, dann könnte einem jeder einzelne Kursrückgang sehr viel Angst machen.

Aber es gibt eine bessere, zutreffendere und profitablere Art und Weise, über seine Anlagen zu denken. Überlegen Sie einmal kurz, was sie wirklich besitzen.

Ob der Kurs nun bei 56 Dollar oder bei 52 Dollar steht, Ihnen gehören immer noch dieselben 186,3238308 Anteile am VTSAX. Und das wiederum bedeutet, dass Ihnen ein Teil von praktisch jedem börsennotierten Unternehmen in den USA gehört – und das waren ungefähr 3700 beim letzten Mal, als ich nachgezählt habe.

Wenn man das erst einmal richtig verstanden hat, dann wird einem klar, dass man durch sein Investment in den VTSAX seine finanzielle Zukunft mit der all dieser verschiedenen Unternehmen verbunden hat, die ihren Sitz im mächtigsten, reichsten und einflussreichsten Land der Welt haben. Diese Unternehmen sind voll von fleißigen, fähigen und findigen Mitarbeitern, die in unserer sich ständig ändernden Welt vorankommen und Erfolg haben wollen. Einige dieser Unternehmen werden Pleite machen und 100 Prozent ihres Wertes verlieren. Tatsächlich müssen sie nicht einmal Pleite machen und ihren gesamten Wert verlieren, um aus dem Aktienindex auszuscheiden. Es reicht, wenn sie nicht mehr groß genug sind oder ihre »Marktkapitalisierung« zu gering ist.

Diese Unternehmen, die den Index verlassen, werden durch andere, jüngere und erfolgreichere Unternehmen ersetzt. Einige werden spektakuläre Erfolge erzielen und um 200, 300, 1000, 10 000 Prozent oder mehr wachsen. Nach oben gibt es keine Grenze. Es wird immer so sein, dass einige Sterne verblassen und andere erstrahlen. Und genau das macht den Aktienindex – und damit den VTSAX – »selbstreinigend«, wie ich das gerne nenne.

Wenn ich auf absolute Sicherheit aus wäre (und das ist nicht dasselbe wie die Abwesenheit jeglicher Schwankungen, was die meisten fälschlicherweise als Sicherheit ansehen), dann würde ich zu 100 Prozent in den VTSAX investieren und nur die circa 2 Prozent Dividende ausgeben, die er im Durchschnitt jedes Jahr abwirft.

Es gibt keine vollkommene Sicherheit, aber ich kann mir nichts Sichereres denken.

Wir leben in einer komplizierten Welt und das nützlichste und vielseitigste Werkzeug, um darin zurechtzukommen, ist Geld. Man muss unbedingt lernen, es richtig zu gebrauchen. Und das beginnt damit, dass man lernt, richtig darüber zu denken. Dafür ist es nie zu spät.

Jemand soll doch bitte Mr Tyson ein Exemplar dieses Buches schicken. Auch für ihn ist es noch nicht zu spät.

Kapitel 5:
Wenn am Aktienmarkt der Bulle (oder der Bär) tobt …

Im Januar 2015 stand der S&P 500 bei 2059 Punkten, deutlich über seinem Tiefststand vom März 2009 bei ungefähr 677 Punkten. Genau das versteht man unter einem Bullenmarkt. Ob Sie nun überlegen, eine Geldsumme neu anzulegen, die Ihnen unverhofft zugefallen ist, oder daran denken, zu verkaufen und eine Weile aus dem Markt auszusteigen: Es sind Zeiten wie diese, in denen die Grundprinzipien und Grundüberzeugungen Ihrer Anlagestrategie auf die Probe gestellt werden.

Meine sehen wie folgt aus:

- Ein korrektes Markttiming ist einfach unmöglich, gleichgültig, was Ihnen die hochangesehenen Gurus bei CNBC und andere Leute auch erzählen mögen.[1]
- Anlagen am Aktienmarkt sind der beste Weg zum Aufbau eines Vermögens, den es je gab.
- Der Markt geht auf Dauer immer nach oben, aber bei diesem Aufstieg wird es immer auch Turbulenzen und Rückschläge geben.

---

1 CNBC (Consumer News and Business Channel) ist ein US-Nachrichtensender, der vor allem über das Wirtschaftsgeschehen und die Finanzmärkte berichtet, in etwa vergleichbar mit n-tv. (Anmerkung des Übersetzers.)

- Da wir diese Schwankungen nicht vorhersagen können, müssen wir uns auf sie einstellen und dürfen uns nicht von ihnen beirren lassen.
- Mein Geld soll für mich so hart wie möglich und so bald wie möglich arbeiten.

Für Neulinge am Aktienmarkt ist es sehr schwer, beim Blick auf vergangene Kursausschläge nicht zu denken: »Wenn ich doch nur ...« Wenn ich doch nur verkauft hätte, als die Kurse hoch waren! Wenn ich doch nur gekauft hätte, als sie tief waren! Aber das ist bloßes Wunschdenken.

Seit ich meinen Blog www.jlcollinsnh.com im Jahr 2011 zu schreiben begonnen habe, hat der Markt nach einem großen »Bären«-Crash einen seiner langen »Bullen«-Aufschwünge erlebt. Ich erhalte ziemlich regelmäßig Fragen und Kommentare wie diese:

- »Ist JETZT die richtige Zeit, um zu investieren, da ja vielleicht ein Kurssturz unmittelbar bevorsteht?«
- »... viele Leute scheinen zu denken, dass ein Crash auf uns zukommt.«
- »Ich befürchte, dass ich zur falschen Zeit einsteige.«
- »Ich habe Angst, dass ich genau vor dem nächsten Kurssturz investiere.«
- »Ich habe seit Monaten Angst einzusteigen, aber ich glaube, mir entgehen dadurch mögliche Gewinne.«
- »Ich möchte eben einen guten Start erwischen, nicht einen schlechten.«
- »Vielleicht sollte ich bis nach dem nächsten Crash warten, damit ich kein Geld verliere.«
- »Sollte ich vielleicht bis nach dem nächsten Crash warten, damit ich möglichst hohe Gewinne erzielen kann?«

- »Ich bin ziemlich ängstlich, weil das alles für mich neu ist …«

Wenn der Markt nicht eine Bullen-Phase erleben würde, sondern in einer seiner immer einmal wiederkehrenden Bären-Phasen wäre, wären diese Fragen und die Motive, die hinter ihnen stecken, so ziemlich dieselben:

- »Sollte ich warten, bis der Markt seinen Tiefststand erreicht hat, und dann investieren?«

Es geht immer um Angst und um Gier, die zwei wichtigsten Gefühle, die Geldanleger antreiben. Angst zu haben ist vollkommen verständlich, denn niemand verliert gerne Geld. Aber wenn Sie es nicht schaffen, Ihre Angst in den Griff zu bekommen, werden Sie es auch nicht schaffen, wohlhabend zu werden. Denn Ihre Angst wird Sie davon abhalten zu investieren. Und wenn Sie doch investiert haben, dann wird sie Sie dazu bringen, bei jedem Kurssturz in Panik zu geraten und aus dem Aktienmarkt auszusteigen. Und auf dem Weg nach oben, dem der Markt hartnäckig folgt, wird es immer wieder Kursstürze geben. Angst zu haben ist deswegen so gefährlich, weil sie Sie dann panisch macht und zum Verkaufen treibt, wenn Sie nicht verkaufen, sondern halten sollten. Der Markt unterliegt Schwankungen. Kursstürze, Kursrückgänge und Kurskorrekturen sind vollkommen normal. Sie bedeuten nicht das Ende der Welt, sie bedeuten nicht einmal das Ende des hartnäckigen Wachstums des Marktes. *Sie gehören alle einfach zum Marktgeschehen dazu und man muss mit ihnen rechnen.*

Wie wir in Teil II dieses Buches sehen werden, ist es unvermeidbar, dass irgendwann ein großer Crash kommt – und danach noch andere. Wenn man mehrere Jahrzehnte investiert, wird es außerdem zu unzähligen kleineren Kursrückgängen und Kurskorrekturen kommen. Zu lernen, damit zu leben, ist die Voraussetzung dafür, Geld langfristig mit Erfolg anzulegen. Und eine erfolgreiche Geldanlage ist zwangsläufig langfristig. Wenn man dagegen kurzfristig agiert, dann ist das keine Geldanlage, sondern Spekulation.

Wenn wir also wissen, dass ein Crash kommen wird, warum warten wir nicht bis nach dem Crash mit der Geldanlage? Oder, wenn wir Geld angelegt haben, warum verkaufen wir nicht und steigen nach dem Crash wieder ein? Einfach deswegen nicht, weil wir nicht wissen, wann der Crash beginnen und enden wird. Niemand kann das wissen.

Glauben Sie mir nicht? Denken Sie, Sie können das? Testen Sie sich selber unter http://qz.com/487013.

Sie haben vielleicht gehört, dass viele Leute denken, ein Aktienmarktcrash stehe unmittelbar bevor. Das stimmt, aber es gibt auch viele Leute, die sagen, dass wir erst am Anfang eines Booms stehen und dass der S&P 500 nie wieder so niedrig sein wird wie heute. Jeden Tag sagen hoch angesehene Experten einen Marktcrash voraus. Und jeden Tag sagen ebenso hoch angesehene Experten einen Boom voraus. Wer hat recht? Ich habe nicht die leiseste Ahnung. Sie alle versuchen, die Zukunft vorherzusagen – und das schafft niemand.

Aber warum gibt es denn überhaupt diese vielen Prognosen? Ganz einfach, weil Kursstürze und Kurshöhenflüge aufregend sind! Wenn man einmal richtigliegt, dann gilt man viel im Fernsehen oder an der Wall Street! Prognosen bringen Zuschauerquoten, besonders dann, wenn sie extrem ausfallen. Sagen Sie einen Höhenflug des Dow Jones bis auf 25 000 oder einen Absturz bis auf 5000 voraus und jeder wird seine Ohren spitzen. Damit kann man viel Geld verdienen, zumindest dann, wenn man ein Börsenguru ist oder eine Börsensendung im Fernsehen macht.

Solche Prognosen nützen ernsthaften Geldanlegern nicht, sondern verwirren sie nur. Mehr noch, wenn Sie sie ernst nehmen, stellen sie eine echte Gefahr für Ihr Vermögen und Ihren Seelenfrieden dar.

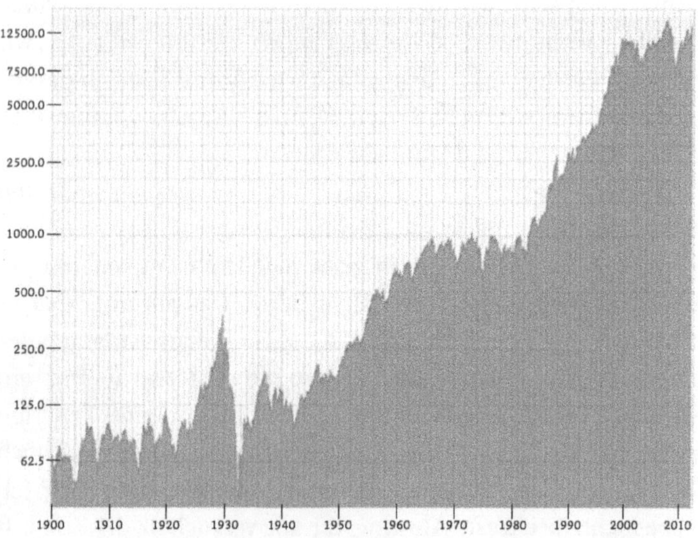

Der Dow Jones Industrial Average 1900–2012, Quelle: www.stockcharts.com

Ein Blick in die Vergangenheit kann hilfreich sein, aber nur, wenn man sehr weit zurückschaut. Das sehen Sie anhand des obigen Kurscharts. Der Aktienmarkt geht immer nach oben. Dafür gibt es sehr gute Gründe. Ich kann heute mit fast vollkommener Sicherheit sagen, dass der Markt in 20 Jahren höher stehen wird als heute. Ich würde mich sogar trauen zu sagen, dass er in zehn Jahren höher stehen wird als heute. Die 120 Jahre lange Geschichte des Aktienmarktes rechtfertigt diesen Optimismus.

Aber das sagt nichts über die Entwicklung in den nächsten paar Tagen, Wochen, Monaten oder auch Jahren aus. Und genau hier liegt das Problem. Es ist einfach unmöglich zu wissen, wo genau wir zu einem bestimmten Zeitpunkt stehen.

Werfen Sie noch einen Blick auf den Kurschart. Sind wir heute in einer Zeit wie im Januar 2000, als der Markt ein Kurshoch erreichte und dann fast die Hälfte seines Wertes verloren hat? Oder in einer Zeit wie im Juli 2007, als dasselbe passierte? Im Nachhinein ist es natürlich einfach, den Verlauf zu erkennen.

Oder könnte es sein, dass solche Verläufe hinter uns liegen und wir uns heute in einer Situation wie in der Zeit befinden, als der Markt die Werte 1000 oder 2000 oder 3000 oder 4000 oder 5000 übersprang und seither nie wieder darunter gefallen ist? Ich habe nicht die leiseste Ahnung.

Was wir aber wissen, ist, dass jedes Mal, wenn eine dieser Hürden übersprungen wurde, die Leute genauso wie heute davon überzeugt waren, dass der Markt zu weit gestiegen und deshalb ein Crash unausweichlich sei.

Nehmen wir trotzdem einmal an, wir wüssten, dass der S&P 500 genau jetzt, bei einem Stand von 2102, ein Hoch erreicht hat und in Kürze einbrechen wird. Vielleicht hat uns das eine gute Fee verraten.

Selbstverständlich würden wir dann verkaufen (oder zumindest nicht kaufen). Aber was dann? Wir wollen auf die Gewinne, die man nur am Aktienmarkt erzielen kann, nicht auf Dauer verzichten. Wir müssen also irgendwann wieder einsteigen. Aber wann? Gibt es einen Kursrückgang um 10 Prozent? Wenn ja, dann würden wir in der Gegend von 1.892 wieder investieren.

Was wäre, wenn der Kursrückgang 20 Prozent betragen würde, wir uns also gemäß »offizieller« Definition in einem Bärenmarkt befinden würden? Dann würden wir erst bei ungefähr 1682 wieder einsteigen.

Was aber, wenn wir dies tun würden und es würde sich herausstellen, dass es sich um einen richtigen Crash handelt? Verdammt! In diesem Fall hätten wir warten sollen, bis der Index auf ungefähr 1200 gefallen wäre. Wo steckt denn diese dumme Fee, wenn wir sie wirklich brauchen?

Mit dieser Geschichte wollte ich zeigen, dass man, um auch nur einmal ein richtiges Markttiming zu haben, zweimal eine korrekte Vorhersage machen muss: Zuerst muss man das Hoch richtig erkennen – und dann das Tief. Und wenn man immer zum richtigen Zeitpunkt ein- beziehungsweise aussteigen will, muss man das andauernd schaffen. Es gibt mehr als genug enttäuschte Investoren, die beim Hoch richtiglagen, aber dann dabei zuschauten, wie sich der Markt erholte und sein altes Hoch ohne Probleme übersprang.

Markttiming kann auf Dauer nicht gelingen. Weswegen ich so sicher bin? Ganz einfach:

Derjenige, der das könnte, wäre viel reicher als Warren Buffett und doppelt so berühmt.

Nichts, wirklich nichts, wäre gewinnbringender als diese Fähigkeit. Und genau deswegen ist der Gedanke daran so faszinierend. Deswegen gibt es Börsengurus, die behaupten, dies zu können, zumindest ein kleines bisschen. Aber niemand ist dazu in der Lage. Zumindest nicht auf Dauer. Es ist besser, an den Weihnachtsmann zu glauben als an solche Gurus. Und man schafft es eher, Einhörner zu züchten, als immer den richtigen Zeitpunkt für den Ein- beziehungsweise den Ausstieg zu erwischen.

Aber für mich spielt es ohnehin keine Rolle, dass ein dauerhaft richtiges Markttiming unmöglich ist. Lassen Sie mich Ihnen anhand des folgenden Beispiels erklären, was für mich wichtig wäre, wenn ich mich in Ihrer Lage befinden würde.

Nehmen wir an, Sie sind 30 Jahre alt und Sie haben vielleicht 60 Jahre vor sich, in denen Sie Geld anlegen wollen. Ich würde mir den Kurschart anschauen und feststellen, dass der Dow Jones vor 60 Jahren bei ungefähr 250 stand. Bis zum Januar 2015 hatte er 17 823 erreicht – und das im Lauf von 60 Jahren mit Wirtschaftskrisen und Börsenturbulenzen, wie sie sicher auch im Lauf der nächsten 60 Jahre auftreten werden.

Oder schauen Sie sich den Verlauf des S&P 500 während der letzten 25 Jahre an. Im Januar 1995 stand er bei ungefähr 500. Bis zum Januar 2015 hatte er es bis auf 2059 geschafft. Und in diese Zeit fällt die Periode von 2005 bis 2009, eine der allerschlimmsten Börsenperioden, die mit dem größten Crash seit der Weltwirtschaftskrise endete.

Darin liegt für mich die eigentliche Magie des Aktienmarktes. Es ist einfach atemberaubend, wie man mit Aktien ein Vermögen aufbauen kann.

Aber ebenso atemberaubend ist der Weg dorthin. Ob Sie nun heute oder irgendwann später investieren – ich garantiere Ihnen, dass sich Ihr Vermögen im Lauf dieser 60 Jahre mehr als einmal halbieren wird. Und es wird weitere Rückschläge geben. Es ist kein reines Vergnügen, aber so funktioniert der

Markt nun einmal, und das muss man in Kauf nehmen, wenn man in den Genuss seiner Vorteile kommen will.

Sie sollten sich also nicht fragen: »Soll ich heute in Aktien investieren?«, sondern: »Soll ich überhaupt in Aktien investieren?«

Wenn Sie die raue Wirklichkeit des Aktienmarktes nicht aushalten können, dann lautet die Antwort »nein«. Wenn Sie nicht absolut sicher sind, dass Sie zusehen könnten, wie sich Ihr Vermögen halbiert, und dabei dennoch Kurs halten würden, dann lautet die Antwort »nein«. Wenn Sie die Risiken des Aktienmarktes nicht genauso akzeptieren können wie seine Chancen, dann lautet die Antwort »nein«.

Letztendlich müssen Sie selbst die Entscheidung treffen.

Glücklicherweise steht man bei der Geldanlage nicht vor einer Alles-oder-nichts-Entscheidung. Wenn man dazu bereit ist, auf einen Teil der möglichen Rendite zu verzichten, dann gibt es Mittel und Wege, seine Nerven zu schonen. Damit meine ich vor allem die Diversifizierung des Anlageportfolios, die ich in Kapitel 14 erklären werde.

Anmerkung:

Sie werden festgestellt haben, dass ich zwischen den Aktienindizes Dow Jones und S&P 500 hin- und hergesprungen bin, als ich die Marktentwicklung der Vergangenheit dargestellt habe. Ich ziehe im Allgemeinen den S&P 500 vor, weil er breiter und deshalb ein wenig genauer ist. Aber der Dow Jones reicht weiter in die Vergangenheit zurück und ist nützlicher für langfristige Betrachtungen. Wenn man beide Charts übereinanderlegt, stellt man fest, dass sie weitgehend parallel verlaufen und es deshalb für unsere Zwecke keinen Unterschied zwischen ihnen gibt.

Teil II:
Wie man das zum Vermögensaufbau am besten geeignete Werkzeug richtig einsetzt

Einfachheit ist das Wesen wahrer Eleganz.
Coco Chanel

Kapitel 6: Ein Börsencrash steht bevor! Und auch berühmte Ökonomen können Sie nicht retten!

Eines Tages vor ein paar Jahren habe ich mich ziemlich geärgert. Ich hatte gerade einen Artikel in einer beliebten Zeitschrift für Anleger gelesen und allein diese Zeitschrift zu lesen macht mich immer ärgerlich.

Dieser spezielle Artikel enthielt ein Interview mit einem berühmten Ökonomen, der Professor für Finanzwirtschaft an einer ebenfalls berühmten und angesehenen Universität war. Auf den schönen Fotos sah der gute Mann sehr seriös und eindrucksvoll aus.

Am Anfang von Teil II werde ich Ihnen einiges von dem erzählen, was er gesagt hat, und erklären, warum er unrecht hat. Es ist typisch für die Allerweltsweisheiten, die Sie zu hören bekommen – außer von mir und in diesem Buch. Wir wollen uns diese Weisheiten einmal näher anschauen. Dabei werden wir einige der wichtigsten Themen ansprechen, die in späteren Kapiteln genauer behandelt werden.

Und was ist jetzt mit dem Börsencrash, der kommen soll? Machen Sie sich keine Sorgen. Ich werde Ihnen auch erklären, warum das keine Rolle spielt.

Zunächst muss ich der Fairness halber zugeben, dass ich keine Probleme mit den meisten Ideen des berühmten Ökonomen habe. In den Fällen, in denen ich Probleme habe, kann es sein, dass er in der Zeitschrift nicht richtig wiedergegeben wurde. Vielleicht wurden einfach die falschen Stellen in den Vordergrund gerückt. Vielleicht werden er und ich eines Tages zusammen Kaffee trinken und darüber lachen. Vielleicht aber auch nicht.

In dem Interview behauptete der Professor, dass die seit Langem allgemein akzeptierte Effizienzmarkttheorie – die besagt, dass die aktuellen Aktienkurse praktisch sofort und vollständig alle relevanten Informationen widerspiegeln – durch die, wie er es nannte, »Theorie der adaptiven Märkte« abgelöst würde. Die Idee dahinter ist, dass sich Märkte infolge neuer Handelstechnologien schneller verändern und schwankungsanfälliger werden. Und das bedeutet, dass das Risiko zunimmt. So weit hat er recht und kann ich ihm zustimmen.

Aber er fuhr fort und sagte, dass deshalb die Investmentstrategie, zu kaufen und auf Dauer zu halten, »nicht mehr funktionieren« würde. Der Interviewer wies zu Recht darauf hin, dass selbst während des »verlorenen Jahrzehnts« von 2000 bis 2009 die Strategie des Kaufens und Haltens eine Rendite von 4 Prozent erbracht hätte.

Der Professor erwiderte: »Überlegen Sie einmal, wie diese Person die 4 Prozent verdient hätte. Sie verlor 30 Prozent, dann kam ein starker Aufschwung und so weiter und die Gesamtrendite betrug schließlich 4 Prozent. Aber die meisten Investoren warteten nicht ab, bis sich die Märkte beruhigt hatten. Nach dem Verlust der ersten 25 Prozent verkauften sie wahrscheinlich mindestens zum Teil und stiegen erst wieder ein, als sich der Markt erholt hatte. Menschen verhalten sich nun einmal so.«

Die Annahme stimmt, aber die Schlussfolgerung ist falsch. Wir kommen gleich darauf zurück.

Interviewer: »Also, was sollte ich stattdessen tun?«

Professor: »Wir sind in einer schwierigen Periode unserer wirtschaftlichen Entwicklung, in der es noch keine guten Alternativen gibt. Am besten ist es wohl, man hält eine Auswahl verschiedener Fonds, die relativ geringe Gebühren berechnen. Außerdem sollte man versuchen, die Schwankungsanfälligkeit in Grenzen zu halten, indem man nicht nur Aktien und Anleihen hält, sondern seine Geldanlagen breit streut: Aktien, Anleihen, Devisen, Rohstoffe, und zwar sowohl inländische als auch ausländische.«

Interviewer: »Welche Rolle spielt der Staat bei der Vermeidung solcher Krisen?«

Professor: »Es ist unmöglich, Finanzkrisen zu vermeiden.«

Bei den Onlinekommentaren zu diesem Artikel traf ein Leser namens Patrick den Nagel auf den Kopf: »Also, Märkte sind effizient, außer wenn sie es nicht sind. Und ›Kaufen-und-Halten‹ funktioniert nicht, weil sich die meisten nicht daran halten. Schön und gut, aber das ist nichts Neues!« Genau, Patrick!

Noch schlechter ist der Rat des Professors, »seine Geldanlagen breit zu streuen«. Und damit will er in der neuen Welt der Geldanlagen zurechtkommen, die seine »Theorie der adaptiven Märkte« beschreibt?

Es ist mehr als seltsam, dass er empfiehlt, Investoren sollten so gut wie jede vorstellbare Art von Geldanlagen halten, während er gleichzeitig behauptet, »Kaufen-und-Halten« würde nicht mehr funktionieren. Was soll das?

Akzeptieren wir einmal die Prämisse des Professors, dass nämlich die Märkte volatiler geworden sind und das wahrscheinlich auch in Zukunft bleiben werden. Ich bin mir da nicht so sicher, aber gut, er ist ja schließlich der angesehene Ökonom. Wir stimmen auch darin überein, dass der typische Geldanleger leicht in Panik gerät und sich häufig falsch entscheidet, vor allem dann, wenn alle Börsengurus im Fernsehen dasselbe sagen. Und wir stimmen sicherlich darin überein, dass man Finanzkrisen nicht verhindern kann. Es wird sie immer geben.

Die Frage, um die es eigentlich geht, lautet also: Wie gehen wir am besten mit diesen Tatsachen um?

Der Professor antwortet (wie viele andere auch):

»Behandeln Sie die Symptome.«

Er verfällt dem allzu verbreiteten Irrtum der Anlagediversifizierung. Er empfiehlt uns, in alles Mögliche zu investieren und zu hoffen, dass ein paar unserer Geldanlagen erfolgreich sein werden. Um dies richtig zu tun, müsste man sich sehr viel Mühe geben. Man müsste alle verschiedenen Arten von Geldanlagen verstehen und sich entscheiden, welchen Teil seines Vermögens man auf welche Weise in jede von ihnen investieren soll. Und wenn man das getan hat, müsste man ihre Wertentwicklung genau kontrollieren, um notwendige Anpassungen vornehmen zu können.

All diese Mühen werden im Endeffekt nur dazu führen, dass man eine unterdurchschnittliche Rendite erzielt und vielleicht ein kleines bisschen mehr Sicherheit hat. Das erinnert mich an den Ausspruch: »Wer Freiheit aufgeben würde, um mehr Sicherheit zu haben, verdient keines von beiden.« Ich dagegen sage:

»Reißen Sie sich zusammen
und ändern Sie Ihr Verhalten.«

Ihnen muss klar werden, dass Ihre Emotionen und Affekte schlechte Anlageentscheidungen verursachen können – also etwa Panikverkäufe – und dass Sie dagegen ankämpfen und sie überwinden müssen. Wenn Sie das schaffen, wird das Geldanlegen für Sie nicht nur wesentlich einfacher, sondern auch viel rentabler werden.

Zunächst müssen Sie ein paar grundlegende Dinge über den Aktienmarkt wissen:

1. Börsenkrisen werden kommen.
Was 2008 passierte, war nichts, das noch nie da gewesen war. Es ist schon früher passiert und es wird wieder passieren. Immer wieder. In den 40 Jahren, in denen ich am Aktienmarkt aktiv war, gab es:

- die große Rezession von 1974 bis 1975.
- die Inflation der späten 1970er- und frühen 1980er-Jahre. Wer erinnert sich noch an die Parole »Nieder mit der Inflation!«, die man auf vielen Ansteckplaketten lesen konnte? Die Hypothekenzinsen erreichten 20 Prozent und auf zehnjährige Staatsanleihen erhielt man 15 Prozent und mehr.
- das heute berüchtigte Titelbild der *Business Week* aus dem Jahr 1979, auf dem »das Ende der Aktie« angekündigt wurde – ein »Ende«, das sich als der Beginn der längsten Hausse aller Zeiten herausstellte.[1]
- den Crash von 1987 mit seinem Schwarzen Montag, als es den stärksten Ein-Tages-Kurssturz aller Zeiten gab.

---

1 Die *Business Week* ist ein amerikanisches Wirtschaftsmagazin, das seit Anfang des 20. Jahrhunderts wöchentlich erscheint (Anmerkung des Übersetzers).

Die Aktienhändler hatten schon die Fenster geöffnet, um sich in den Tod zu stürzen, und mehr als nur ein paar sprangen tatsächlich.

- die Rezession der früher 1990er-Jahre.
- der Crash des Technologiemarktes in den späten 1990er-Jahren.
- die Anschläge vom 11. September 2001 und die dadurch ausgelösten Börsenturbulenzen.
- Und diesen kleinen Börsenkrach im Jahr 2008.

2. Der Markt erholt sich immer wieder. Immer. Falls er es eines Tages doch nicht tun sollte, dann ist keine Geldanlage mehr sicher und dann spielen Geld und Finanzen ohnehin keine Rolle mehr.

1974 schloss der Dow Jones bei 616; Ende 2014 stand er bei 17 823.[2] In diesen 40 Jahren (Januar 1975 bis Januar 2015) wuchs er, bei Reinvestition der Dividenden, mit einer durchschnittlichen Jahresrate von 11,9 Prozent.[3] Wenn Sie Anfang 1975 1000 Dollar investiert und nicht mehr angerührt hätten, wären sie zu Beginn des Jahres 2015 auf 89 790 Dollar angewachsen.[4] Kein schlechtes Ergebnis, angesichts aller der Krisen.

Sie hätten sich bloß zusammenreißen und durchhalten müssen. Nehmen Sie sich einen Moment Zeit und denken Sie darüber nach.

Jeder kann Geld verdienen, wenn die Kurse steigen. Aber ob man am Aktienmarkt reich wird oder finanziell ausblutet, hängt davon ab, was man in den Zeiten tut, in denen die Kurse fallen.

---

2 MD Leasing Corp.: »History of DJIA – Year End Closing«, http://www.mdleasing.com/djia-close.htm.

3 http://dqydj.net/sp-500-return-calculator/ (Lassen Sie »Adjust for Inflation (CPI)?« frei.)

4 http://dqydj.net/sp-500-dividend-reinvestment-and-periodic-investment-calculator/ (Klicken Sie auf »Show advanced« und wählen Sie »Ignore Taxes« und »Ignore Fees«.)

3. Der Markt geht immer nach oben. Immer. Ich wette, das hat Ihnen zuvor noch niemand gesagt. Aber es stimmt trotzdem. Das heißt aber nicht, dass es eine ruhige und angenehme Fahrt wird. Im Gegenteil. Die See wird oft rau und stürmisch sein. Aber der Markt geht immer, und ich meine wirklich: immer, nach oben. Nicht jedes Jahr. Nicht jeden Monat. Nicht jede Woche und gewiss nicht jeden Tag. Aber nehmen Sie sich einen Moment Zeit und schauen Sie sich noch einmal den Aktienkurschart vom vorigen Kapitel an. Der Trend geht eindeutig nach oben – all die Krisen haben ihn nicht gebrochen.

4. Auf Dauer stellen Aktien die mit weitem Abstand rentabelste Anlageart dar.

5. In den nächsten 10, 20, 30, 40 oder 50 Jahren wird es genauso viele Kursstürze, Rezessionen und Krisen geben wie in der Vergangenheit. Wie der gute Professor sagte, ist es nicht möglich, sie zu verhindern. Jedes Mal, wenn so etwas passiert, werden Ihre Investments darunter leiden. Jedes Mal werden Sie ganz schön Angst kriegen. Jedes Mal werden all die Schlaumeier rufen: »Verkaufen!« Und jedes Mal werden nur diejenigen, die starke Nerven haben, auf Kurs bleiben und vorankommen.

6. Deshalb müssen Sie sich zusammenreißen und lernen, nicht auf das Geschrei zu hören, durchzuhalten und währenddessen weiter zu investieren.

7. Um durchhalten zu können, müssen Sie wissen, dass Krisen kommen werden – und zwar nicht nur auf der Ebene des Verstandes, sondern auch auf der der Gefühle. Sie müssen diese Tatsache verinnerlichen. Es wird passieren. Es wird wehtun.

Aber wie ein Schneesturm im Winter sollte es keine Überraschung sein. Und es wird keine Rolle spielen, wenn Sie nicht in Panik geraten.

8. Ein Börsencrash steht bevor! Und danach wird es einen weiteren geben! Was für wunderbare Kaufgelegenheiten das doch sein werden.

9. Ich habe meiner 24-jährigen Tochter gesagt, dass sie damit rechnen kann, während ihrer 60 oder 70 Jahre langen Anlegerlaufbahn ungefähr alle 25 Jahre eine Finanzkrise wie 2008 zu erleben. Das bedeutet, ihr und uns allen stehen zwei oder drei dieser »Das Ende der Welt«-Ereignisse bevor. Kleinere Krisen werden sogar noch öfter passieren.

Aber das Ende der Welt wird nicht kommen. Diese Krisen gehören zur Marktentwicklung einfach dazu. Während unseres Lebens wird die Welt nicht untergehen. Zu denken, dass sie es doch tun wird, wäre einfach nur vermessen.

Natürlich wird meine Tochter in dieser Zeit auch einige ausgeprägte Bullenmärkte erleben. Manchmal werden die Kurse über jedes vernünftige Maß hinaus hochgejubelt werden. Wenn das passiert, werden die Finanzexperten in den Medien erklären, »dass es dieses Mal anders ist als früher« – und zwar mit der gleichen Selbstsicherheit, mit der sie bei anderen Gelegenheiten das Ende der Welt ankündigten. Sie haben aber in beiden Fällen unrecht.

In den nächsten Kapiteln werden wir diskutieren, warum die Märkte immer nach oben gehen, und ich werde Ihnen genau erklären, wie Sie in jeder Phase Ihres Lebens investieren müssen, um reich zu werden und reich zu bleiben. Sie werden nicht glauben, wie einfach das ist. Aber Sie brauchen dazu gute Nerven.

Kapitel 7: Der Markt geht immer nach oben

1987, an dem Tag, der später als »Schwarzer Montag« bekannt wurde, rief ich meinen Broker am Ende eines sehr arbeitsreichen Tages an. In dieser Zeit hatten wir noch Broker. Es war die finstere Zeit bevor es Mobiltelefone, Computer, Internet und Onlinehandel gab.

»Hallo Bob«, begrüßte ich ihn fröhlich. »Wie geht's?«

Es folgte ein langes Schweigen. Dann sagte er: »Willst du mich auf den Arm nehmen?« Seine Stimme klang schrecklich.

»Auf den Arm nehmen mit was?«

»Jim, wir hatten gerade den größten Kurssturz in der Geschichte. Die Kunden haben mich den ganzen Tag angeschrien. Es herrscht Panik. Der Markt hat über 500 Punkte verloren, über 22 Prozent.«

Da erging es mir genau wie allen anderen: Ich war völlig schockiert. Ich kann nur schwer beschreiben, wie das war. Nicht einmal in der Weltwirtschaftskrise hatte es einen Tag wie diesen gegeben. Und seither gab es auch keinen solchen Tag mehr. Es sah wirklich wie das Ende der Finanzwelt aus.

Ungefähr eine Woche später erschien das *Time Magazine* mit einem Titelbild, auf dem in Riesenbuchstaben stand:

Der Crash

Nach einer turbulenten Woche an der Wall Street ist die Welt nicht mehr dieselbe

Damit lag das Blatt natürlich vollkommen falsch. Kursstürze, selbst so spektakuläre wie dieser, sind normale Bestandteile der Marktprozesse.

Wie jeder kundige Anleger wusste auch ich, dass der Markt volatil war. Ich wusste, dass es auf seinem unaufhaltsamen Weg nach oben starke Kursrückgänge, Kurskorrekturen und Bärenmärkte geben könnte und geben würde. Und ich wusste auch, dass es das Beste wäre, durchzuhalten und nicht in Panik zu geraten. Aber dieses Mal? Das war etwas ganz anderes.

Ich habe drei oder vier Monate durchgehalten. Die Aktien sanken immer weiter. Ich wusste, dass das normal war, aber leider wusste ich es nur auf der Ebene meines Verstandes. Ich hatte es nicht verinnerlicht. Schließlich verlor ich die Nerven und verkaufte.

Ich war einfach nicht hart genug. An dem Tag, an dem ich verkaufte, hatte der Markt vielleicht noch nicht seinen Tiefststand erreicht, aber er war so nahe daran, dass der weitere Kursrückgang keine Rolle mehr spielte. Und dann begann der unvermeidliche Wiederanstieg – wie jedes Mal. Der Markt geht immer nach oben.

Ich habe ein Jahr gebraucht, um mich zu beruhigen und wieder einzusteigen. Zu diesem Zeitpunkt hatte der Markt schon sein vor dem Schwarzen Montag erreichtes Hoch wieder überschritten. Ich hatte nichts erreicht, als meine Verluste zu realisieren und einen Preis für den Wiedereinstieg bezahlen zu müssen. Es war teuer und es war dumm von mir. Meine Nerven hatten mich im Stich gelassen. Ich war einfach nicht hart genug gewesen.

Aber heute bin ich es. Meine Fehler aus dem Jahr 1987 haben mir gezeigt, wie ich alle weiteren Stürme, die auf mich zukommen würden, durchstehen könnte – einschließlich des

Finanzhurrikans der Kategorie 5 von 2008. Ich habe gelernt, die Nerven zu behalten, und wenn es mich auch eine ganze Menge Lehrgeld gekostet hat, so waren doch meine dadurch erzielten Gewinne am Ende höher.

Wie einer der Leser meines Blogs einmal so schön gesagt hat: »Wir haben Kurs gehalten, auch wenn uns das Herz in die Hose gerutscht ist.«

Da hat er vollkommen recht: Wenn man in einem Sturm Kurs hält, rutscht einem immer das Herz in die Hose. Genau deswegen muss man hart sein.

Werfen wir noch einmal einen Blick auf die historische Entwicklung des Aktienmarktes:

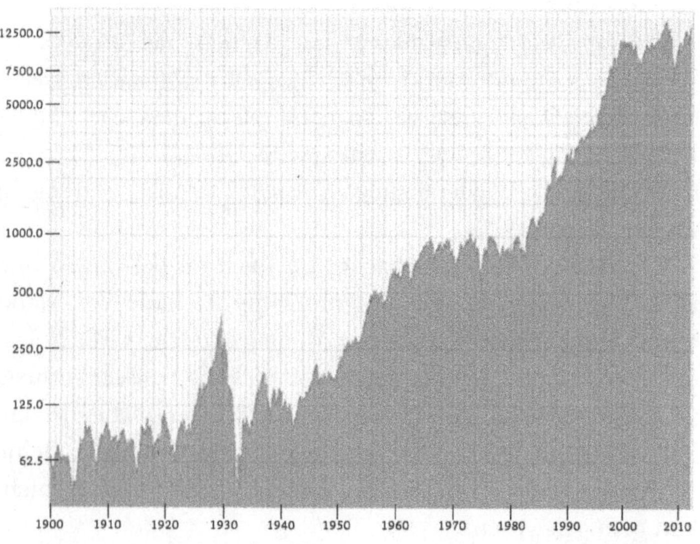

Der Dow Jones Industrial Average 1900–2012, Quelle: www.stockcharts.com

Erkennen Sie den Ausschlag von 1987? Er ist da und leicht zu finden, wirkt aber im Gesamtzusammenhang nicht wirklich furchterregend. Lassen Sie diesen Chart einen Moment auf sich wirken. Ihnen werden drei Dinge auffallen:

Ungeachtet aller Krisen geht der Markt auf Dauer immer nach oben.

1. Der Weg nach oben ist uneben und holprig.
2. Es hat eine Große Katastrophe gegeben.

Wenden wir uns erst der guten Nachricht zu, über alles andere sprechen wir später.

Um zu verstehen, warum der Markt immer nach oben geht, müssen wir uns ein wenig näher damit beschäftigen, was der Markt überhaupt ist.

Börsennotierte Unternehmen sind Unternehmen, die Aktien ausgeben, die von Privatpersonen und anderen Unternehmen oder Organisationen gekauft werden können. Wenn Sie Aktien eines Unternehmens kaufen, dann gehört Ihnen ein Teil dieses Unternehmens. Der Aktienmarkt besteht aus allen Unternehmen, deren Aktien an der Börse gehandelt werden.

Der obige Chart stellt den DJIA (Dow Jones Industrial Average) dar. Wir beziehen uns auf den DJIA, weil er der einzige Index ist, der so weit in die Vergangenheit zurückreicht. 1896 wählte ein Mensch namens Charles Dow zwölf Unternehmen der wichtigsten Industriezweige der USA aus, deren Aktien die Entwicklung des gesamten Aktienmarktes abbilden sollten. Heute besteht der DJIA aus 30 großen amerikanischen Unternehmen.

Aber lassen wir den Dow Jones nun beiseite. Ich habe ihn nur erwähnt, weil er einen Blick weit in die Vergangenheit zurück gestattet. Stattdessen möchte ich Sie auf den CRSP U.S. Total Market Index aufmerksam machen, der nützlicher und umfassender ist.

Stören Sie sich nicht an dem technisch klingenden Namen. Für unsere Zwecke reicht es, wenn Sie verstehen, dass in diesem Index praktisch jedes börsennotierte Unternehmen in den USA enthalten ist. Wichtiger ist aber, dass dieser Index zurzeit von Vanguard benutzt wird, um den Gesamtaktienmarktindexfonds (Total Stock Market Index Fund, VTSAX) zu bilden. Der Fonds ist so konstruiert, dass er fast genauso zusammengesetzt ist wie der Index. Weil man in den VTSAX investieren kann, werde ich ihn von nun an als Stellvertreter für den gesamten Aktienmarkt verwenden. Das letzte Mal, als ich nachgeschaut habe, waren im VTSAX ungefähr 3700 Unternehmen vertreten; aber diese Zahl ändert sich im Lauf der Zeit. Das bedeutet, dass man an all diesen Unternehmen beteiligt ist, wenn man Anteile am VTSAX besitzt.

1976 legte John Bogle, der Gründer der Vanguard-Gruppe, den weltweit ersten Indexfonds auf. Er folgte dem S&P-500-Index, so dass Anleger sich an den ungefähr 500 größten Unternehmen in den USA beteiligen konnten, indem sie Anteile an einem einzigen Fonds mit niedrigen Gebühren erwarben. Dieser Fonds war das beste Mittel, vom unaufhaltsamen Wachstum des Aktienmarktes zu profitieren.

Später, 1992, schuf Vanguard den Gesamtaktienmarktindexfonds und Anleger konnten sich in Form von Anteilen an diesem Fonds nicht nur an den 500 größten US-Unternehmen, sondern praktisch am gesamten US-Aktienmarkt beteiligen.

Es könnte sein, dass der eine oder andere Leser an dieser Stelle etwas verwirrt ist. Es gibt nämlich verschiedene Gesamtaktienmarktindexfonds von Vanguard: VTSAX, VTSMX, VTI und noch ein paar andere. Wir werden später sehen, warum und wie sie sich voneinander unterscheiden. An dieser Stelle ist nur wichtig zu wissen, dass jeder genau dasselbe Aktienportfolio beinhaltet, das nach Maßgabe des CRSP Index ausgewählt wurde. Im Wesentlichen sind sie also identisch. Beim VTSAX handelt es sich um die sogenannte »Admirals«-Version, die ich selbst besitze und auf die ich mich deswegen in diesem Buch beziehe.

Wir wissen jetzt also, was der Aktienmarkt überhaupt ist, und wir sehen anhand des Charts, dass er immer nach oben geht. Wir wollen nun überlegen: Wie kann das überhaupt sein? Im Wesentlichen gibt es zwei Gründe dafür.

1. Der Markt reinigt sich selbst

Werfen Sie einen Blick auf die 30 Unternehmen im Dow Jones. Wissen Sie, wie viele von den ursprünglichen zwölf noch darin vertreten sind? Nur eines, nämlich General Electric. Tatsächlich existierten die meisten der 30 Unternehmen von heute noch nicht, als Mr Dow seine Liste zusammenstellte. Die meisten der Anfangsmitglieder im Dow Jones sind inzwischen verschwunden oder zu einem anderen Unternehmen geworden. Das ist ein wichtiger Punkt: Der Markt stagniert nicht. Unternehmen scheiden regelmäßig aus und werden durch neue ersetzt.

Das Gleiche gilt für den VTSAX. In ihm sind fast alle börsennotierten Unternehmen in den USA enthalten. Wenn man diese 3700 Unternehmen nach der jährlichen Kursentwicklung ihrer Aktien ordnet, dann erhält man eine klassische Glockenkurve.

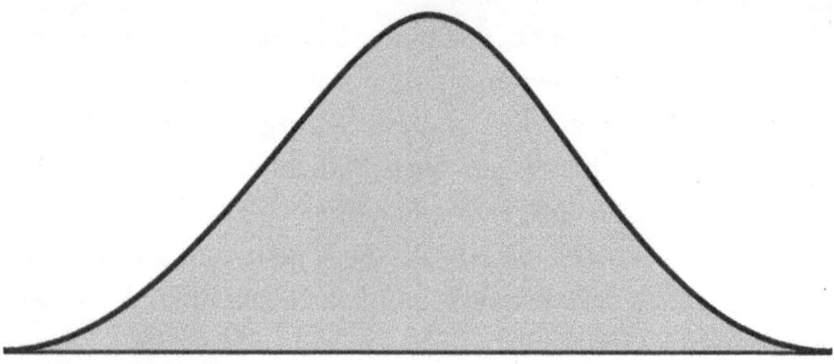

Eine typische Glockenkurve

Die paar wenigen Unternehmen ganz links weisen die schlechteste Kursentwicklung auf, die wenigen am rechten Rand die beste. Die Unternehmen dazwischen haben eine mittlere Kursentwicklung.

Was ist die schlechtestmögliche Kursentwicklung? Eine Aktie kann 100 Prozent ihres Wertes verlieren, wenn der Kurs auf null fällt. Dann verschwindet sie natürlich und man wird nie wieder von ihr hören. Schauen wir uns jetzt den rechten Rand der Kurve an. Was ist die bestmögliche Kursentwicklung? 100 Prozent? Das ist bestimmt möglich. Aber auch 200 Prozent, 300 Prozent, 1000 Prozent, 10 000 Prozent oder mehr sind möglich. Nach oben gibt es keine Grenze. Nach unten gibt es dagegen sehr wohl eine Grenze, so dass die durchschnittliche Kursentwicklung des Gesamtmarktes viel stärker durch die besten als durch die schlechtesten Unternehmen beeinflusst wird, es also eine starke Tendenz nach oben gibt.

Wir könnten alle 3700 Unternehmen im VTSAX auf diese Art und Weise analysieren und würden dabei herausfinden, dass in dem Maße, in dem alte Unternehmen an Glanz verlieren und vom Markt verschwinden, neue Unternehmen entstehen, wachsen, gedeihen und an den Aktienmarkt gehen.

Dieser Prozess, in dem ständig alte und kranke Unternehmen durch neue und gesunde ersetzt werden, macht den Markt (und dadurch auch den VTSAX) selbstreinigend.

Aber das funktioniert nur mit breit gestreuten Indexfonds. Sobald professionelle Fondsmanager versuchen, den Markt zu schlagen, kann man nie vor Überraschungen sicher sein. Es ist möglich und auch meistens der Fall, dass sie schlechter als der Markt abschneiden. Und dafür verlangen sie auch noch hohe Gebühren. Wir werden darauf noch später in diesem Kapitel zu sprechen kommen.

2. Wenn man Aktien besitzt, ist man an aktiven und dynamischen Unternehmen beteiligt, die alle erfolgreich sein wollen

Um zu verstehen, warum der Markt so hartnäckig nach oben strebt, muss man verstehen, was man eigentlich besitzt, wenn man Anteile am VTSAX hat. Man besitzt dann – im wahrsten Sinn des Wortes – einen Teil von praktisch jedem börsennotierten Unternehmen in den USA.

Eine Aktie ist nicht nur ein Stück Papier, das man kaufen und verkaufen kann. Wenn man eine Aktie besitzt, dann gehört einem ein Teil eines Unternehmens. Jedes Unternehmen bemüht sich ständig mit allen Kräften, seine Kunden zufriedenzustellen und neue Kunden zu gewinnen. Die Unternehmen stehen in einem harten Wettbewerb, in dem diejenigen, die das schaffen, belohnt werden und diejenigen, die das nicht schaffen, bestraft und aussortiert werden. Dieser intensive, dynamische Wettbewerb ist die Ursache dafür, dass Aktien und die Unternehmen, die hinter diesen Aktien stehen, die beste und erfolgreichste Möglichkeit sind, sein Geld anzulegen, die es jemals gab.

Da hätten wir also dieses wunderbare Werkzeug zum Aufbau eines Vermögens. Aber – und das ist ein großes Aber – viele Menschen schaffen es trotzdem, Geld am Aktienmarkt zu verlieren. Woran das liegt? Zunächst einmal ist der Aktienmarkt nichts für schwache Nerven. Und dann ist da noch diese Große Katastrophe ... Darüber wollen wir im nächsten Kapitel sprechen.

Kapitel 8: Warum die meisten Menschen am Aktienmarkt Geld verlieren

Im letzten Kapitel habe ich den Aktienmarkt und die Möglichkeit, mit seiner Hilfe ein Vermögen aufzubauen, in rosigen Farben geschildert. Alles, was ich geschrieben habe, stimmt. Aber Folgendes stimmt auch:

Die meisten Menschen verlieren Geld am Aktienmarkt.

Dafür gibt es vier Gründe:

1. Man glaubt, zu den richtigen Zeiten ein- und aussteigen zu können.

Es wäre zwar toll, wenn man bei einem Kurshoch aussteigen und bei einem Kurstief wieder einsteigen könnte. Aber das ist so gut wie unmöglich. In der Realität kaufen die meisten bei hohen Kursen und verkaufen bei niedrigen Kursen. Wenn der Markt nach oben schießt, lassen sie sich zum Kaufen hinreißen und wenn er fällt, geraten sie in Panik und verkaufen.

Wir alle neigen dazu, so zu handeln. Es ist eine ganz typische Verhaltensweise. Während der letzten 20 oder 30 Jahre ist eine ganze Reihe von wissenschaftlichen Aufsätzen erschienen, die die Psychologie des Anlegerverhaltens zum Gegenstand haben. Die Ergebnisse sind entmutigend. Es sieht ganz so aus, als ob wir aus psychologischen Gründen nicht dazu fähig sind, in einem volatilen Markt Erfolg zu haben. Auf die Details dieser Arbeiten kann ich im Rahmen dieses Buches nicht eingehen. Wichtig ist nur, dass man sich bemühen muss, dieses destruktive Verhalten zu verstehen, zu akzeptieren und dann zu ändern.

Die folgende Tatsache sollte einem zu denken geben: Die große Mehrheit der Geldanleger, die Aktienfonds halten, schafft es doch wirklich, eine niedrigere Rendite zu erzielen, als die Fonds gemäß ihren Geschäftsberichten selbst erwirtschaften. Denken Sie darüber einmal nach. Wie kann das sein?

Unsere Psychologie ist so beschaffen, dass wir gar nicht anders können, als zu versuchen, den richtigen Zeitpunkt zum Ein- und Ausstieg zu erwischen. Wir neigen dazu, ständig zu kaufen und zu verkaufen – aber leider meistens zur falschen Zeit.

2. Man glaubt, sich die besten Aktien aussuchen zu können.

Sie können die Gewinner unter den Aktien nicht im Voraus auswählen. Machen Sie sich nichts daraus. Ich kann es auch nicht – genauso wenig wie die meisten Börsenfachleute und Berufsinvestoren. Weil diese Fähigkeit so selten ist, sind die wenigen, die sie anscheinend haben, so berühmt.

Es stimmt schon, gelegentlich schaffen wir es und wir fühlen uns toll, wenn wir Erfolg haben. Wenn man eine Aktie kauft, die danach zum Höhenflug ansetzt, erlebt man ein Gefühlshoch, das süchtig macht und einen dazu verführt, es wieder zu probieren. Und wieder. Es ist dieser Wahn, den all die angeblichen »Erfolgsstrategien«, über die die Medien so gerne berichten, ausnutzen.

Auch ich bin nicht immun gegen diesen Wahn. 2011 bildete ich mir ein, ich hätte einen Kurstrend identifiziert, und tatsächlich stiegen die fünf Aktien, die ich mir ausgesucht hatte, innerhalb von vier Monaten um 19 Prozent. (Ach ja, ich sehne mich immer noch nach diesem Gefühl.) Das entspricht fast 60 Prozent pro Jahr – und das in einem Jahr, in dem der Gesamtmarkt überhaupt nicht vom Fleck kam. Jeder müsste zugeben, dass dies wirklich spektakulär war. Aber es ist auch unmöglich, so etwas Jahr für Jahr zu schaffen. Es ist ein Hochgefühl, aber eine sehr schlechte Grundlage, um sich ein Vermögen aufzubauen.

Den Marktindex jedes Jahr auch nur ein bisschen zu übertreffen, ist unglaublich schwer. Nur eine Handvoll von Investoren war jemals dazu fähig, jahrelang etwas besser als der Markt abzuschneiden. Diejenigen, die das geschafft haben, sind die Superstars unter den Investoren. Deshalb kennt jeder die Namen von Warren Buffett, Michael Price und Peter Lynch. Und deshalb lasse ich mir meine seltenen Erfolge nicht zu Kopf steigen. Deshalb verlasse ich mich in meinem Portfolio zum größten Teil auf Indexfonds.

3. Man glaubt, sich die erfolgreichen Fondsmanager aussuchen zu können.

Bei einem aktiv gemanagten Aktienfonds wählen professionelle Manager, anders als bei einem Indexfonds, gezielt die Aktien aus, in die der Fonds investiert. Solche Fonds sind ein sehr profitables Geschäft – und zwar für die Fondsgesellschaften, nicht für die Anleger.

Sie sind so profitabel, dass es mehr solche Fonds als Aktien gibt. Nach Angaben des *U.S. News and World Report* gab es 2013 ungefähr 4600 aktiv gemanagte Fonds in den USA. Sie werden sich erinnern, dass es nur ungefähr 3700 börsennotierte Aktien gibt. Darüber wundern Sie sich bestimmt? Ich habe mich auch gewundert.

In dem zitierten Beitrag wird weiter berichtet, dass *jedes Jahr* 7 Prozent dieser Fonds scheitern. Wenn es bei diesem Prozentsatz bleibt, dann werden mehr als die Hälfte aller Fonds (2374 von 4600) während des nächsten Jahrzehnts scheitern und vom Markt verschwinden.

Weil es um sehr viel Geld geht, legen Fondsgesellschaften andauernd neue Fonds auf, während sie diejenigen zu Grabe tragen, die erfolglos gewesen sind. Die Finanzpresse ist voll von Berichten über erfolgreiche Manager und deren Fonds – und von der hochprofitablen Werbung für diese Fonds. Die Wertentwicklung der Vergangenheit wird analysiert; Manager werden interviewt; und Unternehmen wie Morning Star beschäftigen sich mit nichts anderem, als Fonds zu analysieren und zu bewerten.

Aber es ist eine Tatsache, dass es nur sehr wenige Fondsmanager schaffen, den Index auf Dauer zu schlagen. 2013 veröffentlichte Vanguard eine Untersuchung zu diesem Thema. Dafür wurden die Jahre ab 1998 und alle schon damals existierenden 1540 aktiv gemanagten Aktienfonds herangezogen. Im Verlauf der nächsten 15 Jahre überlebten nur 55 Prozent dieser Fonds und nur 18 Prozent schafften es, zu überleben und den Index zu schlagen. 82 Prozent schafften es nicht, besser als der

Index zu sein. Aber 100 Prozent berechneten ihren Kunden hohe Gebühren für den Versuch.

Wir können zwar heute klar erkennen, welche Fonds in der Vergangenheit Erfolg gehabt haben, aber wir können nicht vorhersagen, welche Fonds in Zukunft zu dem exklusiven Kreis der 18 Prozent gehören werden. In jedem Fondsprospekt können Sie lesen, dass »die Wertentwicklung in der Vergangenheit keine Rückschlüsse auf die Wertentwicklung in der Zukunft zulässt.« Das ist der am wenigsten beachtete Satz im ganzen Prospekt – und der wahrste.

Wissenschaftliche Untersuchungen zeigen, dass, wenn man längere Zeiträume betrachtet, selbst eine »Besser als der Index«-Quote von 18 Prozent viel zu optimistisch ist. In der Ausgabe vom Februar 2010 des *Journal of Finance* veröffentlichten die Professoren Laurent Barras, Olivier Scaillet und Russ Wermers ihre Analyse von 2076 aktiv gemanagten amerikanischen Aktienfonds über die 30 Jahre von 1976 bis 2006. Was war ihr Ergebnis? Nur 0,6 Prozent aller Fonds waren überhaupt dazu in der Lage, den Index zu schlagen, ein Ergebnis, das sich statistisch gesehen nicht signifikant von null unterscheidet.

Andere Studien kommen zum selben Ergebnis. Brad Barber von der University of California, Davis und Terrance Odean von der University of California, Berkeley fanden heraus, dass nur ungefähr 1 Prozent aller Fondsmanager besser als der Markt waren – und dass Fondsmanager *umso schlechter abschneiden, je aktiver sie am Markt sind, das heißt je öfter sie kaufen oder verkaufen.*

Angesichts dieser schlechten Ergebnisse ist es mehr als nur ein wenig verwunderlich, dass so viele Fondsgesellschaften damit werben, dass die meisten, wenn nicht gar alle ihrer Fonds den Markt geschlagen hätten. Aber wenn es um so viel Geld geht, dann lassen sich diese Gesellschaften natürlich einige Tricks einfallen. Beispielsweise ist es einfach, sich einen Zeitraum für die Messung und Bewertung des Erfolgs herauszusuchen, der einen gut aussehen lässt. Oder man nutzt einfach die Tatsache aus, dass Fonds ständig vom Markt verschwinden.

Fondgesellschaften legen ständig neue Fonds auf. Rein zufallsbedingt werden ein paar von ihnen erfolgreich sein, zumindest für eine gewisse Zeit. Diejenigen, die keinen Erfolg haben, werden geschlossen und ihre Aktien werden auf andere Fonds übertragen, die besser abschneiden. Die schlechten Fonds verschwinden und die Gesellschaft kann immer behaupten, dass all ihre Fonds spitze sind. Ganz schön praktisch, oder?

Man kann nämlich sehr viel Geld mit aktiv gemanagten Fonds machen – außer man ist ein Geldanleger.

4. Man achtet nur auf den Schaum.

Stellen Sie sich vor, Sie lesen dieses Buch an einem schönen, warmen Sommerabend. Zur Belohnung holen Sie sich eine gut gekühlte Flasche Ihres Lieblingsbiers und gießen es sich ein. Jeder, der sich schon einmal ein Bier eingeschenkt hat, weiß, dass man nur dann ein gut mit Bier gefülltes Glas und eine schöne Schaumkrone erhält, wenn man das Bier vorsichtig und langsam am Rand des Glases eingießt. Wenn man es schnell in die Glasmitte gießt, hat man ein Glas, in dem kaum Bier und fast nur Schaum ist.

Stellen Sie sich jetzt vor, dass Ihnen jemand anderes das Bier eingeschenkt hat, in einen Steinkrug und als Sie gerade nicht hingesehen haben. Sie können unmöglich wissen, wie viel Bier und wie viel Schaum im Krug ist. Und genauso verhält es sich mit dem Aktienmarkt.

Denn der Aktienmarkt besteht eigentlich aus zwei zusammenhängenden, aber sehr unterschiedlichen Dingen:

- dem Bier, nämlich den wirtschaftlich aktiven Unternehmen, an denen wir uns beteiligen können.
- Und dem Schaum, also den Anteilsscheinen aus Papier, die gehandelt werden und deren Preis sich von einer Minute zur anderen ändern kann. Das ist der Markt, über den CNBC berichtet. Das ist der Markt der täglichen Börsenreporte. Das ist der Markt, über den die Leute sprechen, wenn sie die Wall Street mit Las Vegas vergleichen. Das ist der Markt mit den täglichen, wöchentlichen, monatlichen und jährlichen Schwankungen, die den durchschnittlichen Investor verrückt machen und in den Selbstmord treiben können. Und das ist der Markt, den Sie auf jeden Fall ignorieren müssen, wenn sie schlau sind und im Lauf der Zeit ein Vermögen aufbauen wollen.

Wenn man sich den Tageskurs irgendeiner beliebigen Aktie anschaut, dann ist es sehr schwer zu erkennen, wie viel davon Schaum ist. Deswegen kann ein Unternehmen heute abstürzen und morgen zum Höhenflug ansetzen. Deswegen treten bei CNBC regelmäßig hoch angesehene Experten auf, die voller Selbstvertrauen vorhersagen, in welche Richtung sich der Markt in Zukunft bewegen wird – und die sich dabei andauernd widersprechen. Sie alle wetteifern darum zu erraten, wie viel Bier und wie viel Schaum tatsächlich zu einer bestimmten Zeit im Krug ist. Das ist alles hochdramatisch und guter Stoff fürs Fernsehen, aber uns interessiert nur das Bier. Denn das Bier sind die realen, wirtschaftlich aktiven Unternehmen, die Geld verdienen und die hinter all dem Schaum stecken. Sie sind es, die die Märkte andauernd immer höher treiben.

Es ist wichtig zu verstehen, dass die Medien von den Börsenkommentatoren möglichst dramatische und spannende Berichte verlangen. Niemand sitzt wie gebannt vor dem Fernseher, während eine vernünftige Person sachlich über langfristige Geldanlagen redet. Aber wenn man jemanden bringt, der verspricht, dass der Dow Jones bis zum Jahresende auf 20 000 steigen wird oder, noch besser, der sagt, dass er in Kürze in den Abgrund stürzen wird – dann steigen die Zuschauerzahlen.

Aber all das ist nichts als Schaum, leere Worte und heiße Luft. Uns interessiert nur das Bier!

Kapitel 9: Die Große Katastrophe

Wir haben festgestellt, dass der Aktienmarkt ein tolles Instrument ist, um ein Vermögen aufzubauen, und dass er unaufhaltsam nach oben geht. Um uns dieses Instrument zunutze zu machen, brauchen wir nichts weiter als den Gesamtaktienmarktindexfonds VTSAX von Vanguard.

Wir haben aber auch festgestellt, dass der Aktienmarkt sehr volatil ist und häufig abstürzt und dass die meisten Menschen aufgrund ihrer psychologisch bedingten Verhaltensweisen mit Aktien Geld verlieren. Dennoch, wenn man sich zusammenreißt, auch in turbulenten Zeiten durchhält und auf Kurs bleibt und seine eigenen Fähigkeiten als Investor nicht überschätzt, dann stellt der Aktienmarkt den sichersten Weg zum Reichtum dar.

Allerdings ...

1929 gab es die Große Katastrophe, die Mutter aller Kursstürze und den Beginn der Weltwirtschaftskrise. Innerhalb von zwei Jahren fiel der Dow Jones von 391 auf 41 und verlor 90 Prozent an Wert. Wer so viel Pech gehabt hätte, beim Höchststand eingestiegen zu sein, dessen Aktiendepot hätte sich erst Mitte der 1950er-Jahre wieder vollständig erholt, 26 Jahre später. Das würde auch den abgebrühtesten Investor ganz schön mitnehmen ...

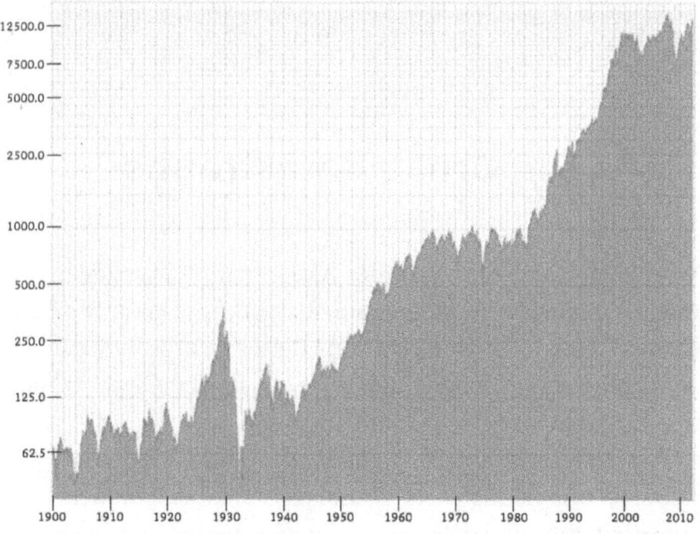

Der Dow Jones Industrial Average 1900-2012, Quelle: www.stockcharts.com

Wenn man Aktien »auf Marge« gekauft hätte (also sie nur zu einem kleinen Teil mit eigenem Geld bezahlt und den Großteil der Kaufsumme von seinem Broker geliehen hätte), was damals nur allzu üblich war, dann wäre man vollständig ruiniert gewesen. Vielen Spekulanten passierte genau das. Ganze Vermögen wurden über Nacht verloren. Kaufen Sie niemals Aktien auf Kredit.

Was also tun? Schadet die Möglichkeit einer neuen Großen Katastrophe unserem Konzept des »Kurshaltens bei stürmischem Wetter« so sehr, dass es wertlos ist? Die Antwort darauf hängt im Wesentlichen davon ab, wie gut Sie Risiko aushalten können und wie stark Ihr Wunsch ist, ein Vermögen aufzubauen. Es gibt Mittel und Wege, das Risiko zu begrenzen oder zu senken, und wir werden auf diese später zurückkommen.

Nun gilt es, sich über ein paar wichtige Tatsachen, die Große Katastrophe betreffend, klar zu werden:

1. Man müsste wirklich ein Riesenpech gehabt haben, hätte einen der Crash mit voller Wucht getroffen. Man hätte nämlich alle seine Aktien genau zum Kurshoch im Jahr 1929 kaufen müssen.

Nehmen wir stattdessen an, man wäre zwischen 1926 und 1927 eingestiegen. Ein Blick auf den Kurschart zeigt, dass in dieser Zeit der Markt ungefähr die Hälfte des Weges bis zum Kurshoch geschafft gehabt hätte. Sehr viele Leute sind in dieser Zeit eingestiegen. Sie sollten all ihre bisherigen Gewinne verlieren. Aber dennoch, wenn sie durchgehalten hätten, wären sie zehn Jahre später wieder in der Gewinnzone gewesen. Danach kamen allerdings weitere Turbulenzen.

Wenn man beim früheren Kurshoch im Jahr 1920 gekauft hätte, hätte man unmittelbar danach Verluste erlitten, die man aber innerhalb der nächsten fünf Jahre wieder aufgeholt hätte. Und die Verluste des Marktzusammenbruchs von 1929 hätte man bis 1936 wieder aufgeholt – innerhalb von sieben Jahren.

Was ich damit sagen will, ist, dass man sehr unterschiedliche Ergebnisse erzielt hätte, je nachdem, wann genau man sein Geld investiert hätte, und dass es nur einen einzigen Einstiegszeitpunkt gab, bei dem man den Verlust von 90 Prozent (der dem Verhältnis von Kurshoch zu Kurstief entspricht) erlitten hätte, von dem immer im Zusammenhang mit der Weltwirtschaftskrise die Rede ist.

2. Gehen wir davon aus, dass Sie im Jahr 1929 mit Schule oder Universität fertig geworden sind und Ihre berufliche Karriere begonnen haben. Nehmen wir weiter an, dass Sie zu den glück-

lichen 75 Prozent gehört haben, die ihren Job behalten haben. Dann hätten Sie jahrzehntelang die Gelegenheit gehabt, Aktien zum Schnäppchenpreis zu kaufen. Es mag seltsam klingen, aber ein Crash am Beginn Ihrer Laufbahn als Geldanleger ist das Beste, was Ihnen passieren kann. Genau gesagt ist jeder Kursrückgang von Vorteil für Sie, wenn Sie dabei sind, Ihr Vermögen aufzubauen. Sie können dann nämlich für Ihr Geld mehr Aktien kaufen, als das sonst möglich gewesen wäre. Die Aktien sind sozusagen im Sonderangebot.

3. Nehmen wir an, Sie hätten sich 1929 mit 1 Million Dollar zur Ruhe gesetzt. Bis 1932 wäre Ihr Aktiendepot um 90 Prozent geschrumpft, auf 100 000 Dollar. Sicherlich ein schwerer Schlag. Aber bedenken Sie auch, dass die Weltwirtschaftskrise deflationärer Natur war. Das bedeutet, dass, genau wie die Preise der Aktien, auch die Preise von Waren und Dienstleistungen dramatisch fielen. Und das bedeutet wiederum, dass Ihre 100 000 Dollar zwar weniger als 1 Million Dollar wert waren, aber weit mehr Kaufkraft hatten als 100 000 Dollar vor dem Crash. Außerdem stand nach dem Kurstief ein steiler Kursanstieg bevor.

4. Die Große Katastrophe passierte nur ein einziges Mal während der letzten 115 Jahre, in denen Daten zum Dow Jones Industrial Average vorliegen. In den 86 Jahren seit der Großen Katastrophe gab es keine zweite. Es wird sogar behauptet, dass die Reformen und Kontrollmechanismen, die man damals eingeführt hat, mit sehr großer Wahrscheinlichkeit verhindern würden, dass es jemals wieder zu einer solchen Großen Katastrophe kommen werde. Dessen kann man sich zwar nicht sicher sein, aber auf jeden Fall handelt es sich um extrem seltene Ereignisse.

5. Im Jahr 2008 standen wir am Rand des Abgrunds – und zwar näher, als die meisten Leute denken. Aber wir sind nicht hineingestürzt. Das lässt mich hoffen, dass es uns auch in Zukunft gelingen wird, Große Katastrophen zu verhindern.

Allerdings ist ein deflationärer Wirtschaftseinbruch wie die Weltwirtschaftskrise von 1929 nicht die einzige Wirtschaftskrise, die zu Vermögensverlusten in großem Umfang führen kann. Es gibt noch eine zweite Art von Krise, die dazu in der Lage ist: Hyperinflation.

In den USA hatten wir seit dem Unabhängigkeitskrieg von 1776 nichts mehr mit diesem Monster zu tun. Aber noch im Jahr 2008 zerstörte es die Wirtschaft Simbabwes. Ungarn erlebte im Jahr 1946 die schlimmste Inflation, die es jemals gab, als die Inflationsrate in der Spitze 41,9 *Billiarden* Prozent erreichte. Und viele Historiker geben der Hyperinflation in Deutschland während der 1920er-Jahre einen Großteil der Schuld daran, dass es den Nazis gelang, die Macht zu ergreifen.

Hyperinflation ist katastrophal und genauso zerstörerisch wie Deflation. Wie der Name schon sagt, ist sie eine außer Kontrolle geratene Inflation.

Ein geringer Grad an Inflation kann durchaus von Vorteil für eine Volkswirtschaft sein. Sie sorgt dafür, dass Löhne und Preise steigen können. Sie schmiert die Räder der Volkswirtschaft und hält sie am Laufen. Sie ist das Gegengift, wenn eine deflationäre Depression droht.

Bei einer Deflation zahlt es sich aus, Kaufentscheidungen aufzuschieben. Sollten Sie zwischen 2009 und 2013 überlegt haben, ein Haus zu kaufen, dann werden Sie festgestellt haben, dass die Preise gefallen sind, genauso wie die Hypothekenzinsen. Sie haben dann vielleicht mit dem Kauf gewartet, weil Sie hofften, später in den Genuss noch niedrigerer Preise und Zinsen zu kommen. Wenn genug Kaufinteressenten genauso denken, sinken Preise und Zinsen tatsächlich noch weiter. Abwarten wird belohnt, Handeln wird bestraft. Wenn diese Tendenzen überhandnehmen, dann gerät der Markt in eine tödliche Abwärtsspirale ständig sinkender Preise.

Aber in Zeiten von Inflation wird alles, was Sie kaufen wollen, morgen mehr kosten als heute. Sie haben einen Anreiz, jenes Haus (oder ein Auto oder Haushaltsgerät oder einen Laib Brot) heute zu kaufen, um dem Preisanstieg von morgen zu entgehen. Wenn Preise steigen, wird Abwarten bestraft und Handeln belohnt. Die Kaufbereitschaft potenzieller Käufer steigt mehr und mehr, während die Verkaufsbereitschaft potenzieller Verkäufer mehr und mehr abnimmt. Wenn diese Tendenzen zu stark werden, dann gerät der Markt in eine tödliche Aufwärtsspirale ständig steigender Preise, in der die Menschen verzweifelt versuchen, das immer wertloser werdende Geld gegen Güter einzutauschen.

Staaten ist an einem gewissen Grad von Inflation gelegen. Sie erlaubt ihnen, die Geldmenge zu erhöhen, die Wirtschaft am Laufen zu halten und auf sonst notwendige Steuererhöhungen oder Ausgabenkürzungen zu verzichten. Tatsächlich wird die Inflation oft auch eine »heimliche Steuer« genannt, weil sie die Kaufkraft des Geldes reduziert und so die Geldbesitzer belastet. Dieser Belastung entspricht der Kaufkraftzugewinn des Staates, den dieser durch die Erhöhung der Geldmenge erzielt. Außerdem ermöglicht es die Inflation Schuldnern, wie dem Staat, ihre Gläubiger mit »wertloserem« Geld zu bezahlen.

Bei Inflation hat unsere Strategie, mittels des VTSAX ein Vermögen aufzubauen (die wir in den folgenden Kapiteln ausführlich besprechen werden), den großen Vorteil, dass Aktien einen ziemlich guten Schutz vor Inflation bieten. Wir hatten ja festgestellt, dass Aktien zu besitzen heißt, an Unternehmen beteiligt zu sein. Diese Unternehmen besitzen Kapital und produzieren Güter, deren Preis im Ausmaß der Inflation steigt, wodurch der abnehmende Wert des Geldes ausgeglichen wird. Dies gilt insbesondere in Zeiten niedriger bis mäßiger Inflation.

Jeder Geldanleger muss sich entscheiden, wie viel Risiko er gewillt ist, beim Aufbau seines Vermögens in Kauf zu nehmen. Im Rückblick auf die vergangenen über 100 Jahre muss man sich die Frage stellen, ob es wirklich sinnvoll ist, nur die Möglichkeit einer Großen Katastrophe im Auge zu haben, statt lieber in den Aktienmarkt zu investieren, dessen Entwicklung von einem unaufhaltsamen Anstieg dominiert wird.

Das soll nicht heißen, dass Große Katastrophen nicht sehr furchterregende und zerstörerische Ereignisse sind. Aber sie sind sehr selten und man kann sie durchstehen, wenn man unserer grundsätzlichen Finanzstrategie folgt: Geben Sie weniger aus, als Sie verdienen – legen Sie den Überschuss an – verschulden Sie sich nicht.

In den folgenden Kapiteln schauen wir uns die verschiedenen Investments an, mit denen man sein Vermögen aufbauen und absichern kann. Wie ich in Teil I versprochen habe, ist es so einfach, dass man es kaum glaubt.

Kapitel 10: Nur nicht zu kompliziert! Worauf man beim Investieren achten muss

Je einfacher, desto besser; je einfacher, desto bequemer; je einfacher, desto profitabler. Das ist das Mantra dieses Buches und was ich Ihnen in den nächsten paar Kapiteln mitteilen werde, ist an Einfachheit nicht zu überbieten. Sie werden alles lernen, was Sie wissen müssen, um bessere Anlageresultate zu erzielen als mindestens 82 Prozent aller Anlageprofis und an der Börse aktiven Amateure (gemäß der in Kapitel 8 zitierten Vanguard-Studie). Es wird Sie so gut wie keine Zeit kosten und Sie können sich auf all die anderen Dinge konzentrieren, die das Leben verschönern und bereichern.

Wie ist das möglich? Ist Geldanlage nicht kompliziert? Brauche ich nicht Profis, die mir dabei helfen? Die Antwort auf die letzten beiden Fragen lautet: »Nein!«

Seit jeher haben sich die Leute Geldanlagen ausgedacht, meistens, um sie anderen zu verkaufen. Dabei haben sie immer einen finanziellen Anreiz, diese Geldanlagen so kompliziert und geheimnisvoll wie möglich zu gestalten.

Aber in Wahrheit ist die Wahrscheinlichkeit, dass eine Geldanlage profitabel ist, umso geringer, je komplizierter sie ist. Indexfonds schlagen aktiv gemanagte Fonds vor allem deswegen, weil man bei Letzteren hochbezahlte Manager braucht. Und diese treffen nicht nur oft falsche Entscheidungen, sondern ihr Gehalt vermindert die Rendite der von ihnen gemanagten Fonds auf Dauer.

Aber diese Fonds sind sehr profitabel für die Fondsgesellschaften, die sie vertreiben und die deshalb viel Werbung dafür machen. Natürlich finanzieren die Anleger sowohl diese Werbekosten als auch die Gewinne der Fondsgesellschaften mit den hohen Gebühren, die man ihnen aus der Tasche zieht.

Als Anleger brauchen Sie keine komplizierten Geldanlagen, um Erfolg zu haben. Im Gegenteil, sie schaden Ihnen nur. Im besten Fall sind sie teuer, im schlechtesten eine Masche, um Anleger zu betrügen. Geben Sie sich nicht mit ihnen ab, es lohnt sich nicht. Sie können auf andere Weise mehr Erfolg haben.

Sie müssen nur drei grundsätzliche Überlegungen anstellen und brauchen nur drei Anlagewerkzeuge.

Die drei grundsätzlichen Überlegungen

Sie müssen sich über folgende Punkte im Klaren sein:

1. In welcher Phase Ihrer Laufbahn als Geldanleger befinden Sie sich? Geht es für Sie um den Aufbau eines Vermögens oder um die Erhaltung eines Vermögens oder vielleicht um eine Mischung aus beidem?
2. Welches Ausmaß an Risiko sind Sie bereit hinzunehmen?
3. Sind Sie ein langfristiger oder ein kurzfristiger Geldanleger?

Sie werden festgestellt haben, dass diese drei Fragen eng zusammenhängen. Das für Sie akzeptable Risiko ändert sich mit der Länge Ihres Geldanlagehorizonts. Beides wird sich auf die Art und Weise, wie Sie investieren, auswirken. Alle drei Punkte hängen mit Ihrer aktuellen und künftigen Karriereplanung zusammen. Nur Sie selbst können diese Entscheidungen treffen, aber ich möchte Sie auf ein paar Dinge hinweisen, die Sie dabei bedenken sollten.

Es gibt keine absolute Sicherheit

Risikofreie Geldanlagen existieren nicht. Sobald man damit beginnt, ein Vermögen aufzubauen, gehört Risiko zum Leben dazu. Man kann es nicht vermeiden, man kann sich nur aussuchen, welche Art von Risiko man tragen will. Hören Sie nicht auf Leute, die Ihnen etwas anderes erzählen wollen. Wenn Sie Ihr Geld im Garten vergraben (oder in einem vom FDIC garantierten Bankkonto, das heutzutage so gut wie keine Zinsen bringt)[1] und es nach 20 Jahren wieder ausgraben, dann haben Sie natürlich immer noch dieselbe Geldsumme, aber jede auch nur mäßige Inflation wird die Kaufkraft dieser Summe drastisch reduziert haben. Wenn Sie dagegen in Aktien investieren, dann werden Sie wahrscheinlich nicht nur mit der Inflation Schritt halten, sondern auch ein Vermögen aufbauen. Aber Sie müssen Kursschwankungen aushalten.

1 Die FDIC (Federal Deposit Insurance Corporation) ist der Einlagensicherungsfonds der amerikanischen Banken (Anmerkung des Übersetzers).

Die Investmentphase, in der Sie sich befinden, hängt nicht nur von Ihrem Alter ab

Während Sie arbeiten, sparen und Geld anlegen, befinden Sie sich in der Vermögensaufbauphase. Ihre Vermögenserhaltungsphase beginnt, wenn Sie weniger oder gar nicht mehr arbeiten. Dann lassen Sie Ihre Geldanlagen entweder einfach weiterwachsen oder Sie lösen sie teilweise auf, um davon zu leben.

Vielleicht haben Sie vor, sich frühzeitig zur Ruhe zu setzen. Vielleicht machen Sie sich Sorgen um Ihren Arbeitsplatz. Vielleicht wollen Sie sich eine Auszeit nehmen. Vielleicht wechseln Sie auf einen schlechter bezahlten Job, um sich einen Traum zu verwirklichen. Vielleicht gründen Sie selbst ein Unternehmen. Vielleicht fangen Sie nach einigen Jahren Pause wieder an zu arbeiten. Im Laufe Ihres Lebens können sich Ihre Lebensumstände mehr als einmal ändern – und genauso können Sie mehr als einmal von einer Investmentphase in die andere wechseln.

»Du kannst mich mal«-Geld ist unverzichtbar

Wenn Sie noch keines haben, dann sollten Sie sofort damit anfangen, sich darum zu kümmern. Es ist nie zu spät, damit anzufangen. Seien Sie dabei hartnäckig. Denn das Leben ist unsicher und der Job, den Sie heute haben und lieben, kann schon morgen verschwunden sein. Denken Sie immer daran, dass das Wichtigste, das Sie sich mit Geld kaufen können, Ihre finanzielle Unabhängigkeit ist. In unserer modernen Welt gibt es nichts, das wichtiger ist.

Beginnen Sie nicht zu früh, kurzfristig zu denken

Die meisten von uns investieren langfristig – oder sollten dies zumindest tun. Die typische Daumenregel eines Anlageberaters lautet: Ziehen Sie von 100 (oder, wenn man ein höheres Risiko tragen will, 120) Ihr Alter ab; das Ergebnis ist der Prozentsatz, zu dem Sie Ihr Geld in Aktien anlegen sollten. Ein 60-Jähriger sollte dementsprechend 40 Prozent (oder 60 Prozent) Aktien und 60 Prozent (oder 40 Prozent) risikoarme Anleihen halten, mit denen er sein Vermögen absichern kann.

Das ist vollkommener Unsinn. Ich will Ihnen auch sagen, warum. Jede auch nur mäßige Inflation vermindert im Zeitablauf den Wert von Anleihen – die nicht das Wachstumspotenzial von Aktien haben, welches diesen Wertverlust ausgleichen könnte.

Wenn Sie Ihre Laufbahn als Geldanleger im Alter von 20 Jahren beginnen, dann liegen vielleicht 80 Jahre des Investierens vor Ihnen, vielleicht sogar ein ganzes Jahrhundert, wenn die Lebenserwartung weiter zunimmt. Selbst mit 60 Jahren können noch leicht, wenn Sie bei guter Gesundheit sind, 30 Jahre vor Ihnen liegen. Und das ist meiner Meinung nach langfristig.

Vielleicht haben Sie einen jüngeren Ehegatten. Oder vielleicht wollen Sie Ihren Kindern, Enkeln oder einer wohltätigen Einrichtung etwas Geld hinterlassen. All das wird Ihren Zeithorizont verlängern.

Die drei Anlagewerkzeuge

Nachdem Sie sich über die drei wesentlichen Punkte im Klaren sind, können Sie damit beginnen, Ihr Depot aufzubauen. Dazu benötigen Sie nur die folgenden drei Werkzeuge. Sagte ich nicht, dass es einfach sein würde?

1. Aktien: VTSAX (der Gesamtaktienmarktindexfonds von Vanguard). Aktien liefern auf Dauer gesehen die höchste Rendite und schützen vor den Auswirkungen der Inflation. Sie sind unser Hauptwerkzeug zum Aufbau eines Vermögens (siehe Kapitel 17 zu den verschiedenen Varianten dieses Fonds).

2. Anleihen: VBTLX (der Gesamtanleihenmarktindexfonds von Vanguard). Anleihen liefern sichere und regelmäßige Erträge, mit denen die Kursschwankungen von Aktien ausgeglichen werden können und mit denen man sich gegen Deflation absichern kann.

3. Frei verfügbares Geld: Man braucht Bargeld und Geld auf Girokonten für den Lebensunterhalt und für Notfälle. Von großem Vorteil ist solches Geld außerdem in Zeiten der Deflation. Je mehr die Preise fallen, desto mehr ist Ihr Geld wert. Aber wenn die Preise steigen, wenn es Inflation gibt, dann nimmt der Wert des Geldes ständig ab. Bei den niedrigen Zinsen heutzutage kann man mit Geld auf Bankkonten kaum etwas verdienen. Sie sollten deswegen so wenig Geld wie möglich halten – und wie dies mit Ihren Zahlungsgewohnheiten und Ihrer Bequemlichkeit vereinbar ist.

Frei verfügbares Geld haben wir immer in Form von Anteilen am VMMXX (dem Premiumgeldmarktfonds von Vanguard) gehalten. Damals waren die Zinsen insgesamt höher und Geldmarktfonds zahlten meist höhere Zinsen als Banken auf Sparguthaben. Aber angesichts der historisch niedrigen Zinsen heutzutage gibt es auf Geldmarktfonds so gut wie keine Zinsen mehr; aktuell sind die Zinsen auf Bankguthaben minimal höher. Außerdem sind diese von der FDIC bis zu einem Betrag von 250 000 Dollar pro Konto abgesichert.

Deshalb liegt unser frei verfügbares Geld heute auf Konten bei unserer Bank vor Ort und bei unserer Onlinebank, der Firma Ally Financial. Sollten die Zinsen wieder steigen und Geldmarktfonds wieder höhere Zinsen bieten, würden wir zu den Geldmarktfonds zurückkehren.

So, das war's: drei einfache Anlagewerkzeuge – zwei Indexfonds und ein Geldmarktfonds beziehungsweise ein Sparkonto; eines für den Vermögensaufbau, eines zum Schutz vor Inflation und eines für die Abwicklung täglicher und nicht vorhersehbarer Zahlungen. Wie versprochen ist mein System kostengünstig, effektiv, einfach und breit gefächert.

Je nach Ihren persönlichen Vorstellungen können Sie die Details innerhalb dieses Rahmens gestalten. Wollen Sie weniger Risiko und Volatilität? Sind Sie bereit, dafür eine niedrigere Rendite und einen langsameren Vermögensaufbau zu akzeptieren? Dann erhöhen Sie das Gewicht des VBTLX und/oder des frei verfügbaren Geldes. Wollen Sie ein möglichst großes Wachstumspotenzial? Investieren Sie einen größeren Teil Ihres Vermögens in den VTSAX.

In den nächsten Kapiteln besprechen wir zunächst Indexfonds und Anleihen. Dann schauen wir uns ein paar spezielle Strategien und Depots näher an und überlegen uns schließlich, wie man seine Geldanlage so strukturiert, dass sie optimal zu den eigenen Bedürfnissen und Wünschen passt.

Kapitel 11: Indexfonds sind nur etwas für faule Leute, oder?

Ganz und gar nicht: Indexfonds sind etwas für Leute, die die bestmöglichen Anlageergebnisse erzielen wollen.

Während der letzten paar Jahre wurden meine Geldanlagekonzepte von anderen Autoren kommentiert. Das hat mich geehrt, aber ich habe festgestellt, dass selbst diejenigen, die mich loben, meine Position zu Indexfonds im Allgemeinen und Vanguard im Besonderen zwar als vernünftig bezeichnen, aber denken, dass meine Ratschläge nur etwas für den Durchschnittsgeldanleger sind, der sich keine besondere Mühe geben will. Dahinter steckt die Vorstellung, dass man mit ein bisschen mehr Mühe und ein bisschen mehr Grips bessere Ergebnisse erzielen kann, indem man sich einzelne Aktien herauspickt oder sich aktiv gemanagte Fonds aussucht.

Das ist vollkommener Unsinn! In Kapitel 7 habe ich Ihnen Jack Bogle vorgestellt. Meiner Meinung nach hat niemand mehr für den Privatanleger getan als Bogle – sei es durch die Gründung von Vanguard, einer Gesellschaft mit einer einzigartigen, auf den Vorteil der Anteilseigner ausgerichteten Struktur, sei es durch die Entwicklung von Indexfonds. Er ist ein Titan des Finanzwesens, der Schutzheilige der Geldanleger und mein ganz persönlicher Held.

Im Alter von über 80 Jahren sagte er Folgendes über die Versuche, den Markt zu schlagen: »Ich bin seit 61 Jahren in diesem Geschäft und schaffe das nicht. Ich habe auch nie jemanden getroffen, der es geschafft hat. Und ich habe niemanden getroffen, der irgendjemand anderen getroffen hat, der es geschafft hat.«

Mir geht es ganz genauso.

Die Wahrheit über diese Versuche hat er schon vor Jahrzehnten erkannt, als er seine Abschlussarbeit an der Universität geschrieben hat. Die folgenden Jahrzehnte im Investmentgeschäft haben seine Ansicht nur bestätigt – nämlich, dass eine Geldanlage, die sich am Index des Gesamtmarkts orientiert, auf Dauer verlässlich bessere Ergebnisse erzielt als eine aktiv gemanagte Geldanlage, insbesondere dann, wenn man die Kosten Letzterer mitberücksichtigt.

Die Grundidee der indexorientierten Geldanlage besteht darin, dass die Rendite höher ist, wenn man alle in einem bestimmten Index vertretenen Aktien kauft, als wenn man einzelne dieser Aktien auswählt. Denn die Chance, die »Gewinner«-Aktien auszuwählen, ist verschwindend gering. Diese Idee stellt das Geschäftsmodell der Anlageprofis an der Wall Street, die ihr Geld mit den hohen Gebühren für die Auswahl bestimmter Aktien verdienen, grundsätzlich infrage. Es überrascht nicht, dass man sich dagegen schnell und entschieden wehrte. Bogle wurde von vielen lächerlich gemacht, von einigen wird er dies noch heute.

Aber im Lauf der 40 Jahre, die vergangen sind, seit er den ersten Indexfonds aufgelegt hat, hat sich deutlich gezeigt, dass seine Idee richtig war und richtig ist.

Es ist nun einmal so, dass ich mir keine »Gewinner«-Aktien herauspicken kann – auch Sie oder die übergroße Mehrheit derjenigen, die behaupten, sie könnten es, sind dazu nicht in der Lage. Es zu versuchen ist sehr schwierig, sehr teuer und letztlich immer vergebliche Liebesmühe. Wenn man so realistisch ist, das einzusehen und zu akzeptieren, dann hat man einen Riesenschritt in Richtung erfolgreicher Vermögensaufbau getan.

Es wird sogar die Meinung vertreten, dass Superstar-Investoren – wie Warren Buffett, Peter Lynch oder Michael Price – einfach nur Glück gehabt haben. Selbst als überzeugter Anhänger von Indexfonds fällt es mir schwer, das zu glauben. Aber die Finanzmarktforschung zeigt, dass nur 1 Prozent der besten Finanzmanager den Markt schlagen können und dass es in den seltenen Fällen, in denen ihnen dies tatsächlich gelingt, kaum möglich ist zu entscheiden, ob es nur Zufall oder das Resultat eines besonderen Investmentgeschicks war.

Wenn das aber der Fall ist, warum wehren sich dann immer noch so viele gegen die Idee des indexorientierten Geldanlegens? Ich denke, die Gründe dafür sind psychologischer Natur. Mir fallen insbesondere diese sechs Gründe ein:

1. Intelligenten Menschen fällt es schwer zu akzeptieren, dass sie nicht besser abschneiden können als ein Indexfonds, der nichts weiter macht, als stur alles zu kaufen. Sie denken, es sollte doch leicht möglich sein, die guten Unternehmen von den schlechten zu unterscheiden. Aber das ist es eben nicht. Das war auch mein persönliches Problem und ich habe viele Jahre und viele Tausend Dollar mit dem vergeblichen Versuch verschwendet, den Markt zu schlagen.

Denken Sie nur daran, dass die US-Regierung in den 1960er-Jahren ernsthaft überlegte, General Motors zu zerschlagen (sie tat es dann doch nicht). Man hielt damals GM für so mächtig und marktbeherrschend, dass kein anderer Autohersteller mithalten könnte. Und heute hat genau dieses Unternehmen nur dank der riesigen Finanzspritzen der Regierung überlebt. Andererseits setzten viele erfahrene Investoren in den 1990er-Jahren darauf, dass Apple nicht überleben würde. Jetzt, wo ich dies schreibe, ist Apple das größte Unternehmen in Amerika, gemessen an der Marktkapitalisierung. Die Überflieger von heute können schon morgen abstürzen. Und die heute am Boden liegenden Unternehmen können morgen zum Höhenflug abheben.

2. Indexfonds zu kaufen bedeutet, dass man die durchschnittliche Marktrendite akzeptiert. Es fällt aber den Menschen nicht leicht, von sich oder von irgendetwas in ihrem Leben als durchschnittlich zu denken.

Allerdings wird in diesem Zusammenhang das Wort »Durchschnitt« meistens missverstanden. Es bedeutet nicht, dass ein Indexfonds eine Rendite liefert, die dem Durchschnitt aller Fonds entspricht, sondern dass er eine Rendite liefert, die dem Durchschnitt aller Aktien innerhalb des betreffenden Index entspricht.

Anlageprofis werden daran gemessen, wie sie im Verhältnis zu dieser letztgenannten Durchschnittsrendite abschneiden. Wie wir gesehen haben, erzielen in jedem einzelnen Jahr die meisten eine geringere Rendite. Tatsächlich schneiden über Zeiträume von 15 bis 30 Jahren Indexfonds besser ab als 82 bis 99 Prozent der aktiv gemanagten Fonds. Und das wiederum bedeutet, dass man bei der Anlage in einen Indexfonds sicher sein kann, immer ein Spitzenergebnis zu erzielen – und zwar Jahr für Jahr. Diesen »Durchschnitt« kann man ohne Bedenken akzeptieren. Ich jedenfalls kann gut damit leben – vor allem, wenn ich dabei reich werde.

3. Die Finanzmedien sind voll von Geschichten über Privatanleger und Investmentprofis, die es geschafft haben, den Index für ein oder zwei oder drei Jahre zu schlagen. Dauerhaft gelingt das nur ganz wenigen, wie etwa Warren Buffett. (Ich wundere mich immer, wenn ich die Empfehlung höre, es einfach wie Warren Buffett zu machen. Als ob das so leicht wäre!) Diese Geschichten sind interessant und aufregend und die Gesellschaften, bei denen die Profianleger arbeiten, über die berichtet wird, sind wichtige Werbekunden – oder können wichtige Werbekunden werden.

Aber Geldanlage muss langfristig betrieben werden. Man schafft es genauso wenig, über mehrere Jahrzehnte immer die »Gewinner«-Manager auszuwählen, wie man es schafft, auf Dauer immer die »Gewinner«-Aktien herauszupicken.

4. Der Renditeeffekt der Geldanlagekosten wird häufig unterschätzt. Wenn man Fonds- oder Beratergebühren von 1 bis 2 Prozent pro Jahr zahlt, scheint das nicht viel zu sein, vor allem nicht in einem guten Jahr. Aber täuschen Sie sich nicht, diese jährlichen Gebühren lasten wie ein Mühlstein auf Ihrem Vermögen. Nehmen wir als Vergleichswert den durchschnittlichen Gebührenanteil von aktiv gemanagten Fonds von circa 1,25 Prozent (also den Prozentsatz vom Wert des Fonds, der Geldanlegern jedes Jahr als Gebühr berechnet wird). Dieser Gebührenanteil beträgt beim VTSAX 0,05 Prozent. Wie Bogle so schön sagt: In manchen Jahren werden Gewinne gemacht, in anderen nicht, aber die Kosten sind immer da, jedes Jahr. Wirklich jedes Jahr. Auf Dauer und unter Berücksichtigung des Zinseszinseffekts bedeutet das einen solchen Verlust, dass es einem den Atem verschlägt. Überlegen Sie einmal: Sobald Sie damit beginnen, von den Erträgen Ihres Vermögens zu le-

ben, können Sie ungefähr 4 Prozent Ihres Vermögens pro Jahr verbrauchen (wir werden in Teil IV auf dieses 4-Prozent-Konzept zurückkommen). Wenn Sie 1 Prozent Ihres Vermögens für Managementgebühren ausgeben müssen, dann entspricht das vollen 25 Prozent Ihres jährlichen Einkommens.

5. Die Leute wollen den schnellen Erfolg und Nervenkitzel haben und sie wollen sich ihres Erfolges rühmen.

Sie wollen den Siegesrausch erleben und damit angeben, wenn sich der Kurs ihrer Aktie verdreifacht hat oder ihr Fonds den S&P 500 geschlagen hat.

Wenn man dagegen einen Indexfonds über die Jahre seine segensreiche Wirkung tun lässt, dann ist das nicht sehr aufregend. Es ist nur sehr profitabel.

Was mich angeht, so suche ich mir meinen Nervenkitzel woanders und lasse Indexfonds die Hauptarbeit beim Aufbau meines Vermögens für mich tun.

6. Schließlich – und das ist vielleicht der Hauptgrund – gibt es eine wahre Industrie, die davon lebt, Menschen zu beraten und deren Börsengeschäfte abzuwickeln, die man dazu bringen kann zu glauben, sie könnten den Markt schlagen. Investmentmanager, Gesellschaften, die aktiv gemanagte Fonds anbieten, Anlageberater, Aktienanalysten, Börsenbriefe, Blogs, Aktienbroker – sie alle wollen Ihnen das Geld aus der Tasche ziehen. Es geht um Milliarden und die Idee, den Markt schlagen zu können, wird einem von der Werbung erbarmungslos eingehämmert. Es ist nichts anderes als Gehirnwäsche.

Die indexorientierte Geldanlage gefährdet die Riesengebühren, die Investmentmanager und Konsorten regelmäßig einstreichen. Sie leben davon, uns in dem wahnhaften Glauben zu bestärken, dass man den Markt schlagen könne. Deshalb machen sie auch die indexorientierte Geldanlage verächtlich, wann und wo immer sie dies können.

Vor vielen Jahren hatte ich einmal einen Kampfsportlehrer. Als wir uns einmal über verschiedene Straßenkampftechniken unterhielten, warnte er mich davor, bei einem Kampf in die Höhe zu springen, um dabei dem Gegner einen Fußtritt gegen Kopf oder Oberkörper zu versetzen. »Bevor du auf der Straße solche Techniken anwendest, solltest du dir die Frage stellen: ›Bin ich Bruce Lee?‹ Wenn die Antwort darauf ›nein‹ lautet, dann behalte deine Füße am Boden.« An diesen Rat sollte man denken, wenn es ans Eingemachte geht.

Solche Fußtritte sehen in Filmen, bei Kampfsportschulen oder bei Wettkämpfen zwar sehr beeindruckend aus, sind aber auf der Straße extrem riskant. Wenn man nicht sowohl sehr geübt als auch wesentlich geübter als sein Gegner ist (und dessen kann man weder beim Straßenkampf noch bei der Geldanlage sicher sein), dann gibt man sich dadurch nur unnötige Blößen und macht sich verwundbar. Auch, und das ist entscheidend, *wenn man damit schon einmal Erfolg gehabt hat.*

Genauso ist es mit der Geldanlage. Bevor Sie versuchen, einzelne Aktien herauszupicken und/oder sich Fondsmanager auszusuchen, stellen Sie sich diese einfache Frage: »Bin ich Warren Buffett?« Wenn die Antwort darauf »nein« lautet, dann behalten Sie Ihre Füße auf dem festen Boden der indexorientierten Geldanlage.

Lassen Sie mich das vollkommen klarmachen: Ich empfehle die indexorientierte Geldanlage nicht nur, weil sie einfacher ist – obwohl sie das tatsächlich ist. Ich empfehle sie vor allem, weil sie ein effektiveres und wirksameres Werkzeug zum Vermögensaufbau ist als alle Alternativen.

Könnte ich eine bessere Rendite erzielen, wenn ich mir mehr Mühe geben würde, dann würde ich das sehr gerne tun. Aber mehr Mühe für eine niedrigere Rendite? Ich bitte Sie!

Kapitel 12: Anleihen

Bis jetzt haben wir uns die meiste Zeit mit dem Aktienmarkt beschäftigt – mit Aktien und dem Indexfonds, den wir benutzen, um in Aktien zu investieren. Sie sind das Hauptwerkzeug, um ein Vermögen aufzubauen, und sie werden höchstwahrscheinlich den größten Teil unseres Vermögens bilden.

Aber manchmal werden wir auch Anleihen halten wollen – um die Kursschwankungen von Aktien auszugleichen, sichere Erträge zu erzielen und uns vor Deflation zu schützen. Wir wollen uns Anleihen jetzt etwas genauer anschauen.

Gewissermaßen sind Anleihen die verlässlicheren und langweiligeren Verwandten der Aktien. So sieht es zumindest aus. Aber wir werden sehen, dass Anleihen nicht so risikolos sind, wie das viele glauben.

Das Hauptproblem für uns besteht darin, dass Anleihen ein schwieriges und vielfältiges Thema sind. Es gibt endlose Details und die meisten davon werden von wenig Interesse für die Leser dieses Buches sein. Schließlich interessieren sie mich ja auch nicht. Aber wenn Sie sich nicht einfach auf mein Wort verlassen wollen, werden Sie wissen wollen, was Anleihen sind und wie sie ihren Weg in unser Depot gefunden haben.

Aber wie viel an Information ist genug? Ich habe nicht die leiseste Ahnung. Deswegen werden wir Folgendes tun: In diesem Kapitel behandele ich das Thema Anleihen in verschiedenen Schritten. Sobald Sie meinen, dass Sie genug wissen, um zu verstehen, warum man Anleihen hält (oder warum man sie nicht hält), können Sie einfach aufhören weiterzulesen. Wenn Sie dagegen am Ende des Kapitels immer noch mehr wissen wollen, nun, dann gibt es jede Menge Bücher zu diesem Thema, in denen Sie weitere Informationen finden können.

Schritt 1

Anleihen sind in unserem Depot, um uns vor Deflation zu schützen. Deflation ist eine der beiden großen Gefahren, die von der Gesamtwirtschaft ausgehen und unser Vermögen bedrohen. Inflation ist die andere und vor ihr schützen wir uns mithilfe unserer Aktien. Sie erinnern sich bestimmt daran, dass man von Deflation spricht, wenn die Preise von Gütern in einer Abwärtsspirale sinken, und von Inflation, wenn die Preise von Gütern in einer Aufwärtsspirale steigen. Yin und Yang, sozusagen.

Anleihen sind im Allgemeinen weniger volatil als Aktien und sie dienen deshalb auch dazu, die Wertschwankungen unseres Vermögens zu glätten. Anleihen sind verzinslich und liefern sichere und regelmäßige Einkünfte.

Manchmal sind die Zinsen steuerfrei. Das gilt zum Beispiel in den USA für:

1. kommunale Schuldverschreibungen, deren Zinsen nicht der Einkommensteuer des Bundes und des Bundesstaates, in dem die Schuldverschreibungen ausgegeben wurden, unterliegen;

2. Bundesanleihen, deren Zinsen nicht kommunalen und bundesstaatlichen Steuern unterliegen.[1]

Schritt 2

Was sind überhaupt Anleihen und wie unterscheiden sie sich von Aktien?

Einfach gesagt: Wenn man Aktien kauft, kauft man einen Teil von einem Unternehmen; wenn man Anleihen kauft, leiht man einem Unternehmen oder einem Staat Geld.

Da es zu Deflation kommt, wenn die Preise von Gütern fallen, ist die Kaufkraft des geliehenen Geldes gestiegen, wenn es zurückgezahlt wird. Mit Ihrem Geld können Sie sich jetzt mehr kaufen als zu dem Zeitpunkt, zu dem Sie es verliehen haben. Dieser Wertzuwachs hilft dabei, die Verluste auszugleichen, die die Deflation bei Ihren anderen Geldanlagen verursachen wird.

In Zeiten der Inflation steigen die Preise und das Geld, das Sie verliehen haben, verliert an Wert. Wenn es zurückgezahlt wird, können Sie sich weniger davon kaufen. Unter diesen Umständen ist es besser, solche Vermögensgegenstände zu halten, deren Wert so steigt wie das Preisniveau, also insbesondere Aktien.

---

1 In Deutschland fallen auf Zinsen und Kursgewinne auf Anleihen 25 Prozent Abgeltungssteuer zuzüglich Solidaritätszuschlag und gegebenenfalls Kirchensteuer an. Wie bei allen Kapitalerträgen gilt aber auch bei den Anleihen der Sparerpauschbetrag in Höhe von 801 Euro für Singles und 1602 Euro für Verheiratete. (Anmerkung der Redaktion, Quelle: https://www.vlh.de/kaufen-investieren/geldanlage/anleihen-diese-steuern-fallen-an.html.)

Schritt 3

Da wir unsere Anleihen in Form von Anteilen am VBTLX – dem Gesamtanleihenmarktindexfonds von Vanguard – halten, haben wir das Risiko, das mit dem Halten bestimmter einzelner Anleihen verbunden ist, nicht. Bei meiner letzten Zählung hat der Fonds 7843 verschiedene Anleihen gehalten. Aber diese Zahl ändert sich im Lauf der Zeit immer ein wenig. Alle diese Anleihen sind als »anlagewürdig« oder »mündelsicher« *(»investment grade«)* bewertet, gelten also als sehr sicher; keine ist mit einem niedrigeren Rating als Baa bewertet (siehe Schritt 4). Das reduziert das Risiko von Zahlungsausfällen. Die Anleihen des Fonds weisen große Unterschiede hinsichtlich des Datums ihrer Fälligkeit auf, wodurch das Zinsänderungsrisiko gemindert wird. Der Fonds hält auch Anleihen mit sehr unterschiedlichen Laufzeiten, wodurch das Inflationsrisiko reduziert wird.

In den nächsten Schritten werden wir uns näher mit diesen verschiedenen Risiken befassen. Aber man sollte an diesem Punkt verstehen, dass die beste Art, Anleihen zu halten, darin besteht, in einen Anleihenindexfonds zu investieren. Die wenigsten Privatanleger entscheiden sich dafür, bestimmte einzelne Anleihen zu kaufen; US-Bundesanleihen (»U.S. Treasury Bonds«) und Einlagenzertifikate von Banken (»Certificates of Deposit«), die wie Anleihen funktionieren, stellen die wichtigsten Ausnahmen von dieser Regel dar.

Schritt 4

Die zwei wichtigsten Merkmale von Anleihen sind Zinssatz und Laufzeit. Der Zinssatz ist das, was der Emittent der Anleihe (der Schuldner) dem Käufer der Anleihe (dem Gläubiger – also Ihnen oder dem Fonds, den Sie besitzen) zu zahlen verspricht. Die Laufzeit ist einfach die Zeitdauer, für die dem Schuldner Geld geliehen wird. Wenn Sie beispielsweise eine 1000-Dollar-Anleihe mit einem Zinssatz von 10 Prozent und einer Laufzeit von zehn Jahren vom Unternehmen XYZ kaufen würden, dann würde Ihnen dieses Unternehmen jedes Jahr 100 Dollar an Zinsen zahlen (10 Prozent von 1000 Dollar), also insgesamt 1000 Dollar während der Laufzeit der Anleihe (100 Dollar pro Jahr × 10 Jahre).[2] Wenn Sie die Anleihe bis zum Ende der zehnjährigen Laufzeit halten, dann wird die Anleihe fällig und der Emittent der Anleihe ist dazu verpflichtet, die ursprüngliche Kreditsumme von 1000 Dollar zurückzuzahlen. Das Einzige, worüber Sie sich Sorgen machen müssen, ist die Möglichkeit, dass das Unternehmen XYZ zahlungsunfähig wird und Ihnen Ihr Geld nicht zurückzahlt.

Ein Zahlungsausfall ist also das wichtigste Risiko im Zusammenhang mit Anleihen. Damit Geldanleger dieses Risiko bei jeder Anleihe eines Unternehmens oder eines Staates einschätzen können, bewerten verschiedene Ratingagenturen die Kreditwürdigkeit der Anleiheemittenten. Dabei verwenden sie eine Skala, die von AAA bis hinunter zu D reicht – so ähnlich wie in der Schule.[3] Je niedriger das Rating ist, desto höher ist das Risiko. Je höher das Risiko ist, desto schwieriger ist es, Käufer für die betreffenden Anleihen zu finden. Und je schwieriger es ist, Käufer zu finden, desto höher müssen die Zinsen sein, um sie anzulocken. Investoren sind nur dann be-

---

2 Selbstverständlich sind die Zinssätze heute von 10 Prozent weit entfernt. Ich verwende diesen Zinssatz nur, um die Rechnung einfacher zu machen.

3 Im amerikanischen Schulsystem ist die beste Note ein A, die schlechteste ein F (Anmerkung des Übersetzers).

reit, ein höheres Risiko zu tragen, wenn sie dafür mehr Zinsen bekommen.

Das Zahlungsausfallrisiko ist also der erste Faktor, der die Höhe des Zinssatzes beeinflusst, den man bei einer Anleihe bekommt. Als Käufer von Anleihen erhalten Sie einen umso höheren Zinssatz, je größer das Risiko ist, das Sie gewillt sind zu tragen.

Schritt 5

Das Zinsänderungsrisiko ist der zweite Risikofaktor bei Anleihen. Es hängt eng mit der Anleihelaufzeit zusammen. Dieses Risiko spielt nur dann eine Rolle, wenn man sich dazu entscheiden sollte, seine Anleihe vor dem Fälligkeitsdatum zu verkaufen.

Denn wenn man dies tun will, dann muss man seine Anleihe am sogenannten »Sekundärmarkt« verkaufen. Für die Beispielanleihe von Schritt 4 könnten mögliche Käufer mehr oder weniger als den Anleihenennwert von 1000 Dollar bieten – abhängig davon, ob und wie sich die Zinsen seit der Ausgabe der Anleihe geändert haben. Wenn der Zinssatz gestiegen ist, fällt der Wert der Anleihe. Wenn der Zinssatz gefallen ist, steigt der Wert der Anleihe. Das ist nicht so verwirrend, wie es auf den ersten Blick den Anschein hat. Nehmen wir einmal an, Sie wollen unsere Beispielanleihe verkaufen. Sie haben sie für 1000 Dollar gekauft und erhalten 10 Prozent beziehungsweise 100 Dollar pro Jahr an Zinsen. In der Zwischenzeit sei der Zinssatz auf 15 Prozent gestiegen. Wenn jemand jetzt 1000 Dollar anlegen will, dann kann er eine Anleihe kaufen, die ihm 150 Dollar pro Jahr an Zinsen bringt. Selbstverständlich wird er nicht bereit sein, für Ihre Anleihe, die nur 100 Dollar pro Jahr bringt, 1000 Dollar zu bezahlen. Das würde niemand tun und Sie würden auf Ihrer Anleihe sitzen bleiben. Glücklicherweise gibt es den Sekundärmarkt, an dem Anleihen zwischen den Zeitpunkten der Emission und der Fälligkeit, also während ihrer Laufzeit, gehandelt werden. An diesem Markt wird der genaue Wert Ihrer Anleihe angesichts des aktuellen Zinssatzes von 15 Prozent festgestellt. Vielleicht gefällt Ihnen der Preis, der Ihnen angeboten wird, nicht, aber zumindest sind Sie in der Lage, Ihre Anleihe zu verkaufen.

Wenn die Zinsen fallen, kehrt sich die Situation um. Wenn sie statt 10 jetzt nur noch 5 Prozent betragen, dann bekommt man für seine 1000 Dollar nur noch eine Anleihe, die pro Jahr 50 Dollar an Zinsen bringt. Da Ihre Anleihe 100 Dollar pro Jahr abwirft, ist sie offensichtlich mehr wert als die 1000 Dollar, die Sie ursprünglich dafür bezahlt haben. Auch in diesem Fall ergibt sich der genaue Wert Ihrer Anleihe am Sekundärmarkt.

Wenn Zinsen steigen, fallen die Preise von Anleihen. Wenn Zinsen fallen, steigen die Preise von Anleihen. Aber unabhängig davon, wie sich die Zinsen entwickeln, erhält man bei Fälligkeit einer Anleihe immer genau ihren Nennwert, also den Betrag, den man bei der Emission bezahlt hat – es sei denn, natürlich, der Emittent wird zahlungsunfähig.

Schritt 6

Wie Sie sich wahrscheinlich schon gedacht haben werden, ist die Laufzeit einer Anleihe der dritte Risikofaktor. Die Länge der Laufzeit wirkt sich auch auf die Höhe des Zinses aus.

Je länger die Laufzeit einer Anleihe ist, desto höher ist die Wahrscheinlichkeit, dass sich die Zinsen bis zu ihrer Fälligkeit deutlich ändern – was ein größeres Risiko bedeutet. Anleihen werden nach ihrer Laufzeit in drei Klassen eingeteilt: kurzfristig, mittelfristig und langfristig. Beispielsweise gibt es bei amerikanischen Bundesanleihen (den Anleihen, die die Bundesregierung emittiert)

- Schatzwechsel *(»bills«)*: kurzfristige Anleihen mit einer Laufzeit zwischen einem und fünf Jahren;
- Schatzanweisungen *(»notes«)*: mittelfristige Anleihen mit einer Laufzeit zwischen sechs und zwölf Jahren;
- Schatzobligationen *(»bonds«)*: langfristige Anleihen mit über zwölf Jahren Laufzeit.

Im Allgemeinen gibt es für kurzfristige Anleihen niedrigere Zinsen, da sie als weniger riskant angesehen werden. Denn der Anleger bindet sich und sein Geld nur für einen kurzen Zeitraum. Dementsprechend werden langfristige Anleihen als riskanter angesehen und bringen höhere Zinsen.

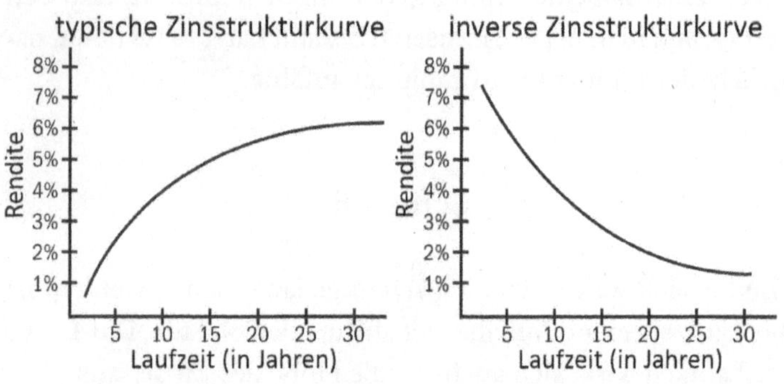

Anleiheanalysten stellen diesen Zusammenhang gerne anhand der sogenannten *Zinsstrukturkurve* dar. Die linke Abbildung ist eine ziemlich typische Zinsstrukturkurve. Die Kurve hat eine positive Steigung und ist umso steiler, je größer die Zinsdifferenz zwischen kurz-, mittel- und langfristigen Anleihen ist. Wie stark die Zinsen mit länger werdender Laufzeit steigen, hängt von verschiedenen Faktoren ab und kann sich durchaus ändern. Es kann sogar dazu kommen, dass die kurzfristigen Zinsen höher als die langfristigen Zinsen sind. In diesem Fall spricht man von einer *inversen Zinsstrukturkurve,* wie sie in der rechten Abbildung dargestellt ist. Das sind Zeiten, in denen die Anleiheanalysten sehr nervös werden.

Schritt 7

Die Inflation stellt das größte Risiko für Anleihen dar. Wie wir gesehen haben, spricht man von Inflation, wenn die Güterpreise allgemein steigen. Wenn man in Zeiten der Inflation Geld verleiht, indem man Anleihen kauft, dann ist das Geld weniger wert, wenn es zurückgezahlt wird. Die Kaufkraft ist geringer. Die Höhe der erwarteten Inflationsrate beeinflusst die Anleihezinsen wesentlich. Da ein gewisses Maß an Inflation in gesunden und wachsenden Volkswirtschaften praktisch immer existiert, sind vor allem langfristige Anleihen davon betroffen. Das ist einer der Hauptgründe dafür, dass sie typischerweise höhere Zinsen als kurzfristige Anleihen bringen. Wenn wir dagegen eine inverse Zinsstrukturkurve sehen und die kurzfristigen Zinsen höher als die langfristigen Zinsen sind, dann erwarten die Geldanleger eine sehr niedrige Inflationsrate oder sogar Deflation.

Schritt 8

Es gibt noch etliche andere Risiken.

Herabstufungen der Kreditwürdigkeit. Sie erinnern sich bestimmt an die Ratingagenturen, die wir weiter oben angesprochen haben? Vielleicht haben Sie einmal eine Anleihe von einem Unternehmen gekauft, das mit AAA bewertet wurde. Es besteht immer das Risiko, dass das Unternehmen während der Anleihelaufzeit in Schwierigkeiten gerät und diese Agenturen das Rating herabstufen. Dann wird auch der Wert Ihrer Anleihe sinken.

Kündbare Anleihen. Einige Anleihen sind »kündbar«. Das bedeutet, dass der Emittent sie vor dem Fälligkeitsdatum zurückzahlen kann. Der Anleihekäufer erhält sein Geld zurück, aber keine Zinsen mehr. Emittenten werden dies natürlich nur dann tun, wenn die Zinsen gefallen sind und sie sich anderweitig billiger Geld leihen können. Wie Sie wissen, steigt eine Anleihe im Wert, wenn der Zins fällt. Aber wenn sie gekündigt wird – löst sich Ihr schöner Kursgewinn in Luft auf.

Liquiditätsrisiko. Einige Unternehmen sind weniger bekannt und weniger beliebt als andere – und das gilt auch für die Anleihen dieser Unternehmen. Das Liquiditätsrisiko bezieht sich auf die Möglichkeit, dass sich nur wenige Kaufinteressenten am Sekundärmarkt finden, wenn Sie Ihre Anleihe vorzeitig verkaufen wollen. Und wenige Kaufinteressenten bedeuten niedrigere Preise.

All diese Risiken lassen sich dadurch deutlich mindern, dass man einfach einen breit gestreuten Anleihenindexfonds hält. Deswegen ist der VBTLX genau das Richtige für Sie.

Schritt 9

Kommunale Schuldverschreibungen sind Anleihen, die von Gemeinden oder Landkreisen oder deren Behörden emittiert werden. Typischerweise werden damit öffentliche Güter, wie etwa Schulen, Flughäfen oder Kläranlagen, finanziert.

Man erhält zwar niedrigere Zinsen als auf Unternehmensanleihen, aber diese Anleihen haben den Vorteil, dass die Zinsen nicht der Bundeseinkommensteuer unterliegen. Sie sind meistens auch von der Einkommensteuer des Bundesstaates befreit, in dem sie emittiert werden. Das macht sie attraktiv, wenn man eine hohe Steuerbelastung hat, und insbesondere, wenn man in einem Bundesstaat lebt, der eine hohe Einkommensteuer erhebt. Von diesem Steuervorteil profitieren auch die Gemeinden und Bundesstaaten, die solche Anleihen emittieren, da sie deswegen niedrigere Zinsen zahlen müssen.[4]

Vanguard bietet verschiedene Fonds an, die auf kommunale Schuldverschreibungen spezialisiert sind, darunter auch solche, die sich auf bestimmte Bundesstaaten konzentrieren. Wer sich dafür interessiert, kann sich unter www.vanguard.com informieren.

---

4 Den kommunalen Schuldverschreibungen entsprechen in Deutschland die Kommunalanleihen. Im Gegensatz zu kommunalen Schuldverschreibungen in den USA unterliegen deren Zinsen jedoch der Einkommensteuer. (Anmerkung der Redaktion)

Schritt 10

Es gibt Unmengen verschiedener Arten von Anleihen. Im Wesentlichen werden sie von Staaten, Bundesländern und Gemeinden, Behörden und Unternehmen emittiert. An Laufzeiten, Zinssätzen und Rückzahlungsbedingungen findet man alles, was sich Emittenten, Anleihekäufer und Finanzaufsicht nur ausdenken können. Aber da dieses Buch *Der einfache Weg zum Reichtum* heißt, können wir dieses Thema jetzt beruhigt abschließen.

Kapitel 13: Vorschläge für Portfolios zum Aufbau und zur Erhaltung Ihres Vermögens

In den letzten paar Kapiteln haben wir uns mit den Grundlagen der Geldanlage beschäftigt. Jetzt wollen wir endlich das, was wir gelernt haben, anwenden. Wie also können wir ein Vermögen aufbauen und erhalten? Ich werde Ihnen zwei verschiedene Vermögensportfolios vorstellen; in beiden kommen die bisher diskutierten Geldanlagewerkzeuge zur Anwendung.

Als Erstes werde ich Ihnen erzählen, was ich immer meiner 24-jährigen Tochter zu tun rate. Sie hat mit Geldanlage überhaupt nichts am Hut. Und das muss sie auch nicht, wenn sie diese ganz einfache Methode anwendet: Sie braucht nur regelmäßig zu sparen und zu investieren und dabei zuzuschauen, wie ihr Vermögen wächst. Und nach ein paar Jahren wird sie eines Tages aufwachen und feststellen, dass sie reich ist. Während dieser Zeit wird sich der Wert ihres Depots besser entwickeln als der von 82 Prozent aller aktiv gemanagten Fonds. Ich nenne das Portfolio, das ich meiner Tochter empfohlen habe, das »Vermögensaufbauportfolio«.

Und dann werde ich Ihnen anvertrauen, was meine Frau und ich, die wir schon halb im Ruhestand leben, tun. Unser Portfolio nenne ich das »Vermögenserhaltungsportfolio«.

Höchstwahrscheinlich unterscheidet sich Ihre persönliche Situation von der unserer Familie. Aber wenn Sie diese beiden Musterdepots zur Orientierung heranziehen und die drei grundsätzlichen Überlegungen angestellt haben, die in Kapital 10 diskutiert wurden, dann sollten Sie in der Lage sein, sich ein für Sie passendes Portfolio zusammenzustellen.

Das Vermögensaufbauportfolio

Dieses Portfolio habe ich für meine Tochter zusammengestellt. Ich habe ihr auch die Gründe für meine Wahl erklärt.

Der entscheidende Punkt dabei ist folgender: Wenn Sie als Geldanleger Erfolg haben wollen, dann haben Sie die Wahl zwischen zwei Dingen. Sie können dem üblichen Ratschlag folgen, den Sie immer zu hören bekommen und den ich in Kapitel 6 kritisiert habe, und Ihre Geldanlagen möglichst breit streuen. Das Ziel ist, auf diese Weise Wertschwankungen zu glätten und Ihnen ein ruhigeres Leben zu ermöglichen, selbst wenn dadurch die langfristig mögliche Rendite verringert wird.

Aber nichts da! Sie sind jung und risikobewusst und wollen ein Vermögen aufbauen. Sie wollen Ihr »Du kannst mich mal«-Geld so schnell wie möglich zusammenkriegen. Und deswegen werden Sie sich auf die rentabelste Art der Geldanlage konzentrieren, die es je gab: Aktien. Sie werden sich die richtige Einstellung zulegen, sich zusammenreißen und lernen, den Kurs auch in stürmischen Zeiten zu halten.

Sie kennen bestimmt das Sprichwort: »Lege nicht alle Eier in einen Korb.« Und Sie haben sicher auch gehört: »Wenn du alle Eier in einen Korb legst, musst du gut auf diesen Korb aufpassen.«

Vergessen Sie das. Der gute Onkel Jim sagt Ihnen Folgendes:

Legen Sie alle Eier in einen Korb und kümmern Sie sich nicht mehr darum.

Die Ironie beim Geldanlegen besteht darin, dass die Wahrscheinlichkeit, erfolgreich zu sein, umso geringer ist, je mehr man achtgibt und je häufiger man sein Depot verändert. Füllen Sie Ihren Korb mit allen Eiern, legen Sie danach so viele weitere Eier hinein, wie Sie können, und denken Sie im Übrigen nicht mehr daran. Höchstwahrscheinlich werden Sie eines Tages reich sein.

Unser Korb ist der VTSAX. Das wird Sie nicht besonders überraschen, wenn Sie mir bis hierher aufmerksam gefolgt sind. Der VTSAX ist der Gesamtaktienmarktindexfonds, der praktisch jede börsennotierte Aktie in den USA enthält. Das heißt, dass Sie damit einen Teil von jedem dieser ungefähr 3700 Unternehmen besitzen werden. Das nenne ich einen sehr großen und bunten Korb. Außerdem handelt es sich um einen Fonds mit sehr niedrigen Gebühren, so dass mehr von Ihrem Geld auch tatsächlich für Sie arbeitet.

Ein Portfolio mit 100 Prozent Aktien gilt als eine sehr aggressive Anlagestrategie. Das stimmt, und in Ihrer Vermögensaufbauphase sollten Sie auch aggressiv handeln. Sie haben Jahrzehnte vor sich und werden in dieser Zeit laufend mehr investieren. Kursausschläge nach oben oder unten kümmern Sie nicht, weil Sie nicht in Panik geraten, sondern den Kurs halten werden. Wenn Sie ein Kurssturz überhaupt kümmert, dann deshalb, weil Sie ihn als die günstige Kaufgelegenheit sehen, die er nun einmal ist. Nach vielleicht 40 Jahren (oder wann immer Sie von Ihrem Vermögen leben) werden Sie wahrscheinlich auch einen Anleihenindexfonds halten wollen, damit der Wert Ihres Portfolios weniger schwankt. Kümmern Sie sich erst darum, wenn es so weit ist.

Ich kann schon all diese Finanzgurus vor mir sehen, wie sie anfangen, Federn aufzusammeln und Teer heiß zu machen. Deshalb sollte ich meine Empfehlung näher erklären.

Wir haben uns in den vorhergehenden Kapiteln mit der Idee befasst, dass Finanzkrisen einfach zum Marktgeschehen dazugehören und dass man am besten mit ihnen umgeht, indem man sie ruhig durchsteht. Man kann sie nicht vorhersagen und man schafft es nicht, zum richtigen Zeitpunkt aus- beziehungsweise einzusteigen. In Ihrer Laufbahn als Geldanleger werden Sie viele Finanzkrisen erleben. Aber mit der richtigen Einstellung können Sie sie einfach ignorieren.

Wenn wir uns auf diese grundsätzliche Vorgehensweise geeinigt haben, stellt sich die Frage, welche Anlageform wir wählen sollten, um die unvermeidlichen Stürme durchzustehen. Selbstverständlich wollen wir die profitabelste Anlageform wählen, die es gibt. Und das sind nun einmal Aktien. Wenn Sie sich alle möglichen Anlageformen anschauen, von Anleihen über Immobilien, Gold, Agrarland bis zu Kunst, Rennpferden oder was sonst noch – dann werden Sie feststellen, dass auf Dauer gesehen Aktien die höchste Rendite bringen. Keine andere Anlageform kommt ihnen auch nur nahe.

Überlegen wir für einen Moment, warum das so ist. Aktien sind nicht nur Papierscheine, die man an der Börse handelt. Wenn Sie eine Aktie besitzen, besitzen Sie einen Teil eines Unternehmens. Viele dieser Unternehmen sind international aktiv, so dass Sie auch an der Entwicklung der Weltmärkte partizipieren können.

Alle diese Unternehmen und ihre Mitarbeiter bemühen sich ständig mit allen Kräften, zu expandieren und ihre Kunden zufriedenzustellen. Sie stehen in einem harten Wettbewerb, in dem diejenigen, die das schaffen, belohnt werden und diejenigen, die das nicht schaffen, aussortiert werden. Dieser intensive, dynamische Wettbewerb ist die Ursache dafür, dass Aktien und die Unternehmen, die hinter diesen Aktien stehen, die beste und erfolgreichste Anlageform darstellen, die es jemals gab.

Weil der VTSAX ein Indexfonds ist, müssen wir uns nicht einmal Gedanken darüber machen, welche Unternehmen erfolgreich sein werden und welche scheitern werden. Wie wir gesehen haben, ist der Markt »selbstreinigend«. Die Verlierer verschwinden und die Gewinner können endlos wachsen.

Ein 100-Prozent-Aktien-Portfolio – so wie man es erhält, wenn man ausschließlich in den VTSAX investiert – liefert langfristig die beste Rendite, was viele verschiedene Untersuchungen gezeigt haben. Aber wenn man nicht hart genug ist, um den Kurs zu halten, wenn man Angst bekommt und über Bord springt, wenn es stürmisch wird – dann wird man ertrinken. Aber das wäre dann ein psychologisches Versagen des Anlegers und kein Problem dieser Anlageform.

Übrigens gibt es auch Studien, die nahelegen, dass ein Depot mit 10 bis 25 Prozent Anleihen und 75 bis 90 Prozent Aktien sogar noch etwas besser abschneidet als ein Depot mit 100 Prozent Aktien – und außerdem etwas weniger schwankungsanfällig ist. Wenn Sie diesen Weg einschlagen wollen und sich das bisschen Mühe mehr machen wollen, Ihr Portfolio regelmäßig anzupassen, um die von Ihnen gewählte Aufteilung beizubehalten – dann werde ich Ihnen sicher nicht widersprechen.

Kann das alles wirklich so einfach sein? Sicher. Ich begann im Jahr 1975 zu investieren. Damals gab es den VTSAX noch nicht, aber während der 40 Jahre vom Januar 1975 bis zum Januar 2015 schaffte der S&P 500 eine jährliche Wachstumsrate von durchschnittlich 11,9 Prozent.[1] Wenn jemand ab 1975 jedes Jahr nur 2400 Dollar (200 Dollar pro Monat) investiert und alle Erträge reinvestiert hätte, dann wäre sein Depot bis 2015 auf einen Wert von 1 515 542 Dollar gewachsen.[2] In diesem Zeitraum wäre aus einem einmaligen Investment von 10 000 Dollar die Summe von 897 905 Dollar geworden.[3] Und das trotz all dieser Krisen, Turbulenzen, Rezessionen und Katastrophen der letzten 40 Jahre.

Leider war ich damals noch nicht schlau genug, so zu handeln. Aber genau das ist »der einfache Weg zum Reichtum«, den ich für meine Tochter geplant habe, als sie 19 Jahre alt war: Du legst alle deine Eier in einen einzigen großen und bunten Korb; wann immer du kannst, legst du weitere Eier hinein; und sonst kümmerst du dich nicht mehr darum. Je mehr Eier du im Lauf der Zeit hineinlegst, desto schneller wirst du zu Reichtum gelangen. Und das war's auch schon.

Das Vermögenserhaltungsportfolio

Einen Augenblick, werden Sie sagen. Ich bin im Ruhestand oder stehe kurz davor. Ich habe mir ein Vermögen aufgebaut

---

1 http://dqydj.net/sp-500-return-calculator/ (Lassen Sie »Adjust for Inflation (CPI)?« frei.)

2 http://dqydj.net/sp-500-dividend-reinvestment-and-periodic-investment-calculator/ (Klicken Sie auf »Show Advanced« und wählen Sie »Ignore Taxes« und »Ignore Fees«.)

3 http://dqydj.net/sp-500-dividend-reinvestment-and-periodic-investment-calculator/ (Klicken Sie auf »Show Advanced« und wählen Sie »Ignore Taxes« und »Ignore Fees«.)

und jetzt geht es mir darum, es zu erhalten. Oder vielleicht fühle ich mich einfach nicht wohl angesichts der großen Volatilität eines Portfolios, das ganz oder zum größten Teil aus Aktien besteht. Ich will ein ruhigeres Leben. Was also tun?

Nun, ich will dasselbe. Vor ein paar Jahren, als mein eigener Ruhestand näher kam, habe ich mein Portfolio, das bis dahin nur aus dem VTSAX bestanden hatte, erweitert. Und jetzt wird es wirklich kompliziert: Sie müssen noch einen Indexfonds halten!

Wir befassen uns jetzt mit dem Thema der Vermögensstrukturierung und dies wird uns etwas länger beschäftigen. Denn wir müssen nicht nur diesen weiteren Fonds halten, sondern uns auch entscheiden, wie viel wir in jeden dieser beiden Fonds investieren wollen. Außerdem müssen wir, vielleicht einmal im Jahr, die Struktur unseres Depots überprüfen und anpassen, damit sie so bleibt, wie wir das wollen. Das wird uns ein paar Stunden pro Jahr kosten. Aber wir schaffen das bestimmt.

Sie wissen ja, dass ein Portfolio, das aus 100 Prozent Aktien besteht, als sehr aggressiv gilt, selbst wenn es sich nur um den breit gestreuten VTSAX handelt: hohe kurzfristige Risiken (und das heißt: nervenzermürbende Kursschwankungen) auf der einen Seite, aber dafür auf der anderen Seite eine langfristige Spitzenrendite. Das ist perfekt für alle, die starke Nerven haben, regelmäßig neues Geld investieren und langfristig denken.

Aber es ist nicht perfekt für jeden. Vielleicht wollen Sie ein solch hohes Ausmaß an Volatilität nicht in Kauf nehmen, vielleicht brauchen Sie etwas mehr innere Ruhe. Wenn Sie älter werden, wollen Sie vielleicht weniger aufregende Investments, selbst wenn Sie dies einen Teil der möglichen Gesamtrendite kosten kann. Sie wollen schließlich ruhig schlafen.

Jetzt, da ich gewissermaßen im Ruhestand bin und wir finanziell unabhängig sind, will ich das alles auch. Deshalb haben meine Frau und ich außer Aktien auch andere Positionen in unserem Vermögensportfolio – aber nicht zu viele. Im Einzelnen enthält es:

- **circa 75 Prozent Aktien:** VTSAX (der Gesamtaktienmarktindexfonds von Vanguard). Aus all den schon genannten Gründen halten wir immer noch den Großteil unseres Vermögens in dieser Form.
- **circa 20 Prozent Anleihen:** VBTLX (der Gesamtanleihenmarktindexfonds von Vanguard). Anleihen bringen sichere und regelmäßige Erträge, gleichen tendenziell die Kursschwankungen von Aktien aus und schützen vor Deflation.
- **circa 5 Prozent frei verfügbares Geld:** Diese Reserven liegen auf Konten bei unserer Bank vor Ort.

Je nach Ihren eigenen Vorstellungen können Sie diese Struktur natürlich variieren. Wollen Sie weniger Volatilität? Sind Sie bereit, dafür eine möglicherweise niedrigere langfristige Rendite und einen langsameren Aufbau Ihres Vermögens in Kauf zu nehmen? Dann erhöhen Sie einfach den Anteil des VBTLX. Machen Ihnen Kursschwankungen nichts aus? Wollen Sie mehr Vermögenswachstum? Dann investieren Sie mehr in den VTSAX.

Das Konzept der Portfoliostrukturierung, das wir soeben vorgestellt haben, werden wir im Folgenden noch ausführlicher besprechen.

Kapitel 14: Die Auswahl der richtigen Portfoliostruktur

Im Leben geht es darum, die richtige Balance zu finden und die richtige Wahl zu treffen. Mehr von diesem bedeutet meistens weniger von jenem. Beim Geldanlegen hängen die richtige Balance und die richtige Wahl von Ihrem Temperament und Ihren Zielen ab.

Finanzfreaks wie ich sind die Ausnahme. Normale Menschen wollen sich nicht mit Geldanlagen beschäftigen. Ungefähr zu der Zeit, als mir meine Tochter half, das zu verstehen, habe ich auch endlich verstanden, dass die einfachste Methode, Geld anzulegen, zugleich die effektivste ist.

Komplizierte und teure Geldanlagen sind nicht nur unnötig, sie schneiden auch schlecht ab. Andauernd an seinen Geldanlagen herumzubasteln führt praktisch immer zu schlechten Ergebnissen. Ein paar vernünftige Entscheidungen zu treffen und diese dann in aller Ruhe umzusetzen, ist essenziell für den Geldanlageerfolg – und das Wichtigste auf dem »einfachen Weg zum Reichtum«.

Das wissen Sie inzwischen und Sie wissen auch, dass wir, mit der Einfachheit als Leitmotiv, unsere Geldanlegerlaufbahn in zwei Phasen einteilen und insgesamt nur zwei Fonds benötigen:

- die Phase des Vermögensaufbaus und die Phase der Vermögenserhaltung oder vielleicht eine Mischung von beiden;
- den VTSAX (den Gesamtaktienmarktindexfonds von Vanguard) und den VBTLX (den Gesamtanleihenmarktindexfonds von Vanguard).

Während der Vermögensaufbauphase arbeiten Sie und verdienen Geld, das Sie sparen und investieren können. In dieser Phase empfehle ich 100 Prozent Aktien – und zwar in Form des VTSAX. Wenn Sie finanzielle Unabhängigkeit anstreben, dann sollte Ihre Sparquote in dieser Zeit hoch sein. Indem Sie jeden Monat Geld investieren, können Sie die Kursschwankungen des Aktienmarkts zumindest zum Teil durch den Durchschnittskosteneffekt ausgleichen (siehe dazu Kapitel 25).

Ihre Vermögenserhaltungsphase beginnt, wenn Sie aufhören zu arbeiten, kein regelmäßiges Gehalt mehr beziehen und anfangen, vom Ertrag Ihres Vermögens zu leben. Jetzt ist es Zeit, Ihr Portfolio um Anleihen zu erweitern. Genau wie das Geld, das Sie regelmäßig investiert haben, während Sie berufstätig waren, dienen Anleihen dazu, die Wertschwankungen Ihres Portfolios zu vermindern.

Natürlich wird es in der Realität nicht immer so eine klare Trennlinie zwischen den beiden Phasen geben. Vielleicht verdienen Sie ja auch im Ruhestand etwas Geld. Oder Sie wechseln im Lauf der Zeit mehr als einmal von einer Phase in die andere. Vielleicht geben Sie auch einen gutbezahlten Job auf, um eine Arbeit zu tun, die Ihnen wirklich am Herzen liegt, auch wenn sie schlechter bezahlt wird. In meiner eigenen beruflichen Laufbahn habe ich mich viele Male dazu entschlossen, eine Auszeit von mehreren Monaten oder sogar Jahren zu nehmen. Jedes Mal hat sich dadurch meine Investmentphase geändert.

Mit diesem System aus zwei Phasen und zwei Fonds haben Sie alles, was Sie brauchen, um für sich die richtige Balance zu finden. Dabei sollten Sie auch zwei weitere Faktoren berücksichtigen: die Arbeit, die Sie sich mit Ihrer Geldanlage machen wollen; und die Höhe des Risikos, das Sie tolerieren können.

Arbeitsaufwand

Es gibt nichts Einfacheres, als in der Vermögensaufbauphase 100 Prozent Aktien in Form des VTSAX zu halten. Aber wie wir gesehen haben, besagen einige Untersuchungen, dass ein Portfolio, das zu einem kleinen Teil auch aus Anleihen besteht (sagen wir zwischen 10 und 25 Prozent), sogar besser abschneidet als ein 100-Prozent-Aktien-Portfolio. Sie können das nachvollziehen, indem Sie ein paar Zahlenbeispiele mit den verschiedenen Finanzrechnern im Internet durchexerzieren. Sie werden feststellen, dass eine Erhöhung des Anleiheanteils auf über 25 Prozent die Gesamtrendite wieder beeinträchtigt.

Aber Sie müssen auch daran denken, dass die Resultate der erwähnten Studien nicht in Stein gemeißelt und für alle Zeiten gültig sind und dass alle Finanzrechner gewisse Annahmen über die Zukunft treffen müssen – Annahmen, die nicht unbedingt richtig sein müssen. Im Übrigen ist der Renditeunterschied zwischen einem 100-Prozent-Aktien-Portfolio und einer 80-zu-20-Prozent-Mischung von Aktien und Anleihen winzig. Wie sich diese Differenz im Laufe mehrerer Jahrzehnte auswirken wird und ob sie überhaupt Bestand haben wird, ist so unsicher, dass man das Siegerportfolio praktisch nicht vorhersagen kann. Und deshalb und um der Einfachheit willen empfehle ich 100 Prozent Aktien in Form des VTSAX.

Und dennoch: Wenn Sie bereit sind, ein bisschen mehr Arbeit zu investieren, könnten Sie die Wertschwankungen Ihres Portfolios etwas vermindern und vielleicht sogar eine bessere Rendite erzielen, indem Sie 10 bis 25 Prozent Anleihen beimischen. Wenn Sie das tun, dann werden Sie ungefähr einmal pro Jahr Ihre Bestände an Aktien- und Anleihenfonds anpassen müssen, um die von Ihnen angestrebte Vermögensstruktur beizubehalten. Genau dasselbe müssen Sie jedes Mal tun, wenn es größere Kursbewegungen (mehr als 20 Prozent) nach unten oder nach oben gibt. Das bedeutet, dass Sie Anteile des Fonds verkaufen müssen, der sich relativ besser entwickelt hat und Anteile des Fonds kaufen müssen, der sich relativ schlechter entwickelt hat.

Idealerweise sollte man dies im Rahmen eines steuerbegünstigten Investmentkontos wie etwa eines IRA (»Individual Retirement Account«, persönliches Ruhestandskonto) oder eines 401(k)-Kontos tun, damit man die Wertzuwächse nicht als Kapitaleinkünfte versteuern muss (wir kommen in Kürze darauf zu sprechen).[1] Denn eine solche Besteuerung würde den Vermögensaufbau deutlich beeinträchtigen und stellt einen weiteren Grund dar, warum man nur den VTSAX halten sollte (siehe dazu Kapitel 19). Diese Anpassung des Portfolios ist einfach und kann bei Vanguard und anderen Investmenthäusern online durchgeführt werden. Sie sollten dazu nur ein paar Stunden pro Jahr benötigen. Aber es ist entscheidend,

---

1 Die Bezeichnungen »401(k)« und »403(b)« (siehe weiter unten) beziehen sich auf die entsprechenden Paragrafen des *Internal Revenue Code* (des Bundessteuergesetzbuchs der USA), in denen die steuerliche Behandlung dieser Anlagepläne geregelt ist (Anmerkung des Übersetzers).

dass man es auch wirklich durchführt – genau wie den Ölwechsel bei Ihrem Auto.

Wenn Sie sich nicht sicher sind, dass Sie auch wirklich an diese Anpassungen denken oder wenn Sie einfach nicht daran denken wollen, dann spricht vieles für TRFs *(»Target Retirement Funds«)*. Wenn Sie einmal Ihre gewünschte Vermögensstruktur festgelegt haben, dann nehmen diese Fonds die notwendigen Anpassungen automatisch vor. Sie sind ein bisschen teurer als reine Indexfonds, bei denen man diese Arbeit selbst erledigen muss – man zahlt eben für den Extraservice –, aber die Kosten sind dennoch niedrig. Wir werden TRFs in Kapitel 16 näher erläutern.

Risikofaktoren

Temperament. Damit meine ich Ihre Fähigkeit, mit Risiko umzugehen. Das können nur Sie selbst wissen und besonders bei dieser Frage müssen Sie auf jeden Fall offen und ehrlich zu sich selbst sein.

Flexibilität. Sind Sie fähig und gewillt, Ihre Ausgaben anzupassen? Können Sie den Gürtel enger schnallen, wenn es notwendig ist? Sind Sie bereit, in einen weniger teuren Teil des Landes zu ziehen? Oder der Welt? Sind Sie in der Lage, wieder mit dem Arbeiten anzufangen? Oder zusätzliche Einkommensquellen zu erschließen? Je unflexibler und starrer Ihr Leben und Ihr Lebenswandel sind, desto schlechter können Sie mit Risiko umgehen.

Wie hoch ist Ihr Vermögen? Wie wir in Teil IV sehen werden, ist die einfache 4-Prozent-Regel eine gute Richtschnur, um herauszufinden, mit welchen Vermögenseinkünften man auf Dauer rechnen kann. Wenn Sie jeden Penny davon brauchen, nur um über die Runden zu kommen, dann können Sie keine hohen Risiken tragen. Wenn Sie andererseits zwar die 4 Prozent ausgeben, aber ein großer Teil des Geldes nicht lebensnotwendigen Dingen und Hobbys, wie zum Beispiel Reisen, dient, dann können Sie höhere Risiken tragen.

Wenn Sie sich darüber im Klaren sind, welcher Arbeitsaufwand und welches Risiko für Sie richtig ist, dann können Sie sich folgenden konkreten Fragen zuwenden.

Wann sollte man anfangen, auch Anleihen zu halten?

Das hängt wesentlich von Ihrer Risikotoleranz und Ihrer persönlichen Situation ab. Damit der Übergang möglichst reibungslos vonstattengeht, könnte man fünf oder zehn Jahre vor dem Ruhestand damit beginnen, langsam den Anleiheanteil an seinem Portfolio zu erhöhen. Das gilt besonders dann, wenn Sie sich zu einem festen Zeitpunkt zur Ruhe setzen wollen.

Wenn Sie aber flexibel bezüglich des Beginns Ihres Ruhestandes sind und eine höhere Risikotoleranz haben, dann könnten Sie auch so lange den 100-Prozent-Aktienanteil beibehalten, bis Sie sich tatsächlich zur Ruhe setzen. Falls Sie das tun, könnte das höhere Renditepotenzial von Aktien dafür sorgen, dass Sie früher als eigentlich geplant aufhören können zu arbeiten. Wenn Ihnen allerdings eine Abwärtsphase des Aktienmarktes in die Quere kommt, dann müssen Sie auch bereit dazu sein, etwas länger zu arbeiten, als Sie dies vorhatten.

Im Übrigen sollten Sie jedes Mal, wenn Sie zwischen den Phasen des Vermögensaufbaus und der Vermögenserhaltung wechseln, Ihre Vermögensstruktur überprüfen und gegebenenfalls anpassen.

Wie ich schon sagte: die richtige Balance und die richtige Wahl. Yin und Yang.

Spielt das Alter eine Rolle?

Grundsätzlich teile ich den Verlauf der Geldanlage lieber nach Lebensphasen ein als nach dem Alter, wie dies häufig getan wird.

Heutzutage leben die Menschen länger und ihre Lebensverläufe unterscheiden sich stärker voneinander, als dies früher der Fall war. Das gilt vor allem für die Leser dieses Buches. Einige setzen sich sehr früh zur Ruhe. Andere geben einen hochbezahlten Job zugunsten einer schlechter bezahlten Tätigkeit auf, die besser ihren Wertvorstellungen und Interessen entspricht. Andere wiederum, zu denen auch ich gehöre, sind nach Lust und Laune berufstätig oder auch nicht und wechseln häufig zwischen den verschiedenen Lebens- und Karrierephasen.

Alter spielt also offenbar keine Rolle – zumindest keine so große Rolle wie früher. Aber dennoch ist es so, dass mit zunehmendem Alter die Möglichkeiten, die man hat, und die Wege, die einem offenstehen, immer weniger werden. Es gibt wirklich Altersdiskriminierung, vor allem in der Berufswelt. Wenn man älter wird, hat man nicht mehr dieselben Möglichkeiten, die man in seiner Jugend gehabt hat. Wenn Sie irgendwann planen, einen gut bezahlten Job, aus welchen Gründen auch immer, aufzugeben, dann sollten Sie das unbedingt bedenken.

Außerdem hat man, je älter man wird, desto weniger Zeit zur Verfügung, in der sein Vermögen durch den Zinseszinseffekt anwachsen oder sich von Kursstürzen wieder erholen kann.

Wenn diese beiden Faktoren bei Ihren Überlegungen eine Rolle spielen, dann sollten Sie erwägen, mit dem Investieren in Anleihen frühzeitiger zu beginnen.

Gibt es für die Anpassung der Vermögensstruktur einen optimalen Zeitpunkt?

Nicht wirklich. Mir sind keine verlässlichen Studien bekannt, die gezeigt hätten, dass die Überprüfung und Anpassung der Vermögensstruktur zu einer bestimmten Zeit im Jahr besser funktioniert als sonst. Selbst wenn es einen solchen optimalen Zeitpunkt geben sollte, dann würde jeder, sobald dies bekannt würde, genau diesen Zeitpunkt wählen – wodurch er dann wahrscheinlich nicht mehr optimal sein würde.

Ich empfehle aber, die Zeit um den Jahreswechsel zu vermeiden. In dieser Zeit justieren viele Menschen ihr Portfolio neu und kaufen beziehungsweise verkaufen Wertpapiere aus steuerlichen Gründen. Das könnte kurzfristige Marktverzerrungen verursachen, die ich lieber vermeiden würde. Wir selbst überprüfen unser Portfolio einmal im Jahr am Geburtstag meiner Frau. Das ist zwar vollkommen willkürlich, aber leicht zu merken.

Ich habe Geld teilweise auf steuerbegünstigten Konten und teilweise auf normalen Konten angelegt. Wie kann ich hier insgesamt eine Anpassung durchführen?

Das kann schwierig und aufwendig werden, aber Sie müssen das Beste aus den Umständen machen. Es ist zwar grundsätzlich von Vorteil, Anleihen auf steuerbegünstigten Anlagekonten zu halten, aber es hat den Nachteil, dass dadurch die Anpassung der Vermögensstruktur komplizierter wird.

Erstens sollte man alle seine Geldanlagen zusammen betrachten, wenn man die Struktur seines Vermögens überprüfen will.

Zweitens ist es in der Regel besser, innerhalb von steuerbegünstigten Konten Umschichtungen durch Käufe und Verkäufe vorzunehmen und so steuerpflichtige Transaktionen zu vermeiden. Das gilt jedoch nicht, wenn in einem bestimmten Jahr Veräußerungsverluste angefallen sind. Diese sollten, wenn möglich, auf den normalen, nicht steuerbegünstigten Konten realisiert werden.

Nehmen wir beispielsweise an, Sie halten Anteile am VTSAX sowohl auf einem IRA als auch auf einem normalen, nicht steuerbegünstigten Konto. Sollten Sie in diesem Jahr eine Anpassung vornehmen müssen, dann verkaufen Sie Anteile von dem nicht steuerbegünstigten Konto, damit Sie den Veräußerungsverlust ausnutzen können, um Veräußerungsgewinne zu mindern, die Sie unter Umständen haben (einschließlich der von Ihren Fonds erzielten und an Sie ausgeschütteten Veräußerungsgewinne). Außerdem können Sie diese Verluste bis zu einer Höhe von 3000 Dollar von Ihren Erwerbseinkünften abziehen. Den Teil der Verluste, die Sie nicht im selben Jahr steuerlich geltend machen können, können Sie vortragen und so in den Folgejahren mit Veräußerungsgewinnen verrechnen.

Aber achten Sie darauf, dass Sie nicht innerhalb von 30 Tagen nachdem Sie verkauft haben, wieder Anteile am VTSAX für Ihr IRA oder irgendein anderes Ihrer Anlagekonten kaufen. Wenn Sie nämlich dies tun, dann wird das Finanzamt Ihren Verkauf als »Scheingeschäft« einstufen und den Veräußerungsverlust nicht anerkennen.

Kann die Rendite durch eine häufige Anpassung der Vermögensstruktur gesteigert werden?

Investmentgesellschaften, die solche Dienste anbieten, behaupten, dass dies langfristig möglich sei, aber ich weiß nicht, ob ich das glauben kann. Ich tendiere eher dazu, diese Frage zu verneinen. Damit liege ich auf einer Linie mit Jack Bogle.

Bogle verweist auf Untersuchungen von Vanguard, in denen Aktien- und Anleihendepots, die jedes Jahr angepasst wurden, mit Depots verglichen wurden, die überhaupt nicht angepasst wurden. Im Ergebnis haben die regelmäßig angepassten Depots minimal besser abgeschnitten. Aber die Differenz war so klein, dass unklar ist, ob sie zufallsbedingt oder Ergebnis der unterschiedlichen Anlagestrategien war. Er kommt zu folgendem Schluss:

> *»Man kann sich aus persönlichen Gründen*
> *für eine regelmäßige Anpassung entscheiden,*
> *aber diese Entscheidung kann nicht statistisch*
> *begründet werden. Man kann sicher nichts*
> *falsch machen, wenn man sich dafür entscheidet*

(obwohl ich selbst mich dagegen entschieden habe). Aber es gibt keinen Grund, sich andauernd Sorgen über kleine Schwankungen des Verhältnisses zwischen Aktien und Anleihen zu machen.«

Trotzdem führen wir weiterhin jedes Jahr eine Anpassung der Struktur unseres Vermögens durch. Wenn ich daran etwas ändern müsste, dann würde ich dies nicht häufiger tun, sondern ganz damit aufhören.

So, und jetzt kennen Sie die Überlegungen, die Sie anstellen müssen, und die Werkzeuge, die Sie einsetzen müssen, um die Vermögensstruktur zu realisieren, die am besten für Sie persönlich geeignet ist.

Aber warum habe ich keine internationalen Fonds berücksichtigt, so wie das fast jeder tut, der über das Thema Geldanlage schreibt? Diese Frage beantworte ich als Nächstes.

Kapitel 15: Internationale Fonds

Wie ich schon weiter oben erwähnt habe, empfehlen die meisten Anlageberater weitaus mehr Fonds und mehr Geldanlageformen als die beiden, die ich vorgeschlagen habe. Tatsächlich ist es so, dass viele Anlageberater, die beim Zusammenbruch der Märkte von 2008 bis 2009 vor Angst fast wahnsinnig geworden sind, jetzt der Meinung sind, man sollte in allen Anlageformen investiert sein und darauf hoffen, dass ein paar davon unbeschadet durch die nächste Krise kommen. Wenn man dies richtig tun will, müsste man sehr viel Zeit und Energie aufwenden, um sich über alle Anlagemöglichkeiten ausgiebig zu informieren; den richtigen Anteil, den jede an seinem Portfolio haben sollte, auszuwählen; sich zu überlegen, in welcher Form man sie halten will; die Wertentwicklung jeder einzelnen genau zu verfolgen und seine Vermögensstruktur regelmäßig anzupassen. Und all das dafür, dass man wahrscheinlich eine unterdurchschnittliche Rendite erzielen wird.

Dennoch wird es auch einigen von meinen Lesern, die die Vorteile einer einfachen und unkomplizierten Geldanlage einsehen, so vorkommen, als ob mein Vermögenserhaltungsportfolio, das nur aus zwei Fonds besteht, unvollständig wäre. Die Leser von www.jlcollinsnh.com sind schließlich schlaue Leute und die Anlageform, die sie am häufigsten vermissen, sind internationale Aktien.

Fast jede Anlagestrategie, die Ihnen empfohlen wird, beinhaltet eine internationale Komponente – warum also nicht unser »Einfacher Weg«? Dafür gibt es drei gute Gründe: das höhere Risiko, die höheren Kosten und dass es für uns unnötig ist.

1. Das höhere Risiko

Währungsrisiko. Wenn Sie Anteile an ausländischen Unternehmen halten, dann werden diese in der Währung ihres Heimatlandes gehandelt. Da der Kurs dieser Währungen gegenüber dem US-Dollar schwanken kann und schwanken wird, gibt es bei internationalen Fonds eine zusätzliche Risikodimension.

Bilanzierungsrisiko. Wenige andere Länder, und das gilt vor allem für Schwellenländer, haben dieselben transparenten Rechnungslegungsvorschriften wie die USA. Und sogar hierzulande gibt es gelegentlich Unternehmen, wie zum Beispiel Enron, die ihre Bücher frisieren und ihre Anteilseigner betrügen. Je laxer die Rechnungslegungsvorschriften und deren Überwachung sind, desto größer ist das damit verbundene Risiko.

2. Die höheren Kosten

Der VTSAX liegt mit einer Kostenquote von 0,05 Prozent auf dem niedrigstmöglichen Niveau. Auch wenn sie günstiger als vergleichbare Fonds sind, so haben doch die internationalen Fonds von Vanguard Kostenquoten, die mindestens doppelt so hoch sind.

3. Es ist für uns unnötig

Als Hauptgründe für das Halten internationaler Fonds wird immer genannt, dass man dadurch vermeiden könne, zu sehr von der US-Wirtschaft abhängig zu sein, und dass man dadurch am Wachstumspotenzial auch der ausländischen Märkte teilhaben könne, die nicht eng mit dem US-Markt zusammenhängen. Aber beides haben auch wir schon berücksichtigt.

Was den ersten Grund angeht, so machen die 500 größten Unternehmen in den USA ungefähr 80 Prozent des VTSAX aus. Die größten dieser 500 Unternehmen sind alle weltweit tätig, viele erzielen mehr als 50 Prozent ihrer Einnahmen und Gewinne außerhalb der USA. Dabei handelt es sich um Unternehmen wie Apple, General Electric, Microsoft, ExxonMobil, Berkshire Hathaway, Caterpillar, Coca-Cola oder Ford, um nur einige zu nennen.

Da man mit diesen Unternehmen einen verlässlichen Zugang zu den Weltmärkten und ihrem Wachstumspotenzial hat – und dabei die meisten der sonst damit verbundenen Risiken vermeiden kann –, halte ich es nicht für notwendig, darüber hinaus in spezielle internationale Fonds zu investieren.

Der zweite häufig genannte Grund beruht auf der Annahme, dass die Entwicklung der internationalen Märkte nicht mit der Entwicklung des US-Marktes korreliert. Das heißt, wenn die einen Märkte oben sind, kann der andere unten sein – und umgekehrt. Wenn man also einen Teil seines Vermögens auf internationalen Märkten anlegen würde, dann könne man den Verlauf der Wertentwicklung seines Vermögens glätten und, weil man auch mehr Spielraum für Variationen der Vermögensstruktur hat, insgesamt eine höhere Rendite erzielen. Aber es gibt hier ein Problem: Je enger die Volkswirtschaften weltweit zusammenwachsen, desto geringer werden die Unterschiede hinsichtlich der Entwicklung ihrer Märkte werden. Die Weltmärkte werden immer stärker miteinander korrelieren, obwohl es natürlich stets Ausnahmen aufgrund bestimmter geopolitischer Krisen geben wird.

So sehe ich das jedenfalls. Ihre Sicht der Dinge mag eine andere sein und Sie mögen deswegen zu anderen Schlussfolgerungen als ich gelangen. Sollte das der Fall sein – und sollten Sie einen höheren internationalen Anteil bei Ihren Geldanlagen für notwendig halten, als er im VTSAX ohnehin enthalten ist –, dann haben unsere Freunde von Vanguard ein paar ausgezeichnete Anlagemöglichkeiten im Angebot. Folgende drei würde ich vorschlagen:

- VFWAX: FTSE-Indexfonds Gesamtwelt ohne USA (Kostenquote 0,13 Prozent).
- VTIAX: Internationaler Aktiengesamtmarktindexfonds (Kostenquote 0,12 Prozent).

Beide Fonds investieren weltweit, außer in den USA – und die haben Sie ja schon durch den VTSAX abgedeckt. Wenn Sie es so einfach wie möglich haben wollen und dafür bereit sind, etwas höhere Kosten zu tragen, dann schauen Sie sich doch diesen Fonds einmal an:

- VTWSX: Weltweiter Aktiengesamtmarktindexfonds (Kostenquote 0,25 Prozent).

Dieser Fonds investiert weltweit und zwar, mit einem Anteil von ungefähr 50 Prozent, auch in den USA. Damit brauchen Sie selbst den VTSAX nicht länger zu halten.

Während ich selbst von der Notwendigkeit, internationale Fonds zu halten, nicht überzeugt bin, spreche ich mich doch nicht entschieden dagegen aus, wenn jemand dieser Überzeugung sein sollte. Aber man sollte sich auf jeden Fall klarmachen, in welchem Ausmaß schon der VTSAX international ist und welche zusätzlichen Kosten und Risiken internationale Fonds mit sich bringen.

Kapitel 16: Ruhestandszielfonds – der allereinfachste Weg zum Reichtum

Wer bis hierher gelesen hat, weiß, dass man in der Vermögensaufbauphase nur einen Fonds braucht und keine Arbeit hat, dass man aber in der Vermögenserhaltungsphase zwei Fonds benötigt. Vielleicht denken Sie jetzt: »Zwei Fonds? Und ich soll ihre Gewichtung jedes Jahr überprüfen und anpassen? Das ist mir zu viel Arbeit!« Oder vielleicht denken Sie auch: »Ich verstehe, was der Autor im letzten Kapitel sagen wollte, aber ich hätte trotzdem gern einige ausländische Vermögenswerte in meinem Portfolio.«

Ich verstehe, warum Sie klagen. Was Sie brauchen, ist der allereinfachste Weg. Sie brauchen einen Fonds, den Sie kaufen und bis zu Ihrem Todestag halten können. Um all das Zeug mit der Vermögensstruktur soll sich jemand anderes kümmern. Denn Sie müssen Brücken bauen, Länder regieren, große Kunst schaffen, Krankheiten heilen oder am Strand liegen. Ich kann Ihnen da helfen …

Und noch besser, Vanguard kann Ihnen auch helfen – mit insgesamt zwölf TRFs (»*Target Retirement Funds*« oder Ruhestandszielfonds). Natürlich können Ihnen auch andere Fondsgesellschaften mit solchen Fonds helfen, aber wie Sie inzwischen wissen, ist Vanguard für uns immer die erste Wahl und deshalb wollen wir uns mit den TRFs dieser Gesellschaft befassen. Wenn in Ihrem Rentensparplan (vom Typ 401(k) oder ähnlich) nur Fonds anderer Gesellschaften zur Auswahl stehen, dann gelten die folgenden Ausführungen auch für diese – ausgenommen natürlich die Kostenquoten.

Wenn Sie www.vanguard.com einen Besuch abstatten, dann werden Sie feststellen, dass diese zwölf Fonds eine Spanne von Zielruhestandsjahren umfassen, die von 2010 bis 2060 reicht; außerdem gibt es einen Fonds für diejenigen, die schon im Ruhestand und 72 Jahre oder älter sind. Man muss sich einfach das Jahr aussuchen, in dem man vorhat, sich zur Ruhe zu setzen, und schon hat man den passenden Fonds gefunden. Dann muss man nichts weiter tun, als in der Zeit bis zu seinem Ruhestand so viel Geld, wie einem möglich ist, in diesen Fonds zu investieren und, wenn schließlich die Zeit des Ruhestands gekommen ist, sich zu überlegen, wie viel Geld man jährlich für seinen Lebensunterhalt entnehmen will. Das ist doch eine tolle Lösung aller Geldanlageprobleme? Aber schauen wir ein wenig genauer hin.

Jeder von diesen Ruhestandszielfonds ist ein sogenannter »Dachfonds«. Das bedeutet, dass der Fonds verschiedene andere Fonds hält, von denen jeder ein bestimmtes Anlageziel hat. Im Fall von Vanguard sind diese Fonds allesamt Indexfonds mit niedrigen Kosten. Und das ist, wie Sie ja inzwischen wissen, ein großer Vorteil. Die TRFs mit Zieljahren zwischen 2020 und 2060 beinhalten alle jeweils nur vier Fonds:

- den Gesamtaktienmarktindexfonds,
- den Gesamtanleihenmarktindexfonds,
- den Internationalen Gesamtaktienmarktindexfonds,
- den Internationalen Gesamtanleihenmarktindexfonds.

Neben diesen vier Fonds halten die Zielfonds für die Jahre 2010, 2015 und 2020 außerdem:

- den Indexfonds für den Markt der kurzfristigen, inflationsindexierten Anleihen.[1]

Im Lauf der Zeit und mit dem Näherrücken des gewählten Ruhestandsdatums wird die Vermögensstruktur dieser Fonds automatisch angepasst – und zwar so, dass das Portfolio im Zeitablauf immer konservativer und weniger schwankungsanfällig wird. Sie brauchen also gar nichts zu tun.

Die Kostenquoten bewegen sich im Bereich von 0,14 bis 0,16 Prozent, je nach Fonds. Das ist zwar nicht ganz so niedrig wie bei einem einfachen Indexfonds, zum Beispiel dem VTSAX (0,05 Prozent), aber immer noch sehr günstig, wenn man die größere Bequemlichkeit bedenkt, die man hat.

Gibt es auch Nachteile?

Einige Leute sagen, dass diese Fonds zu bald zu konservativ werden. Andere beklagen sich, dass sie zu lange zu aggressiv bleiben. Meiner Ansicht nach liegt Vanguard ziemlich genau richtig – vielleicht ein wenig zu konservativ für meinen Geschmack, aber ich tendiere eben zu einer eher aggressiven Strategie. Aber das kann man leicht ändern: Wenn man einen konservativeren Ansatz bevorzugt (also einen höheren Anleiheanteil), dann muss man nur ein Zieldatum wählen, das vor dem Zeitpunkt liegt, an dem man sich eigentlich zur Ruhe setzen will. Je näher das Zieldatum liegt, desto konservativer ist

---

1 Dabei handelt es sich um Anleihen, meist Staatsanleihen, die gegen Inflation dadurch geschützt sind, dass sowohl die jährlichen Zinszahlungen als auch der Tilgungsbetrag regelmäßig an die Inflation angepasst werden (Anmerkung des Übersetzers).

die Vermögensstruktur. Und wenn man aggressiver vorgehen (also einen höheren Aktienanteil) will, dann muss man lediglich ein späteres Zieldatum wählen.

Die verschiedenen Fondsgesellschaften unterscheiden sich hinsichtlich der Vermögensstruktur, die sie jeweils für die einzelnen Ruhestandsjahre vorsehen. Sie müssen sich die Gesellschaften und deren Fonds, die für Ihren 401(k)- oder 403(b)-Rentensparplan im Angebot sind, genau anschauen und sich nach Ihren Vorstellungen entscheiden. Aber das Prinzip ist immer dasselbe.

Angesichts dieser Vorteile und der relativ niedrigen Kosten habe ich kein Problem damit, TRFs zu empfehlen. Sie sind für viele Leute, vielleicht sogar für die meisten, eine ausgezeichnete Wahl. Und sie werden auf Dauer ganz gewiss die große Mehrheit der aktiv gemanagten Portfolios und Fonds schlagen.

Dennoch würde ich die von mir in den vorhergehenden Kapiteln vorgestellten Strategien bevorzugen. Dafür habe ich folgende Gründe:

- Die Kostenquoten sind noch niedriger als bei TRFs.
- Alle TRFs halten auch den Internationalen Gesamtaktienmarktindexfonds. Dabei handelt es sich zwar um einen exzellenten Fonds, aber, wie ich in Kapitel 15 erläutert habe, sehe ich keine Notwendigkeit, sich auf ausländischen Märkten über das Maß hinaus zu engagieren, in dem man ohnehin mit dem Gesamtaktienmarktindexfonds VTSAX dabei ist.
- Wenn man getrennte Fonds hält, kann ich die Anleihefonds meinem steuerbegünstigten Konto zuordnen und so die Zinszahlungen vor dem Zugriff des Finanzamts schützen. Wenn man sich für TRFs entscheidet, dann sollte man diese auch auf einem steuerbegünstigten Konto halten.

Wo findet man ehesten Ruhestandszielfonds?

Ruhestandszielfonds sind eine beliebte Anlagealternative in den Rentensparplänen, die gemäß Paragraf 401(k) und 403(b) von vielen Arbeitgebern angeboten werden. Man muss realistischerweise davon ausgehen, dass die meisten Leute sehr wenig an der Geldanlage interessiert sind. Und unter dieser Voraussetzung eignen sich TRFs ausgezeichnet als Anlageform: Sie sind einfach, ausgewogen und effektiv; und man muss nur ein einziges Mal eine Entscheidung treffen.

Außerdem sind solche Rentensparpläne steuerbegünstigt, so dass die Anleihezinsen und die Aktiendividenden nicht besteuert werden. Aber selbstverständlich werden Steuern dann fällig, wenn man im Ruhestand Geld entnimmt – außer es handelt sich um Roth-401(k)-Rentensparpläne oder Roth-IRAs.[2]

Was also sollte man tun?

Wenn der Altersvorsorgeplan Ihres Arbeitgebers TRFs von Vanguard offeriert oder TRFs mit vergleichbar niedrigen Kostenquoten von anderen Fondsgesellschaften, dann sind diese eine Überlegung wert. Wenn man ein Portfolio anstrebt, das so einfach wie möglich, aber dabei trotzdem noch effektiv ist, dann liegt man mit TRFs genau richtig. Ich erteile ihnen hiermit das Gütesiegel des »einfachen Wegs zum Reichtum«.

---

2 Bei einem Roth-401(k)-Rentensparplan beziehungsweise einem Roth-IRA werden die Einzahlungen versteuert und dafür sind die Auszahlungen steuerfrei. Bei den normalen 401(k)-Rentensparplänen beziehungsweise IRAs ist es genau umgekehrt; siehe dazu Kapitel 19. Die Roth-Sparpläne sind nach Senator William Roth benannt, der die diesbezüglichen Steuergesetze initiierte (Anmerkung des Übersetzers).

Kapitel 17:
Und wenn ich den VTSAX nicht kaufen kann? Oder wenn ich gar nichts von Vanguard kaufen kann?

In diesem Buch empfehle ich von der ersten bis zur letzten Seite zwei ganz bestimmte Fonds:

- den VTSAX (den Gesamtaktienmarktindexfonds von Vanguard),
- den VBTLX (den Gesamtanleihenmarktindexfonds von Vanguard).

Diese Fonds besitze ich auch selbst. In beiden Fällen handelt es sich um die sogenannte »Admirals-Version« dieser Fonds, die sich dadurch auszeichnet, dass sie die geringstmögliche Kostenquote hat und einen Mindestanlagebetrag von 10 000 Dollar voraussetzt.

Diese »Admirals«-Fondsanteile sind für mich genau richtig, aber vielleicht sind sie nicht das Richtige für Sie. Vielleicht stehen Sie erst am Anfang und selbst ein Minimum von nur 10 000 Dollar ist zu viel oder vielleicht werden sie nicht für Ihren 401(k)-Rentensparplan angeboten.

Außerdem ist Vanguard die einzige Fondsgesellschaft, die ich empfehle und selbst nutze. Die Gründe dafür werden wir im nächsten Kapitel kennenlernen. Aber vielleicht sind Fonds von Vanguard in Ihrem Heimatland nicht erhältlich oder sie werden nicht für Ihren 401(k)-Plan angeboten.

Machen Sie sich deswegen keine Sorgen. Es gibt Alternativen. Welche das sind, werden wir nun sehen.

Fondsvarianten

Zunächst einmal muss man wissen, dass der VTSAX beziehungsweise der VBTLX nur jeweils einer der Fonds sind, die in ihrem Portfolio den Gesamtaktienmarktindex beziehungsweise den Gesamtanleihenmarktindex nachvollziehen. Entscheidend ist jeweils die Zusammensetzung des Portfolios und für jedes dieser beiden Portfolios gibt es bei Vanguard unterschiedliche Fonds. Zum Beispiel findet man genau dasselbe Portfolio, das der VTSAX hält, auch bei sechs anderen Fonds oder, wie das Vanguard nennt, »Klassen«. Diese unterscheiden sich nach der Kostenquote und dem Mindestanlagebetrag. Die ersten drei sind für Privatanleger gedacht:

- Admiralsanteile *(»Admiral Shares«)*: VTSAX (0,05 Prozent, 10 000 Dollar),
- Anlegeranteile *(»Investor Shares«)*: VTSMX (0,17 Prozent, 3000 Dollar),
- Börsengehandelte Fonds (*»Exchange-Traded Funds«* oder ETFs): VTI (0,05 Prozent).

Ähnlich wie Aktien kann man ETFs in jeder beliebigen Menge kaufen. Wie Sie sehen, beträgt die Kostenquote, genau wie bei den Admiralsanteilen, auch nur 0,05 Prozent. Deswegen kaufen manche Anleger lieber ETFs als Anlegeranteile. Das erscheint sinnvoll, aber man muss dabei vorsichtig sein. Denn genau wie beim Aktienhandel fallen beim Kauf oder Verkauf von ETFs meistens Provisionen an. Außerdem ist der »*Spread*« zu berücksichtigen, das heißt die Differenz zwischen den Kursen, zu denen man zu einem bestimmten Zeitpunkt ein Wertpapier kaufen beziehungsweise verkaufen kann. Diese zusätzlichen Kosten können die Ersparnisse durch die niedrigere Kostenquote mehr als wettmachen – es sei denn, man kann Wertpapiere gebührenfrei handeln.

Die nächsten drei Fonds richten sich an institutionelle Anleger und vielleicht haben Sie sie in Ihrem 401(k)-Plan oder in einem anderen von Ihrem Arbeitgeber angebotenen Rentensparplan:

- VITPX (0,02 Prozent, 200 000 000 Dollar).
- VITNX (0,04 Prozent, 100 000 000 Dollar).
- VITSX (0,04 Prozent, 5 000 000 Dollar).

Sie können also den VTSAX, den ich empfehle, durch irgendeinen der fünf anderen ersetzen, wenn für Sie der VTSAX nicht verfügbar ist und/oder Ihren Bedürfnissen weniger gut entspricht. Wichtig ist nur, dass Sie einen Vanguard-Fonds mit diesem Aktienindexportfolio kaufen.

Ähnliche Varianten gibt es beim VBTLX und seinem Anleihenindexportfolio. Wenn man www.vanguard.com besucht und nach »VBTLX« sucht, findet man die Homepage dieses Fonds. Ganz oben auf dieser Seite, unter dem Namen des Fonds, gibt es Links zu den »Anleger«- und ETF-Versionen.

Wenn Vanguard im steuerbegünstigten Sparplan meines Arbeitgebers nicht zur Wahl steht?

Vanguard betreibt umfangreiche Geschäfte mit institutionellen Anlegern, für die 401(k)-Programme und Ähnliches verwaltet werden. Aber es kann durchaus sein, dass Ihr Arbeitgeber nicht dazugehört. Dennoch sollten Sie, selbst wenn im steuerbegünstigten Sparplan Ihres Arbeitgebers Vanguard nicht zur Wahl steht, auf jeden Fall an diesem Sparplan teilnehmen, zumindest mit Einzahlungen, die hoch genug sind, um alle möglichen Arbeitgeberzuschüsse auszuschöpfen. Sollten Sie den Arbeitgeber wechseln, dann können Sie ohne Probleme Ihre Anlagen in einen IRA mit Vanguard-Fonds übertragen.

Wenn Vanguard-Fonds in Ihrem aktuellen Plan nicht angeboten werden, stellt sich aber zuerst die Frage, wie man die zweitbeste Lösung finden kann. Sie wissen nunmehr, dass diese aus einem Aktien- und/oder Anleihenindexfonds mit niedrigen Verwaltungskosten besteht.

Erfreulicherweise bietet heute – infolge des Wettbewerbsdrucks durch Vanguard – praktisch jede größere Fondsgesellschaft solche günstigen Indexfonds an. Ähnlich wie man bei Vanguard Alternativen zum VTSAX finden kann, kann man für seinen 401(k)-Plan höchstwahrscheinlich eine vernünftige Alternative zum VTSAX von einem anderen Anbieter finden. Sie müssen dabei auf Folgendes achten:

1. Es muss ein Indexfonds mit niedrigen Verwaltungskosten sein.
2. Im Fall von steuerbegünstigten Fonds, die man jahrzehntelang halten wird, würde ich einen Gesamtaktienmarktindex-

fonds bevorzugen, aber ein Indexfonds gemäß dem S&P 500 wäre auch in Ordnung.

3. Man kann sich auch nach einem Gesamtanleihenmarktindexfonds umsehen, wenn man so etwas braucht oder will. Die meisten 401(k)-Pläne bieten welche an.

4. TRFs (Ruhestandszielfonds) werden häufig von 401(k)-Plänen angeboten und können eine ausgezeichnete Wahl sein. Aber achten Sie genau auf die Gebühren. Diese sind immer höher als bei Indexfonds, manchmal sehr viel höher. Beispielsweise reichen die Kostenquoten der TRFs von Vanguard von 0,14 bis zu 0,16 Prozent (zum Vergleich: die Kostenquote des VTSAX beträgt nur 0,05 Prozent). Die Kostenquoten von Fonds anderer Anbieter können fünf- bis sechsmal so hoch sein.

An meine ausländischen Leser

Wenn Sie außerhalb der USA leben, kann es sein, dass Vanguard-Fonds für Sie nicht verfügbar sind, obwohl Vanguard auch international rapide wächst und heute schon in vielen Ländern außerhalb der USA vertreten ist. In welchen, können Sie hier nachlesen: www.global.vanguard.com.

Auch wenn Vanguard für Sie nicht infrage kommt, sollten Sie bei Ihrer Suche nach geeigneten Fonds den Empfehlungen folgen, die ich im Zusammenhang mit steuerbegünstigten Sparplänen gegeben habe.

Natürlich bilden die Indizes von Fonds wie dem VTSAX oder anderen Gesamtaktienmarktindexfonds, die ich erwähnt habe, den US-Aktienmarkt ab. Wie ich in Kapitel 15 erklärt habe, ist das eigentlich alles, was wir, die wir in den USA leben, benötigen. Aber für Sie kann es schwierig sein, einen solchen auf die USA fokussierten Fonds zu bekommen.

Aber keine Sorge, es gibt ja globale Fonds wie den VTWSX (den Weltmarktaktienindexfonds von Vanguard). Dabei handelt es sich um einen Indexfonds, der weltweit investiert. In gewisser Weise gefällt er mir sogar besser als mein geliebter VTSAX. Ich empfehle ihn nur deshalb nicht, weil er eine relativ hohe Kostenquote hat (0,25 Prozent) und weil der VTSAX, aus den in Kapitel 15 genannten Gründen, auch einen ziemlich guten Zugang zu den Weltmärkten bietet.

Wenn Sie etwas in dieser Richtung wollen, dann sollten Sie die ETF-Version mit niedrigeren Kosten in Betracht ziehen, den VT (den Weltmarktaktienindex-ETF von Vanguard). Normalerweise bin ich wegen der möglichen Kauf- beziehungsweise Verkaufsprovisionen und der Spreads eigentlich kein Freund von ETFs (börsengehandelten Fonds). Aber da die Kostenquote des VT bei 0,14 Prozent (statt der 0,25 Prozent des VTWSX) liegt, kann man sich mit diesem ETF durchaus anfreunden. Sie müssen nur beim Kauf genau auf die Provisionen achtgeben.

Eine letzte Warnung: Gleichgültig, welchen globalen Fonds Sie auch immer auswählen, er muss auf jeden Fall auch die USA abdecken. Sie sind ein riesiger Teil der Weltwirtschaft und man kann es sich einfach nicht leisten, hier nicht investiert zu sein. Viele »internationale« Fonds – vor allem die von US-Unternehmen wie Vanguard angebotenen – beinhalten keine US-Aktien *(»ex-US stocks«)*. Denn sie sind zur Ergänzung des Portfolios von Anlegern gedacht, die ohnehin schon am US-Markt mit VTSAX und Ähnlichem investiert sind. Für diese Anleger sind solche »internationalen« Fonds sinnvoll, aber wahrscheinlich nicht für Anleger außerhalb der USA.

Fazit

Wenn ich aus irgendwelchen Gründen keinen Zugang zu diesen beiden speziellen Fonds (nämlich dem VTSAX und dem VBTLX) hätte oder zu deren Varianten für institutionelle Anleger, die sogar noch geringere Kostenquoten haben, dann würde ich mich nach anderen Vanguard-Fonds umsehen, die dasselbe Aktien- beziehungsweise Anleihenindexportfolio halten.

Wenn Vanguard-Fonds überhaupt nicht verfügbar wären, dann würde ich nach ähnlichen Fonds mit vergleichbar niedrigen Kosten bei den Fondsgesellschaften suchen, die zur Wahl stehen.

Und wenn ich später die Gelegenheit dazu hätte, dann würde ich, sobald ich könnte, mit meinen Anlagegeldern zu Vanguard wechseln.[3]

---

3 Sowohl der VTSAX als auch der VBTLX sind nur in den USA erhältlich beziehungsweise werden nur in US-Dollar an amerikanischen Börsen notiert. Für deutsche beziehungsweise europäische Anleger interessanter dürften andere, vergleichbare Indexfonds von Vanguard sein: Es gibt Aktien- und Anleihenindexfonds, die Aktien beziehungsweise Anleihen aus der ganzen Welt, aus ganz Europa, aus der Gruppe der Industrieländer oder aus Nordamerika beinhalten, die bei deutschen Banken erhältlich sind beziehungsweise in Euro an deutschen und europäischen Börsen gehandelt werden. Ruhestandszielfonds werden zurzeit von Vanguard nicht in Deutschland angeboten; die vom Autor empfohlenen Fonds sind nur in den USA erhältlich beziehungsweise werden nur in US-Dollar an amerikanischen Börsen gehandelt (vergleichbare Zielfonds werden in Deutschland zum Beispiel von Fidelity angeboten). Nähere Informationen findet man unter https://www.de.vanguard/privatanleger/home/de (Anmerkung des Übersetzers).

Kapitel 18: Warum denn ausgerechnet Vanguard?

Wenn Sie bis hierher gelesen haben, dann wissen Sie, dass ich ein eifriger Verfechter von Investments in Vanguard-Indexfonds bin. Ich würde sogar so weit gehen, Ihnen zu empfehlen, sich in Sachen Geldanlage ausschließlich auf Vanguard zu verlassen – außer Sie haben diese Wahl nicht (was dann zu tun ist, habe ich in Kapitel 17 erläutert).

Es ist verständlich, dass eine solche eindeutige Empfehlung gewisse Fragen aufwirft. In diesem Kapitel möchte ich die vier häufigsten beantworten.

1. Was macht Vanguard so besonders?

Als Jack Bogle Vanguard 1975 gründete, wählte er dafür eine Unternehmensstruktur, die bis heute in der Investmentwelt einmalig ist. Vanguard gehört den eigenen Kunden und hat Kostendeckung als Ziel.

Das klingt gut, aber was genau bedeutet das?

Wenn Sie in Vanguard-Fonds investieren, dann haben Sie und Vanguard genau dasselbe Interesse. Der Grund dafür ist einfach: Die Vanguard-Fonds – und damit natürlich die Besitzer der Vanguard-Fonds – sind die Eigentümer von Vanguard.

Im Unterschied dazu muss jede andere Fondsgesellschaft zwei Herren dienen: den Eigentümern der Gesellschaft und den Fondsanlegern. Die Interessen und Bedürfnisse beider werden häufig, sogar meistens, nicht übereinstimmen.

Um diese Unterschiede verstehen zu können, wollen wir einen Blick darauf werfen, wie andere Fondsgesellschaften (wie eigentlich fast alle anderen Unternehmen) strukturiert sind. Im Wesentlichen gibt es hier zwei Alternativen:

- Sie sind im Privatbesitz und gehören zum Beispiel einer Familie. Die Fondgesellschaft Fidelity Investments kann hier als Beispiel genannt werden.
- Sie werden an der Börse notiert, gehören also den Aktionären. Unter den Fondsgesellschaften könnte man hier T. Rowe Price als Beispiel anführen.

In beiden Fällen werden die Eigentümer, was nur zu verständlich ist, von ihrem Investment eine Rendite erwarten. Diese Rendite wird durch die Gewinne erwirtschaftet, die jede Gesellschaft durch das Management ihrer verschiedenen Fonds erzielt. Die Gewinne ergeben sich, wenn man von den Einnahmen die Kosten für das Fondsmanagement abzieht – also Dinge wie Gehälter, Büromieten, Büroausstattung, Computer und Ähnliches.

Den Fondsanlegern dienlich zu sein, ist nur ein Mittel zum Zweck – zu dem Zweck, Einnahmen zu erzielen, um die Kosten zu decken und die Gewinne zu erwirtschaften, die die Eigentümer erwarten. Diese Einnahmen stammen aus den Gebühren, die den Anlegern bei jedem der verschiedenen Fonds berechnet werden.

Wenn Sie also einen Fonds von Fidelity oder T. Rowe Price oder irgendeiner anderen Fondsgesellschaft außer Vanguard besitzen, dann finanzieren Sie mit Ihren Gebühren sowohl die Kosten für das Management des Fonds als auch die Gewinne der Eigentümer Ihrer Fondsgesellschaft.

Wenn ich einer der Eigentümer von Fidelity oder T. Rowe Price bin, dann will ich, dass die Gebühren, und damit die Gewinne, so hoch wie möglich sind. Wenn ich ein Anleger bin und einen ihrer Fonds besitze, dann will ich, dass die Gebühren so niedrig wie möglich sind. Nun raten Sie mal, was passieren wird! Richtig, die Gebühren werden so hoch wie möglich angesetzt.

Natürlich ist solch ein Vorgehen nicht grundsätzlich falsch. Schließlich arbeiten die allermeisten Unternehmen nach diesem Prinzip.

Wenn Sie ein iPhone kaufen, dann sind im Preis all die Kosten für Entwicklung, Produktion, Transport und Vertrieb enthalten – zusammen mit einem Gewinn für die Aktionäre von Apple. Apple setzt den Preis für das iPhone so hoch wie möglich an – unter Berücksichtigung der Kosten, der Gewinnerwartungen und des Ziels, die gesamte Produktion auch zu verkaufen. Genauso verhält es sich mit Fondsgesellschaften.

Ich habe in meinem Beispiel nicht Fidelity und T. Rowe Price genannt, um auf ihnen herumzuhacken. Beides sind ausgezeichnete Unternehmen, die ein paar wirklich gute Fonds im Angebot haben. Aber weil sie Gewinne für ihre Eigentümer erwirtschaften müssen, haben sie im Vergleich zu Vanguard einen klaren Kostennachteil – genau wie alle anderen Fondsgesellschaften.

Aus Sicht von uns Anlegern bestand der Geniestreich von Bogle darin, das Eigentum an seinem neuen Unternehmen auf die Fonds zu übertragen, die dieses Unternehmen anbietet. Da die Fonds den Anlegern gehören, gehört uns durch die Anteile an diesen Fonds im Effekt auch Vanguard.

Bei Vanguard fließen alle Gewinne, die durch die Gebühren, welche wir bezahlen, erwirtschaftet werden, wieder zurück in unsere Taschen. Da das aber ein umständliches und sinnloses Vorgehen wäre und, was wichtiger ist, da das möglicherweise steuerpflichtig wäre, ist Vanguard darauf ausgerichtet, nur die Kosten abzudecken. Das heißt, das Ziel besteht darin, nicht mehr Gebühren in Rechnung zu stellen, als zur Abdeckung der Kosten für das Management der Fonds notwendig ist.

Und was bedeutet das konkret?

Solche Gebühren werden als »Kostenquoten« ausgedrückt. Die durchschnittliche Kostenquote bei Vanguard liegt bei 0,18 Prozent. Der Branchendurchschnitt liegt bei 1,01 Prozent. Auf den ersten Blick mag diese Differenz nicht allzu groß sein, aber im Zeitablauf wirkt sie sich enorm aus und ist einer der Hauptgründe dafür, dass Vanguard nicht nur einen Kostenvorteil, sondern auch einen Renditevorteil gegenüber anderen Fondsgesellschaften hat.

Bei Vanguard gehören Ihnen Ihre Fonds – und durch diese Fonds auch Vanguard selbst. Die Interessen von Ihnen und Vanguard harmonieren perfekt. Das ist wunderbar – und einmalig in der Welt des Geldanlegens.

2. Warum ist es für Sie in Ordnung, all Ihr Geld bei einem Unternehmen anzulegen?

Die Antwort auf diese Frage ist einfach: Weil Ihr Geld nicht bei Vanguard angelegt ist. Es ist in Fonds von Vanguard angelegt und dadurch in den einzelnen Aktien und Anleihen, die diese Fonds halten. Selbst wenn Vanguard zusammenbrechen würde, wofür die Wahrscheinlichkeit verschwindend gering ist, würde das die den Fonds zugrunde liegenden Investments nicht betreffen. Sie sind getrennt von dem *Unternehmen* Vanguard. Wie bei allen Geldanlagen gibt es auch bei ihnen ein Risiko, aber dieses Risiko hat nichts unmittelbar mit Vanguard zu tun.

All das ist recht kompliziert und die wenigen meiner Leser, die das wirklich interessiert, können über Google jede Menge zusätzliche Informationen finden. Für unsere Zwecke reicht es aus, Folgendes zu wissen:

Sie investieren nicht in Vanguard selbst, sondern in die Fonds, die Vanguard verwaltet.

- Die Vanguard-Fonds sind rechtlich selbstständige Sondervermögen. Ihre Vermögenswerte gehören also nicht Vanguard selbst. Jeder Fonds ist gegen Betrug versichert und hat einen eignen Verwaltungsrat, der das Management überwacht. Eigentlich handelt es sich um unabhängig voneinander agierende Unternehmen unter dem Dach von Vanguard.
- Niemand bei Vanguard hat Zugang zu Ihrem Geld und deshalb kann es niemand bei Vanguard stehlen.
- Vanguard wird von der SEC (Securities and Exchange Commission) überwacht.[1]

All dies gilt übrigens auch für andere Fondsgesellschaften, wie Fidelity oder T. Rowe Price – und höchstwahrscheinlich auch für diejenigen, die in Ihrem 401(k)-Plan angeboten werden.

Wenn Sie also einen von Ihrem Arbeitgeber bezuschussten Rentensparplan haben, wie zum Beispiel einen 401(k)-Plan, der keine Vanguard-Fonds anbietet, dann sollten Sie trotzdem

1 Die SEC ist die Börsenaufsichtsbehörde der USA (Anmerkung des Übersetzers).

auf jeden Fall darin investieren. Wie wir in Kapitel 19 sehen werden, sind diese Pläne aufgrund der Steuerstundung und der Arbeitgeberzuschüsse attraktiv, selbst wenn man keine erstklassigen Fonds auswählen kann und die Gebühren hoch sind.

3. Und wenn Vanguard untergehen sollte?

Eines ist klar: Wenn die Welt am 21. Dezember 2012 untergegangen wäre, wie das der Mayakalender vorhergesagt hatte, hätte sich alles, was Sie bei Vanguard (oder sonst wo) investiert hatten, in Luft aufgelöst. Aber das ist natürlich nicht passiert.

Wenn ein Riesenmeteor auf der Erde einschlägt, sie in Brand setzt und einen jahrelangen Winter durch die Trübung der Atmosphäre auslöst – dann sind Ihre Geldanlagen futsch.

Wenn Außerirdische auf der Erde landen und uns alle versklaven, dann wird Ihr Portfolio darunter leiden (es sei denn, Sie haben in Mastställe für Menschen investiert).

Aber all das ist unwahrscheinlich und liegt außerhalb unserer Kontrolle – und dem Gegenstand dieses Buches.

Jedoch können und werden andere Katastrophen passieren. Vanguard hat den Firmensitz in Malvern, Pennsylvania, USA. Was wäre, wenn Malvern durch einen terroristischen Angriff mit einem Atomsprengsatz ausgelöscht werden würde? Was wäre bei einer Cyberattacke? Einem Hurrikan? Einer Pandemie? Einem Stromausfall?

Jedes größere Unternehmen und jede größere Organisation ist sich dieser Gefahren bewusst und hat einen Katastrophenfallplan ausgearbeitet. Der von Vanguard ist einer der umfangreichsten, die es gibt. Das Unternehmen ist auf mehrere Betriebsstätten verteilt. Seine Daten sind in verschiedenen, mehrfach redundanten Systemen gespeichert. Wenn Sie wollen, können Sie sich den kompletten Plan unter www.vanguard.com anschauen.

Wenn Sie aber mit dem Ende des Planeten oder auch nur der Zivilisation rechnen, dann ist Vanguard nichts für Sie. Aber dann ist keine Geldanlage etwas für Sie. Wahrscheinlich sind Sie gerade dabei, Konserven in Ihrem unterirdischen Schutzraum einzulagern. Alle anderen können mit ihren Anlagen bei Vanguard ganz ruhig schlafen. Ich tue es.

Halten Sie die Hand auf?

Ich setze mich in diesem Buch so stark für Vanguard ein, dass es naheliegend ist, mir die Frage zu stellen: »Halten Sie die Hand auf?«

Nein. Vanguard weiß nicht, dass ich dies hier schreibe, und schaltet keine Anzeigen auf meinem Blog. Es bezahlt mich auch sonst in keiner anderen Art und Weise.

Kapitel 19: Die Aufteilung unserer Geldanlagen auf verschiedene Töpfe

In Teil II haben wir bis jetzt die Märkte analysiert und uns verschiedene Beispielportfolios angeschaut, die wir aus den zwei grundlegenden Indexfonds, die ich empfehle, und TRFs zusammengestellt haben. Diese Fonds sind unsere Geldanlagen.

Aber in einer komplizierten Welt wie der unseren müssen wir uns entscheiden, wo wir diese Anlagen halten wollen. Wir müssen uns also fragen: Welche Anlagen gehören in welche Töpfe? Man muss wissen, dass 401(k)-Pläne, IRAs und Ähnliches *nicht* selbst Geldanlagen sind. Man muss sie sich als »Töpfe« denken, in denen die Geldanlagen liegen, die wir uns ausgesucht haben. Allgemein gesprochen gibt es zwei Arten solcher Töpfe:

1. Normale Töpfe.
2. Steuerbegünstigte Töpfe.

An dieser Stelle muss ich mich bei meinen ausländischen Lesern entschuldigen. Die nächsten zwei Kapitel sind sehr auf die Verhältnisse in den USA fokussiert. Ich habe keinerlei Ahnung von den Steuerregeln und der möglichen Existenz steuerbegünstigter Töpfe in anderen Ländern. Ich würde aber behaupten, dass es in den meisten Ländern Regeln gibt, die denen in den USA sehr ähnlich sind. Die meisten Regierungen erkennen die Bedeutung der privaten Vermögensbildung und sind bestrebt, diese zu fördern. Ich hoffe, Sie werden aus den Informationen über die Situation in den USA Lehren ziehen können, die Ihnen auch in Ihrem Heimatland von Nutzen sind. Wenn nicht, dann überspringen Sie einfach diese Kapitel.[2]

Hier in den USA werden Dividenden, Zinseinnahmen und Veräußerungsgewinne besteuert. Aber die Regierung hat auch einige Steuervergünstigungen gewährt, um die private Altersvorsorge zu stärken. Das ist zwar gut gemeint gewesen, hat aber die Geldanlage wesentlich kompliziert. Ganze Bücher sind über jeden der steuerbegünstigten Töpfe und die damit zusammenhängenden Geldanlagestrategien geschrieben worden. Selbstverständlich können wir uns hier nicht mit allen Einzelheiten beschäftigen. Aber vielleicht gelingt es mir, die

---

2 Kapitel 19 und 20 haben Rentensparpläne zum Inhalt. Der Vergleich der steuerlichen Behandlung dieser Pläne in den USA mit der Situation in Deutschland kann auch für den deutschen Leser von Interesse sein – und sei es nur, damit er sich die Probleme des deutschen Systems der Alterssicherung klarmachen und Möglichkeiten zu dessen Reform kennenlernen kann. Kapitel 21 behandelt HSAs *(»Health Savings Accounts«)*, also steuerbegünstigte Sparpläne für Krankheitskosten. Aufgrund der in Deutschland und den USA völlig unterschiedlichen Krankenversicherungssysteme würde dieses Kapitel für den deutschen Leser kaum interessant sein. Es wurde daher in der deutschen Ausgabe weggelassen, die dementsprechend 34 statt, wie das amerikanische Original, 35 Kapitel und nach Kapitel 20 eine andere Kapitelnummerierung hat (Anmerkung des Übersetzers).

Zur Vergleichbarkeit der 401(k)- und Roth-IRA-Programme mit deutschen Alterssicherungsprogrammen stellten die Wissenschaftlichen Dienste des Deutschen Bundestages 2019 fest: »Elemente der 401(k)- und Roth IRA-Programme wie die arbeitnehmerfinanzierte betriebliche Altersversorgung im Rahmen einer Entgeltumwandlung und die nachgelagerte Besteuerung der Alterseinkommen sind bereits in das deutsche Alterssicherungssystem übernommen worden. So wurde beispielsweise die steuerliche Förderung zusätzlicher privater und betrieblicher Vorsorge über zertifizierte Altersvorsorgeprodukte mit dem Altersvermögensgesetz (AVmG) vom 26. Juni 2001 eingeführt und mit dem Alterseinkünftegesetz

verschiedenen Geldanlagetöpfe kurz zu beschreiben und auf die wichtigsten Fragen hinzuweisen, über die man sich Gedanken machen muss.

In den »normalen Topf« gehören alle Geldanlagen, die nicht im Rahmen eines steuerbegünstigten Rentensparplans gehalten werden. Eigentlich handelt es sich deshalb auch um keinen besonderen Topf. Wenn Kapitalerträge nicht besteuert würden und es deshalb auch keine Möglichkeiten gäbe, Steuern zu sparen oder aufzuschieben, dann wären alle Geldanlagen in diesem Topf und es gäbe keine Notwendigkeit, sein Vermögen auf verschiedene Töpfe aufzuteilen.

In diesen Topf gehören auch alle Investments, die ohnehin schon »steueroptimiert« sind. Steueroptimierte Investments sind typischerweise Aktien und Fonds, die »qualifizierte« Dividenden ausschütten (Dividenden, die steuerbegünstigt sind) und Fonds, die so wenig wie möglich steuerpflichtige Veräußerungsgewinne ausschütten. Solche Ausschüttungen sind typisch für aktiv gemanagte Fonds, die ihr Portfolio häufig

---

(AltEinkG) vom 5. Juli 2004 die Besteuerung von Altersvorsorgeaufwendungen und Altersbezügen neu geregelt. Mit dem Betriebsrentenstärkungsgesetz BetrRSG vom 17. August 2017 ist schließlich auch in Deutschland die reine Beitragszusage, allerdings unter Einbeziehung der Sozialpartner, eingeführt worden. Mit 401(k)-Programmen übereinstimmende Altersvorsorgeprodukte wären in Deutschland nicht als betriebliche Altersversorgung im Sinne des BetrAVG anzusehen, da es sich weder um einen zulässigen Durchführungsweg noch um eine mögliche Zusageart handle. Für eine steuerliche Förderung betrieblicher Altersversorgung und individueller privater Altersvorsorge enthält zum Beispiel das Altersvorsorgeverträge-Zertifizierungsgesetz (AltZertG) entsprechende Vorgaben. Eine komplette Übertragung der auf die USA zugeschnittenen Alterssicherungsprogramme auf Deutschland erscheint schon aufgrund der unterschiedlich gewachsenen sozialen Sicherungssysteme nicht plausibel.« (Wissenschaftliche Dienste des Deutschen Bundestages (2019): Sachstandsbericht »401(k)- und Roth IRA-Programme zur Alterssicherung in den USA«, Seite 6, https://www.bundestag.de/resource/blob/658218/b9f1b7268ab90163f5170c9b13e4704a/WD-6-102-19-pdf-data.pdf.) (Anmerkung der Redaktion.)

umschichten. Der VTSAX ist ein klassisches Beispiel für eine steueroptimierte Geldanlage. Er schüttet wenige Dividenden aus, die meistens »qualifiziert« sind. Und weil es wenige Handelsaktivitäten gibt, also wenige Käufe und Verkäufe der zum Fonds gehörenden Aktien, gibt es auch wenige steuerpflichtige Veräußerungsgewinne, die ausgeschüttet werden.

Geldanlagen, die »nicht steueroptimiert« sind, zahlen Zinsen und schütten nichtqualifizierte Dividenden und steuerpflichtige Veräußerungsgewinne aus. Das sind typischerweise bestimmte Aktienfonds, CDs (*»Certificates of Deposit«*, Einlagenzertifikate) und REITs (*»Real Estate Investment Trusts«*, börsennotierte Immobiliengesellschaften). Sie sollten wir in unseren steuerbegünstigten Töpfen halten, da die eigentlich fällige Steuer auf die Ausschüttungen dann gestundet wird.

Schauen wir uns unsere drei Geldanlagen einmal an und überlegen wir, wohin sie am besten passen.

- **Aktien:** Der VTSAX (der Gesamtaktienmarktindexfonds von Vanguard) schüttet zurzeit ungefähr 2 Prozent Dividende aus und die meisten Erträge werden in Form von Kurszuwächsen erzielt. Der Fonds ist steueroptimiert und wir können dafür unseren normalen Topf verwenden. Da aber dieser Posten einen Großteil unseres Anlagevolumens ausmacht und da jede Geldanlage von Steuervergünstigungen profitieren wird, werden wir ihn auch in unseren steuerbegünstigten Töpfen halten.
- **Anleihen:** VBTLX (der Gesamtanleihenmarktindexfonds von Vanguard). Bei Anleihen geht es vor allem um Zinszahlungen. Anleihen sollten in einem steuerbegünstigten Topf liegen, es sei denn, es handelt sich um steuerbefreite kommunale Schuldverschreibungen.

- **Frei verfügbares Geld**: Auch damit kann man (in geringer Höhe) Zinseinnahmen erzielen, aber es geht vor allem darum, jederzeit Zugriff auf Geld für den Lebensunterhalt und bei Notfällen zu haben. Deswegen gehört dieses Geld in den normalen Topf.

Das sind natürlich keine in Stein gemeißelten Gebote. Es mag Ausnahmen geben und in jedem Fall ist die richtige Vermögensstruktur wichtiger als die richtige Verteilung des Vermögens auf die verschiedenen Töpfe. Ihre Steuerklasse, ihr Geldanlagehorizont und Ähnliches werden sich auf Ihre persönlichen Entscheidungen auswirken. Aber die vorgeschlagene Aufteilung kann Ihnen zumindest als Orientierung bei diesen Entscheidungen dienen.

Bevor wir zu den Einzelheiten der IRAs und der 401(k)-Pläne kommen, ist es wichtig, darauf hinzuweisen, dass keiner dieser steuerbegünstigten Töpfe verhindern kann, dass Sie Steuern zahlen. Die Steuerzahlungen werden nur gestundet, also aufgeschoben. Prägen Sie sich das gut ein. Wir sprechen nur darüber, *wann* die Steuer fällig ist – und nicht, *ob* sie fällig ist.

Wenn die Zeit kommt, in der Sie Geld entnehmen, werden Steuern fällig. Außerdem werden Strafzahlungen fällig, wenn Sie Geld entnehmen, bevor Sie 59½ Jahre alt sind. Und sobald Sie das Alter von 70½ Jahren erreicht haben, müssen Sie (außer im Fall von Roth-IRAs) beginnen, Geld zu entnehmen – und zwar nach Maßgabe Ihrer Lebenserwartung, wie sie in den versicherungsmathematischen Tabellen aufgeführt ist. Man spricht hier von »Mindestentnahmepflichten« (RMDs oder *»Required Minimum Distributions«*); wir werden sie ausführlich im nächsten Kapitel besprechen.

Sie müssen deswegen keine Angst haben, aber Sie sollten sich dessen bewusst sein. Es ist ein großer Vorteil, wenn man jahrzehntelang Vermögen steuerbegünstigt aufbauen kann, und deshalb sollten Sie im Regelfall die steuerbegünstigten Töpfe bis zum vom Gesetz erlaubten Maximum auffüllen.

Entnahmestrategien zur Steuerminimierung

Man sollte wissen, dass es Strategien gibt, die darauf abzielen, die Entnahmen steuerfrei zu erhalten oder zumindest zum niedrigstmöglichen Steuersatz. Dabei geht es darum, die Einkünfte so auf Kapitaleinkünfte und Erwerbseinkünfte aufzuteilen, dass sie innerhalb der Grenzen bleiben, bis zu denen sie der IRS nicht besteuert.[3] Dann sind diese Einkünfte zwar grundsätzlich steuerpflichtig, aber aufgrund Ihrer persönlichen Steuerklasse beträgt Ihre tatsächliche Steuerschuld null.

Wenn man innerhalb dieser Grenzen bleibt, ist es auch möglich, im Zeitablauf steuerfrei Geld von einem Standard-IRA zu einem Roth-IRA zu verschieben und so auch Steuern zu sparen, wenn man Geld entnimmt, um es auszugeben.

Diese Möglichkeiten sollte man sorgfältig in Erwägung ziehen, wenn sie für einen infrage kommen. Details dazu können Sie hier finden:

Beim Blog *Go Curry Cracker*:

- Niemals mehr Steuern zahlen: http://www.gocurrycracker.com/never-pay-taxes-again/.

---

3 Der IRS (*»Internal Revenue Service«*) ist die Bundessteuerbehörde in den USA (Anmerkung des Übersetzers).

- Mindestentnahmepflichten: http://www.gocurrycracker.com/gcc-vs-rmd/.

Beim Blog *The Mad Fientist*:

- Strategien für einen frühzeitigen Ruhestand und die Übertragung von Standard-IRAs zu Roth-IRAs: http://jlcollinsnh.com/2013/12/05/stocks-part-xx-early-retirement-withdrawal-strategies-and-roth-conversion-ladders-from-a-mad-fientist/.
- Standard-IRAs gegenüber Roth-IRAs: http://www.madfientist.com/traditional-ira-vs-roth-ira/.
- Noch früher in den Ruhestand, ohne mehr zu verdienen oder weniger auszugeben: http://www.madfientist.com/retire-even-earlier/.

Es gibt sehr viele Arten von Konten vom Typ 401(k) und vom Typ IRA. Wir schauen uns jeweils deren wichtigste Merkmale an. Alle Varianten unterscheiden sich nur in gewissen Details voneinander.

Vom Arbeitgeber angebotene steuerbegünstigte Töpfe

Diese Töpfe werden von Ihrem Arbeitgeber angeboten, wie etwa die Pläne gemäß Paragraf 401(k). Ihr Arbeitgeber sucht sich eine Investmentgesellschaft aus, die dann eine Reihe von Anlagemöglichkeiten offeriert, aus denen Sie wählen können. Viele Arbeitgeber bezuschussen Ihre Geldanlagen bis zu einem bestimmten Höchstbetrag. Der Betrag, den Sie anlegen können, ist begrenzt. 2016 betrug diese Grenze 18 000 Dollar pro Person und Jahr beziehungsweise 24 000 Dollar pro Person und Jahr, wenn man mindestens 50 Jahre alt ist. Man kann zwar auf mehr als einen Plan einzahlen, wenn man Zugang zu mehr als einem Plan hat, aber die Höchstgrenze gilt für alle Einzahlungen zusammen und nicht etwa für jeden einzelnen Plan.

Allgemein ist dazu Folgendes zu sagen:

- Diese Sparpläne sind sehr attraktiv, aber nicht mehr so attraktiv, wie sie früher waren. Denn leider haben viele der Investmentgesellschaften, die solche Pläne verwalten, die Gelegenheit am Schopf ergriffen und übertriebene Gebühren berechnet. Das ist ungeheuerlich und skandalös, aber dennoch sollte man sich den Vorteil eines steuerfreien Vermögensaufbaus nicht entgehen lassen. Beißen Sie die Zähne zusammen und legen Sie bis zur erlaubten Obergrenze an – so wie ich es immer getan habe.
- Zuschüsse vom Arbeitgeber sind besonders attraktiv, da man Geld geschenkt bekommt. Man sollte auf jeden Fall so viel investieren, um den maximal möglichen Zuschuss auszunutzen.
- Es kann sein, dass Sie keine Vanguard-Fonds wählen können, wenn Ihr Arbeitgeber nicht mit Vanguard zusammenarbeitet. Aber das ist kein Drama.
- Viele 401(k)-Pläne bieten zumindest einen Indexfonds an, den man wählen kann. Prüfen Sie die Liste der angebotenen Fonds auf ihre Kostenquoten. Wenn es überhaupt Indexfonds gibt, dann werden Sie sie unter den Fonds mit den niedrigsten Kostenquoten finden.

- Wenn Sie den Arbeitgeber wechseln, können Sie unter Beibehaltung der Steuervorteile Ihre Geldanlagen von Ihrem 401(k)-Plan auf ein IRA übertragen. Bei manchen Arbeitgebern ist es möglich, weiter an Ihrem 401(k)-Plan teilzunehmen. Ich habe meine Investments immer übertragen: Man hat dadurch mehr Kontrolle über seine Geldanlagen und eine größere Auswahl an Anlagemöglichkeiten und man kann diesen fiesen Gebühren entkommen.
- Man kann sowohl auf einen Standard-401(k)-Plan als auch auf einen Roth-401(k)-Plan einzahlen, aber die Gesamtsumme darf den jährlich zulässigen Höchstbetrag nicht überschreiten.

Sparpläne vom Typ 401(k) und vom Typ 403(b):

- Die Einzahlungen auf diese Pläne mindern Ihr zu versteuerndes Einkommen.
- Steuer wird fällig, wenn Sie Geld entnehmen.
- Auf Entnahmen vor einem Alter von 59½ Jahren ist eine Strafzahlung fällig.
- Nach einem Alter von 70½ Jahren gilt eine Mindestentnahmepflicht.

Sparpläne vom Typ Roth 401(k):

- Diese Pläne sind relativ neu und noch nicht allgemein verfügbar. Man sollte die Punkte, die ich hier anführe, mit denen bei Roth-IRAs vergleichen, welche ich gleich behandeln werde.
- Die Einzahlungen auf diese Pläne mindern Ihr zu versteuerndes Einkommen **nicht**.

- Alle Erträge Ihrer Investments sind steuerfrei.
- Alle Entnahmen nach einem Alter von 59½ Jahren sind steuerfrei.
- Sobald Sie ein Alter von 70½ Jahren erreichen, gilt eine Mindestentnahmepflicht.
- Für die Teilnahme an diesen Plänen gibt es keine Einkommenshöchstgrenze.

TSPs (»*Thrift Savings Plans*«)

Das sind Rentensparpläne für Bundesbedienstete, einschließlich der Militärangehörigen. Sie sind das Pendant zu 401(k)-Plänen, nur besser.

Anders als viele 401(k)-Pläne, die zu wahren Gebührensümpfen verkommen sind, offeriert ein TSP eine attraktive, wenngleich nicht überwältigende Auswahl an Indexfonds mit sehr niedrigen Gebühren.

Wenn man sich die Grafik mit den TSP-Kostenquoten seit 1999 anschaut, dann stellt man fest, dass sich diese zwischen einem Tief von 0,015 Prozent im Jahr 2007 und einem Hoch von 0,102 Prozent im Jahr 2003 bewegt haben. Als Grund für diese Schwankungen nennt eine Regierungswebseite folgenden: »Die TSP-Kostenquote ergibt sich aus dem Betrag, um den die Erträge der Anlagen der TSP-Teilnehmer durch die Verwaltungskosten, abzüglich von Strafzahlungen, reduziert worden sind.«

Selbst auf ihrem Höchststand war die Kostenquote sehr niedrig, oft sogar niedriger als die von Vanguard-Indexfonds – und das will schon etwas heißen! Also ein gutes Angebot!

Im Wesentlichen gibt es fünf TSP-Fonds:

- den C-Fonds, der den S&P-500-Index abbildet;
- den S-Fonds, der den Nebenwerteindex abbildet;
- den F-Fonds, der ein Anleihenindexfonds ist;
- den I-Fonds, der ein internationaler Aktienindexfonds ist;
- den G-Fonds, der eine spezielle kurzfristige, nicht handelbare US-Bundesanleihe enthält, die es nur für TSPs gibt.

Wenn Sie sowohl den C- als auch den S-Fonds im Verhältnis von 75 zu 25 Prozent besitzen, dann haben Sie mehr oder weniger den VTSAX. Aber ich persönlich würde das nicht tun. Ich würde mich damit begnügen, nur den C-Fonds zu halten.

Außerdem gibt es noch L-Fonds. Das sind »Lebenszyklus«-Fonds, die aus den fünf anderen Fonds bestehen – mit an die verschiedenen Geldanlagehorizonte angepassten Mischungsverhältnissen. L-Fonds entsprechen mehr oder weniger den Ruhestandszielfonds, die wir in Kapitel 16 besprochen haben.

Bei TSPs gibt es nichts zu überlegen. Wenn Sie das Glück haben, sie nutzen zu können, dann investieren Sie so viel wie möglich in sie. Und nur im Fall der TSPs mit ihren ultraniedrigen Gebühren würde ich bei einem Arbeitgeberwechsel meine Investments nicht auf IRAs übertragen.

Persönlich eingerichtete steuerbegünstigte Töpfe: IRAs

IRAs (*»Individual Retirement Accounts«*, Persönliche Ruhestandskonten) sind Anlagetöpfe, die Sie sich selbst eingerichtet haben, zusätzlich zu und getrennt von etwaigen Plänen vom Typ 401(k), die Ihr Arbeitgeber anbietet. Sie haben vollkommene Freiheit bei der Wahl Ihrer Investmentgesellschaft und Ihrer Geldanlagen. Das heißt, Sie haben auch die volle Kostenkontrolle und können Gesellschaften und Anlagen aus dem Weg gehen, die übertriebene Gebühren verlangen. Ich habe mich immer nur für Vanguard entschieden.

Sie können auf diese IRAs nur aus Ihrem Erwerbseinkommen einzahlen oder Anlagen aus vom Arbeitgeber angebotenen Plänen übertragen. Ihr Erwerbseinkommen besteht in aller Regel aus dem Geld, das man Ihnen für Ihre Arbeit bezahlt.

Es gibt drei Arten von IRAs. Für das Jahr 2016 beträgt der Höchstbetrag, den man anlegen kann, insgesamt 5500 Dollar pro Jahr beziehungsweise 6500 Dollar, wenn man mindestens 50 Jahre alt ist. Wichtig: Diesen Betrag kann man zusätzlich zu dem anlegen, was man auf die vom Arbeitgeber angebotenen Pläne einzahlen kann.

Wie im Fall des 401(k)-Plans und des Roth-401(k)-Plans kann man sowohl auf ein Standard-IRA als auch auf ein Roth-IRA einzahlen, aber die Gesamtsumme darf die jährliche Höchstgrenze für IRAs nicht überschreiten.

Für die Nutzung von steuerlich abzugsfähigen IRAs und von Roth-IRAs gibt es Einkommensgrenzen, nicht jedoch für die von nicht steuerlich abzugsfähigen IRAs. Diese Einkommensgrenzen ändern sich von Jahr zu Jahr und hängen von der Veranlagungsart und davon ab, ob man auch an einem vom Arbeitgeber angebotenen Plan teilnimmt.

Steuerlich abzugsfähige IRAs

- Einzahlungen auf diese Konten können vom zu versteuernden Einkommen abgezogen werden.
- Beim Überschreiten gewisser Einkommensgrenzen mindert sich jeweils der abzugsfähige Betrag.

- Die Steuer auf die Erträge der Geldanlagen wird gestundet.
- Steuern werden erst bei Entnahme fällig.
- Für Entnahmen vor dem Alter von 59½ Jahren sind Strafzahlungen fällig.
- Ab einem Alter von 70½ Jahren gilt eine Mindestentnahmepflicht.

Nicht steuerlich abzugsfähige IRAs

- Es gibt keine Einkommensgrenzen für die Nutzung dieser Konten.
- Die Steuer auf die Erträge der Geldanlagen wird gestundet.
- Bei Entnahme werden Steuern auf die bisher erzielten Dividenden, Zinseinnahmen oder Veräußerungsgewinne fällig.
- Diese Einzahlungen werden aus versteuertem Einkommen geleistet, können also nicht vom zu versteuernden Einkommen abgezogen werden.
- Aufgrund der letzten zwei Punkte muss man aufwendiger Buch führen, um die Höhe der fälligen Steuerzahlungen zu ermitteln.
- Für Entnahmen vor dem Alter von 59½ Jahren sind Strafzahlungen fällig.
- Ab einem Alter von 70½ Jahren gilt eine Mindestentnahmepflicht.

Roth-IRAs

- Einzahlungen auf diese Konten können **nicht** vom zu versteuernden Einkommen abgezogen werden.

- Beim Überschreiten gewisser Einkommensgrenzen mindert sich jeweils der maximal zulässige Betrag, der jährlich eingezahlt werden kann.
- Alle Erträge der Geldanlagen werden nicht besteuert.
- Alle Entnahmen nach einem Alter von 59½ Jahren sind steuerfrei.
- Die ursprünglichen Einzahlungen können jederzeit steuerfrei und ohne Strafzahlungen entnommen werden.
- Einzahlungen, die durch Übertragungen von Standard-IRAs zustande gekommen sind, können nach fünf Jahren steuerfrei und ohne Strafzahlungen entnommen werden.
- Man kann jederzeit beliebig viel entnehmen für die Finanzierung des erstmaligen Erwerbs eines Eigenheims und der Kosten für sein eigenes Studium und/oder das seiner Kinder.
- Es gibt keine Mindestentnahmepflicht.

Das Wichtigste bisher Gesagte kann man kurz zusammenfassen:

- 401(k)-, 403(b)-Pläne und TSPs: sofortige Steuervorteile und steuerfreier Vermögensaufbau. Weil es keine Einkommensgrenzen gibt, können sie für Gutverdiener besonders attraktiv sein. Aber bei Entnahme wird Steuer fällig.
- Roth-401(k)-Pläne: kein sofortiger Steuervorteil, steuerfreier Vermögensaufbau und keine Steuern bei Entnahme.
- Steuerlich abzugsfähige IRAs: sofortige Steuervorteile und steuerfreier Vermögensaufbau. Aber bei Entnahme

wird Steuer fällig. Beim Überschreiten gewisser Einkommensgrenzen mindert sich jeweils der abzugsfähige Betrag.
- Nicht steuerlich abzugsfähige IRAs: kein sofortiger Steuervorteil, steuerfreier Vermögensaufbau und höhere Komplexität. Steuern sind bei Entnahme nur auf die erwirtschafteten Erträge fällig. Es gibt keine Einkommensgrenzen für die Nutzung.
- Roth-IRAs: kein sofortiger Steuervorteil, steuerfreier Vermögensaufbau und keine Steuern bei Entnahme. Wenn man so will, handelt es sich um etwas attraktivere nicht steuerlich abzugsfähige IRAs. Aber bei Überschreiten gewisser Einkommensgrenzen wird die mögliche Nutzung immer mehr eingeschränkt.

Wenn Sie gut aufgepasst haben, dann werden Sie jetzt denken: »Klasse! Diese Roth-IRAs scheinen ja eine tolle Sache zu sein. Es sieht sogar so aus, als ob sie gegen die Regel verstoßen, die uns Collins eingehämmert hat: *Die Steuerzahlung kann nicht vermieden werden, sie kann nur aufgeschoben werden.*«

Das stimmt schon, aber wie meistens im Leben hat die Sache einen Haken. Das Geld, das Sie auf Ihren Roth-IRA einzahlen, wächst zwar steuerfrei und bleibt auch bei der Entnahme steuerfrei, aber Sie müssen Beiträge aus Ihrem versteuerten Einkommen leisten, also aus Einkommen, auf das Sie schon Steuern gezahlt haben. Obwohl man diese Tatsache leicht übersehen kann, muss man sie immer bedenken.

Schauen wir uns ein Beispiel an: Nehmen wir an, Sie wollen dieses Jahr 5000 Dollar auf Ihren IRA einzahlen und Sie sind in der 25-Prozent-Steuerklasse. Um diese Summe vollständig auf einen steuerlich abzugsfähigen IRA einzuzahlen, brauchen Sie nicht mehr als 5000 Dollar von Ihrem Vorsteuereinkommen, da ja aufgrund der Abzugsfähigkeit darauf keine Steuern fällig sind. Aber im Fall eines Roth-IRA würden Sie 6250 Dollar brauchen: 1250 Dollar, um die fällige Steuer von 25 Prozent zu bezahlen, und den Rest von 5000 Dollar für Ihren Roth-IRA. Diese 1250 Dollar sind für immer verloren – genau wie das Geld, das sie damit im Lauf der Jahre und durch den Zinseszinseffekt hätten verdienen können.

Wenn Sie auf Ihren steuerlich abzugsfähigen IRA und nicht auf Ihren Roth-IRA eingezahlt hätten, dann hätten Sie die 1250 Dollar noch und könnten diese auf ein normales, steuerpflichtiges Konto einzahlen. Natürlich müssten Sie darauf erst Ihre 25 Prozent Steuern zahlen, so dass Sie im Endeffekt 937,50 Dollar zum Anlegen übrig hätten (1250 Dollar × 75 Prozent = 937,50 Dollar).

Sind Sie neugierig, was daraus werden kann? Wie Sie sich erinnern werden, betrug die durchschnittliche Jahresrendite des S&P 500 in den 40 Jahren von 1975 bis 2015 11,9 Prozent:[4]

937,50 Dollar jedes Jahr angelegt ergeben bei 11,9 Prozent Jahresrendite über 30 Jahre 249.254 Dollar.[5]

Wenn Sie die Steuerersparnis nicht anlegen, dann verlieren Sie diesen Vorteil und der Roth-IRA wäre die bessere Wahl gewesen.

Es kann sehr beruhigend sein, auf einen Roth-IRA einzuzahlen, die Steuer jetzt zu entrichten und sie für immer vom

---

4 http://dqydj.net/sp-500-return-calculator/ (Lassen Sie »Adjust for Inflation (CPI)?« frei.)

5 http://www.calculator.net/investment-calculator.html (Klicken Sie auf »End Amount«.)

Hals zu haben. Aber es muss nicht die beste Anlagestrategie sein.

Ich tendiere dazu, misstrauisch zu sein. Und weil die langfristigen Steuervorteile eines Roth-IRA so attraktiv sind, komme ich leicht ins Grübeln: Was könnte alles schiefgehen? Vor allem, weil es sich um so langfristige Anlagen handelt und die Regierung öfter einmal die Gesetze ohne besonderen Grund ändert. Zwei mögliche Gefahren würden mir da einfallen:

1. Die Regierung könnte einfach die Steuergesetze ändern und das Geld auf Roth-IRAs für steuerpflichtig erklären. Aber das glaube ich eher nicht. Roth-IRAs sind so populär geworden und werden von so vielen Menschen gehalten, dass ich das aus politischen Gründen für immer weniger wahrscheinlich halte.

2. Wahrscheinlicher ist dagegen, dass sich die Regierung etwas anderes einfallen lässt, um dieses Geld zu besteuern. Immer öfter ist in den USA die Rede davon, eine landesweite Verkaufssteuer oder eine landesweite Umsatzsteuer einzuführen. Beide Steuern hätten zwar gewisse Vorteile, vor allem dann, wenn sie die Einkommensteuer ersetzen würden, aber sie würden im Endeffekt das Geld auf Roth-IRAs in dem Maße besteuern, in dem es ausgegeben wird.

Angesichts all dessen empfehle ich grundsätzlich folgende Vorgehensweise für die Verteilung der Anlagegelder auf die verschiedenen Töpfe:

1. Zahlen Sie auf Pläne vom Typ 401(k), für die es einen Arbeitgeberzuschuss gibt, so viel ein, dass Sie den Höchstbetrag dieses Zuschusses ausschöpfen.

2. Zahlen Sie bis zur Höchstgrenze auf einen Roth-IRA ein, wenn Ihr Einkommen so niedrig ist, dass Sie keine oder nur eine geringe Einkommensteuer zahlen.
3. Mit zunehmendem Einkommensteuersatz sollten Sie bis zur Höchstgrenze auf einen steuerlich abzugsfähigen IRA einzahlen, nicht auf einen Roth-IRA.
4. Behalten Sie den Roth-IRA, den Sie schon haben, und lassen Sie ihn einfach wachsen.
5. Zahlen Sie bis zur Höchstgrenze auf Ihren 401(k)-Plan ein.
6. Denken Sie darüber nach, auf einen nicht steuerlich abzugsfähigen IRA einzuzahlen, falls Ihr Einkommen zu hoch für einen steuerlich abzugsfähigen IRA oder einen Roth-IRA ist.
7. Wenn Sie noch Geld übrig haben, dann zahlen Sie es auf ein normales, steuerpflichtiges Anlagekonto ein.

Lassen Sie mich dieses Kapitel mit der Empfehlung abschließen, wann immer möglich Ihre 401(k)- beziehungsweise 403(b)-Pläne (aber nicht Ihre TSPs!) auf Ihren IRA zu übertragen. Das wird gewöhnlich dann der Fall sein, wenn Sie Ihren Arbeitgeber wechseln. Denn die vom Arbeitgeber angebotenen Sparpläne sind, wie wir gesehen haben, allzu häufig durch übertriebene Gebühren belastet und bieten nur eine begrenzte Auswahl an Anlagemöglichkeiten. Bei Ihrem persönlichen IRA haben Sie eine größere Wahl und mehr Kontrolle.

Ich persönlich hatte immer eine starke Aversion dagegen, meinem Arbeitgeber länger als unbedingt nötig Einfluss auf meine Geldanlage zu gewähren. Sobald ich konnte, habe ich die Investments meines 401(k)-Plans auf meinen eigenen IRA übertragen.

Noch eine Anmerkung zum Schluss. Wir sind in diesem Kapitel auch auf die Steuergesetze eingegangen. Die Zahlen und die Informationen sind zwar jetzt, während ich dies schreibe, aktuell, aber falls Sie dieses Buch ein paar Jahre nach seiner Veröffentlichung lesen sollten, dann werden sie sich bestimmt geändert haben. Die Grundprinzipien sollten für einige Zeit gültig bleiben, aber Sie müssen die genauen Regeln und Zahlen für die Sie interessierenden Jahre nachschlagen.

Kapitel 20: Das unangenehme Erwachen aus dem Traum der Steuerstundung – die Mindestentnahmepflicht

Wenn alles gut geht, werden Sie eines Tages aufwachen und merken, dass Sie das schöne Alter von 70½ Jahren erreicht haben. Sie steigen aus dem Bett, hoffentlich bei guter Gesundheit, strecken sich und begrüßen den neuen Tag voller Lebensfreude. Sie haben hart gearbeitet, gespart und investiert und genießen jetzt Ihren sicheren Wohlstand. Da Sie stets eifrig Ihre steuerbegünstigten Anlagekonten bis zur Höchstgrenze aufgefüllt haben, wird der Großteil Ihres Vermögens wahrscheinlich seit Jahren auf diesen Konten liegen. Spätestens an diesem Tag wird Ihnen bewusst werden, was es mit dem Begriff »Steuerstundung« auf sich hat. Denn Onkel Sam ist ungeduldig und denkt, er habe jetzt lange genug auf seinen Teil gewartet.

Abgesehen von den Roth-IRAs gibt es bei allen steuerbegünstigten Töpfen, die wir in Kapitel 19 besprochen haben, eine Mindestentnahmepflicht – und diese tritt ab einem Alter von 70½ Jahren in Kraft. Das Finanzamt sagt mehr oder weniger: »Wir waren lange sehr geduldig, aber jetzt wollen wir unser Geld!« Dagegen lässt sich auch nichts sagen. Aber bei den Lesern dieses Buches, die über Jahrzehnte ihr Vermögen aufgebaut haben, werden wahrscheinlich sehr große Beträge auf diesen Konten liegen. Wenn man diese gemäß den Vorgaben des Finanzamts entnimmt, kann es leicht sein, dass man in der höchsten Steuerklasse landet.

Eines muss Ihnen klar sein: Wenn Sie das Alter von 70½ Jahren erreicht haben, dann haben Sie bezüglich der Entnahmen von Ihren IRAs, 401(k)- und 403(b)-Plänen und ähnlichen Konten keine Wahl mehr. Wenn Sie nicht Entnahmen in der vorgeschriebenen Höhe durchführen, dann trifft Sie eine Strafzahlung in Höhe von 50 Prozent. Das bedeutet, dass sich das Finanzamt 50 Prozent von der Differenz zwischen der vorgeschriebenen und der tatsächlichen Entnahme holt. Ja, Sie haben richtig gelesen, Sie nehmen sich *die Hälfte Ihres Geldes*. Und das wollen Sie doch vermeiden?

Es gibt auch eine gute Nachricht: Wenn Sie Ihre Konten bei einer Gesellschaft wie Vanguard führen, dann werden diese Entnahmen für Sie automatisch geplant und durchgeführt – was nicht bedeutet, dass sie nicht trotzdem schmerzhaft wären. Die Gesellschaft wird den korrekten Betrag berechnen und ihn auf Ihr Bankkonto, Geldmarktkonto, nicht steuerbegünstigtes Anlagekonto oder ein anderes Konto, das Sie angeben, überweisen – wenn gewünscht, auch aufgeteilt auf mehrere Teilzahlungen. Stellen Sie aber auf jeden Fall sicher, dass die Mindestentnahmepflicht jedes Jahr rechtzeitig und in voller Höhe erfüllt wird.

Wie schlimm wird das werden? Es gibt im Internet jede Menge von Steuerrechnern, mit deren Hilfe Sie Ihre persönliche Steuerbelastung genau berechnen können – bei Vanguard oder auch bei anderen Gesellschaften wie Fidelity oder T. Rowe Price. Damit Sie eine Vorstellung davon bekommen, um welche Steuerzahlungen es geht, habe ich mit dem Rechner von Fidelity den folgenden Beispielfall durchgespielt.

Sie müssen zunächst Ihr Geburtsdatum, den Betrag, der auf den steuerbegünstigten Konten zu einem bestimmten Stichtag liegt, und die geschätzte durchschnittliche Rendite, die Sie erzielt haben, eingeben. Ich habe den 1. Januar 1945, 1 Million Dollar (Stichtag: 31. Dezember 2013) und 8 Prozent gewählt. (Das sind natürlich nicht meine wirklichen Daten!) Der Steuerrechner hat sofort das Ergebnis in Form einer Jahresübersicht ausgespuckt. Für einige Beispieljahre sieht das wie folgt aus:

Jahr	Mindestentnahmepflicht	Alter	Restbestand
2015	39 416 Dollar	70	1 127 000 Dollar
2020	57 611 Dollar	75	1 367 000 Dollar
2025	82 836 Dollar	80	1 590 000 Dollar
2030	116 271 Dollar	85	1 742 000 Dollar
2035	154 719 Dollar	90	1 750 000 Dollar

Die gute Nachricht ist, dass der Gesamtwert unseres Vermögens trotz dieser beträchtlichen Entnahmen weiterwachsen wird. Aber, wie gesagt, das sind nur Prognosen. Der Markt kann mehr oder weniger als 8 Prozent schaffen und auf jeden Fall wird er nicht jedes Jahr verlässlich und genau um 8 Prozent wachsen.

Die schlechte Nachricht ist, dass wir nicht nur Steuern auf diese Entnahmen zahlen müssen, sondern dass wir durch sie auch um eine Steuerklasse höher rutschen können – oder auch zwei. Das hängt natürlich davon ab, wie hoch Ihre Einkünfte aus anderen Quellen sind, wie zum Beispiel nicht steuerbegünstigte Kapitaleinkünfte, staatliche und betriebliche Renten et cetera.

Als eine erste Orientierung für Sie folgen hier die für das Jahr 2016 gültigen Steuerklassen für verheiratete Paare, die zusammen veranlagt werden:

- 0 bis 18 555 Dollar: 10 Prozent
- 18 551 bis 75 300 Dollar: 15 Prozent
- 75 301 bis 151 900 Dollar: 25 Prozent
- 151 901 bis 231 450 Dollar: 28 Prozent
- 231 451 bis 413 350 Dollar: 33 Prozent
- 413 351 bis 466 950 Dollar: 35 Prozent
- über 466 950 Dollar: 39,6 Prozent

Wir können dieser Aufstellung entnehmen, dass unser Beispielsteuerpflichtiger im Alter von 90 Jahren mit seiner Mindestentnahme von 154 719 Dollar in der 28-Prozent-Steuerklasse landen wird, selbst wenn er keinerlei weitere Einkünfte erzielen würde. Und das passiert schon bei einem Vermögensstartwert von nur 1 Million Dollar. Leser, die in ihren Zwanziger-, Dreißiger- oder Vierzigerjahren beginnen, die in diesem Buch empfohlenen Anlagegrundsätze zu befolgen, können ohne Weiteres mit einem Mehrfachen dieser Summe bis zum Alter von 70½ Jahren rechnen.

Auf eines muss ich noch hinweisen, weil dies viele Leute verwirrt: Die Steuerklasse von 28 Prozent bedeutet nicht, dass man 28 Prozent auf die vollen 154 719 Dollar zahlt, sondern dass man 28 Prozent auf den Teil zahlt, um den die Untergrenze dieser Steuerklasse, also 151 900 Dollar, überschritten wird. Der Rest wird nach Maßgabe der niedrigeren Steuerklassen versteuert. Wenn Sie also durch andere Einkünfte die Schwelle von 231 450 Dollar der 33-Prozent-Steuerklasse um 1 Dollar überschreiten sollten, dann müssen Sie nur 33 Prozent Steuern auf diesen 1 Dollar zahlen.

Wenn Sie davon ausgehen, dass die Mindestentnahmen die Einkünfte darstellen, die Ihnen als letzte zufließen, dann werden diese mit dem höchsten für Sie relevanten Steuersatz besteuert. Wenn Sie zum Beispiel 75 300 Dollar an anderen Einkünften haben und dadurch die Untergrenze der 25-Prozent-Steuerklasse fast erreichen, werden alle Mindestentnahmen mit 25 Prozent oder mehr besteuert.

In diesen Berechnungen wurden keine Freibeträge oder Werbungskosten berücksichtigt, die zur Verminderung Ihres zu versteuernden Einkommens führen. Wir können im Rahmen dieses Buches natürlich nicht auf alle Einzelheiten eingehen, aber ein einfaches Beispiel wollen wir uns trotzdem anschauen. Für das Jahr 2016 möge ein verheiratetes Paar einen Werbungskostenpauschbetrag von 12 600 Dollar und einen Grundfreibetrag von 8100 Dollar (4050 Dollar pro Person) erhalten. Das bedeutet, dass sie die 25-Prozent-Steuerklasse erst erreichen, wenn der Gesamtbetrag ihrer Einkünfte 96 000 Dollar übersteigt (96 000 Dollar minus 8100 Dollar minus 12 600 Dollar = 75 300 Dollar).

Kann man etwas tun, um nicht so viel Steuern zahlen zu müssen? Vielleicht. Falls man in eine niedrigere Steuerklasse rutscht, wenn man sich zur Ruhe setzt, gibt es ein Zeitfenster zwischen diesem Zeitpunkt und dem Alter von 70½ Jahren. Betrachten wir ein Paar, das sich im Alter von 60 Jahren zur Ruhe setzt, und legen wir die Zahlen aus unserem obigen Beispiel zugrunde. Sie haben eine Frist von zehn Jahren, um ihren Bestand an Guthaben auf 401(k)-Konten oder IRAs zu reduzieren. Wir gehen davon aus, dass sie verheiratet sind und zusammen veranlagt werden. Für 2016 gilt:

- Die 15-Prozent-Steuerklasse wird auf ein steuerpflichtiges Einkommen von bis zu 75 300 Dollar angewandt.
- Der Grundfreibetrag beträgt 4050 Dollar oder 8100 Dollar für unser Paar.
- Der Werbungskostenpauschbetrag bringt weitere 12 600 Dollar.
- Wenn man das alles zusammenzählt, dann können sie bis zu 96 000 Dollar an Einkünften erzielen, bevor sie in die 25-Prozent-Steuerklasse rutschen.

Wenn ihre Einkünfte geringer als 96 000 Dollar sein sollten, dann wäre es eine Überlegung wert, die Differenz aus ihren IRAs und/oder 401(k)-Plänen zu entnehmen und mit 15 Prozent zu versteuern. 15 Prozent ist ein niedriger Steuersatz und es würde sich lohnen, ihn auszunutzen, vor allem, wenn man bedenkt, dass ihr Steuersatz zehn Jahre später gut und gern doppelt so hoch oder höher sein könnte. Es stimmt zwar, dass sie dadurch Geld in Höhe der Steuerzahlung und in Höhe dessen, was mit dieser Steuerzahlung hätte verdient werden können, verlieren würden (worauf wir beim Vergleich zwischen steuerlich abzugsfähigen und nicht steuerlich abzugsfähigen IRAs im vorhergehenden Kapitel hingewiesen hatten). Aber in diesem Fall geht es nur um zehn Jahre und nicht Jahrzehnte verlorenen Vermögenswachstums. Wenn unser Paar also ein zu versteuerndes Einkommen von 50 000 Dollar hätte, könnten sie 46 000 Dollar entnehmen und würden dann insgesamt 96 000 Dollar versteuern müssen. Sie könnten diese 46 000 Dollar auf ihr Roth-Konto oder ihr normales, nicht steuerbegünstigtes Anlagekonto einzahlen oder einfach ausgeben. Ich würde die Einzahlung auf ein Roth-Konto vorschlagen – und genau das tue ich auch selbst.

Sie müssen nicht warten bis Sie 60 Jahre alt oder im Ruhestand sind, um diese Strategie anzuwenden. Jedes Mal, wenn Sie sich eine Auszeit nehmen und Ihr Einkommen sinkt, sollten Sie darüber nachdenken. Allerdings sollten Sie auch bedenken, dass die Zeit, in der die Steuern, die sie heute zahlen, noch Geld für Sie verdienen könnten, umso länger ist und Ihnen also umso mehr Vermögenszuwachs entgeht, je weiter Sie vom Alter von 70½ Jahren entfernt sind.

Es gibt keine einzig richtige Lösung. Falls die Guthaben auf Ihrem 401(k)-Plan oder Ihrem IRA in den Jahren, bevor Sie 70½ Jahre alt werden, niedrig sind, dann brauchen Sie gar nichts zu tun. Wenn sie dagegen sehr hoch sind, dann kann es durchaus sinnvoll sein, mit Entnahmen zu beginnen, selbst wenn diese mit 25 Prozent besteuert würden. Entscheidend ist, dass man sich der drohenden Mindestentnahmepflicht bewusst ist, damit man sich so gut wie möglich darauf einstellen kann.

Auch in diesem Kapitel ging es um Steuergesetze und meine diesbezüglichen Angaben gelten für das Jahr 2016. Bis Sie dieses Buch lesen, können sich die Steuergesetze geändert haben. Es gilt also wieder: Sie müssen die genauen Regeln und Zahlen für die Sie interessierenden Jahre nachschlagen.

Kapitel 21: Eine Fallstudie – »Der einfache Weg zum Reichtum« in der Praxis

Bis jetzt haben wir Konzepte und Strategien diskutiert, mit deren Hilfe Sie Ihren eigenen einfachen Weg zum Reichtum finden können. Für diejenigen von Ihnen, die sich gerade erst auf den Weg machen wollen, sollten diese Konzepte und Strategien problemlos umzusetzen sein. Aber die meisten von Ihnen haben schon ein gutes Stück des Weges hinter sich. Vielleicht haben Sie Fehler gemacht und Investments getätigt, die Sie besser unterlassen hätten. Vielleicht besitzen Sie zu viele verschiedene Geldanlagen und erkennen jetzt, dass das unnötig kompliziert ist. Wie dem auch sei, Sie beginnen nicht ganz am Anfang und müssen die bisher getroffenen Entscheidungen und deren Auswirkungen berücksichtigen. Sie werden sich vielleicht fragen: Wie kann ich unter diesen Bedingungen die in diesem Buch präsentierten Ideen umsetzen?

Auf diese Frage kann ich natürlich nicht jedem Leser die für ihn passende Antwort geben. Aber in diesem Kapitel möchte ich Ihnen eine Fallstudie über einen Leser meines Blogs www.jlcollinsnh.com vorstellen. Zu diesem Zweck habe ich die Darstellungen und Fragen dieses Lesers zusammengefasst und etwas überarbeitet. Abgesehen davon handelt es sich bei den folgenden Zitaten um seine eigenen Worte.

Seine Situation und seine Fragen

»Ich bin 26, habe gerade mein Studium abgeschlossen und will meine Finanzen in Ordnung bringen. Glücklicherweise habe ich einen tollen Job gefunden und bin schuldenfrei. Ich bin gerade dabei, mir eine Reserve für Notfälle zusammenzusparen (ungefähr 24 Prozent meines Einkommens verwende ich dafür), und jetzt möchte ich mich auf Geldanlagen konzentrieren.«

»Meine Großeltern richteten ein Wertpapierkonto für alle ihre Enkel ein, als sie geboren wurden. Es wird seit Jahren von einem Finanzberater verwaltet und die Beiträge in Ihrem Blog haben mich davon überzeugt, dass es eine bessere Lösung gibt. Auf dem Konto liegen zurzeit 35 000 Dollar, die in zwölf verschiedenen Fonds investiert sind.«

»Meine Großmutter weiß nicht mehr genau, wie hoch die ursprünglich investierte Summe gewesen ist. Immer wenn ein neues Enkelkind geboren wurde, eröffnete sie für dieses ein Konto, auf das sie die Summe einzahlte, die dem Stand der Konten der älteren Enkel zu diesem Zeitpunkt entsprach. Die ältesten Kontoauszüge stammen aus dem Jahr 1994. Zu Beginn dieses Jahres befanden sich ungefähr 6700 Dollar auf meinem Konto und meine Großeltern zahlten jedes Jahr weitere 1000 Dollar ein, bis die Summe von 25 000 Dollar erreicht war. 1994 war die Hälfte in Aktien, die andere Hälfte in Anleihen investiert (mein Großvater wuchs während der Weltwirtschaftskrise auf und hatte kein großes Vertrauen in Aktien).«

»Mein Arbeitgeber bietet einen 403(b)-Plan an und bezuschusst meine Einzahlungen bis zu einer Höhe von 2,5 Prozent meines Einkommens. Im Moment investiere ich 3 Prozent meines Einkommens in diesen Plan. Eine der zur Wahl stehenden Anlagemöglichkeiten ist der Gesamtaktienmarktindexfonds von Vanguard.«

»Ich verdiene 70 000 Dollar brutto pro Jahr. Von meinem Gehalt spare ich im Moment 24 Prozent. Es ist mein Ziel, diesen Prozentsatz bei mindestens 20 Prozent zu halten, aber mir ist klar, dass ich ihn vielleicht auf 15 Prozent senken muss, wenn andere Verpflichtungen auf mich zukommen sollten. Bis jetzt habe ich mir noch keine Gedanken darüber gemacht, wann ich mich zur Ruhe setzen möchte. Es wäre schon toll, wenn ich das früh tun könnte, aber ich habe mich noch nicht definitiv dazu entschieden.«

»Ich habe vor, mir auch einen eigenen Roth-IRA einzurichten.«

»Was denken Sie? Sollte ich meinen Finanzberater und all diese Fonds loswerden und alles in den VTSAX investieren? Mir ist nicht ganz klar, was das für steuerliche Konsequenzen haben würde. Sagen Sie mir, wenn ich falsch damit liege, aber ich würde 5500 Dollar auf den Roth-IRA einzahlen und den Rest auf einen normalen, nicht steuerbegünstigten Sparplan. Sollte ich in meinem 403(b)-Plan, meinem Roth-IRA und meinem normalen Konto ausschließlich den VTSAX halten?«

»Welches ist die beste Art, Einzahlungen auf meine verschiedenen Anlagekonten vorzunehmen? Wenn ich meine Notfallreserve zusammenhabe und alle Anlagen auf VTSAX umgestellt habe, dann bleiben mir nach den Einzahlungen auf meinen 403(b)-Plan noch ungefähr 1000 Dollar pro Monat für andere Investitionen. Sollte ich die jeden Monat anlegen oder warten, um größere Beträge anzulegen? Ich habe vom Durchschnittskosteneffekt gehört, der entsteht, wenn man regelmäßig immer denselben Betrag anlegt, aber ich habe mich nicht näher damit beschäftigt.«

»Danke für Ihren Rat und Ihre Zeit!«

Meine Antwort begann wie folgt:

»Bevor wir beginnen, muss ich dringend ein paar Glückwünsche loswerden. Nicht an Sie, sondern an Ihre Großeltern. Sie verdienen einen Riesenapplaus. Bitte sagen Sie ihnen das von mir.«

»Die Tatsache, dass sie Ihnen und ihren anderen Enkeln dieses Startkapital zur Verfügung gestellt haben, sagt mir verschiedene Dinge über sie: Sie haben finanzielle Reserven und das bedeutet, dass sie in ihrem Leben verantwortungsvoll und vernünftig mit ihrem Geld umgegangen sind. Sie sind großzügig. Und offenbar haben sie diese guten Eigenschaften, wenn man Ihre Fragen und Pläne bedenkt, an ihre Nachkommen weitergegeben. Falls Sie es noch nicht getan haben, laden Sie sie zum Essen ein und trinken Sie ein Glas auf ihr Wohl. Wenn Sie es schon getan haben, dann tun Sie es noch einmal.«

Die Ausgangslage ist großartig, man kann gut auf ihr aufbauen

1. 35 000 Dollar Startkapital.
2. 70 000 Dollar Jahresgehalt, von dem 24 Prozent oder 16 800 Dollar gespart werden.
3. Für die Zukunft besteht das Ziel des Lesers in einer Sparquote von ungefähr 20 Prozent oder 14 000 Dollar. Wie wir sehen werden, will ich ihn dazu überreden, eine höhere Sparquote anzustreben.
4. Ein guter Job bei einem Arbeitgeber, der einen 403(b)-Rentensparplan anbietet.
5. Keine Schulden.

6. Er ist sich über den Eintritt in den Ruhestand noch nicht sicher – was angesichts eines Alters von 26 Jahren keine Überraschung ist. Aber er versteht die Bedeutung von »Du kannst mich mal«-Geld.
7. Er will wissen, wie er in Zukunft am besten seine Anlagen tätigt und was es mit dem Durchschnittskosteneffekt auf sich hat.

Beschäftigen wir uns zunächst damit, welche Anlagen er wählen sollte. Glücklicherweise ist Vanguard beim Plan seines Arbeitgebers im Angebot. Er tendiert zum Gesamtaktienmarktindexfonds von Vanguard und damit liegt er genau richtig. In der Tat empfehle ich ihm, alle seine Anlagen in dieser Form zu halten. Er befindet sich in der Vermögensaufbauphase und dafür ist dieser Fonds das richtige Anlageinstrument.

In Kapitel 17 haben wir erfahren, dass es drei Möglichkeiten gibt, dieses Fondsportfolio zu besitzen: »Admirals«-Anteile, »Anleger«-Anteile und VTI (ein ETF, das heißt ein börsengehandelter Fonds). Der VTSAX ist die »Admirals«-Variante, bei der die Kosten am niedrigsten sind, bei der aber ein Mindestanlagebetrag von 10 000 Dollar erforderlich ist. Die »Anleger«-Variante enthält dasselbe Portfolio, aber zu etwas höheren Kosten und einem Mindestanlagebetrag von 3000 Dollar. Unser Leser sollte immer, wenn er es kann, »Admirals«-Anteile wählen und »Anleger«-Anteile nur, wenn er sie braucht, um mit der Geldanlage zu beginnen. Sobald sein Konto einen Betrag von mindestens 10 000 Dollar aufweist, wird es von Vanguard automatisch auf die »Admirals«-Variante mit den niedrigeren Kosten umgestellt.

Wie wir gesehen haben, verfügt er mit diesem einen Fonds über ein Portfolio, zu dem praktisch jedes börsennotierte

Unternehmen in den USA gehört. Und da viele dieser Unternehmen auch in großem Umfang international aktiv sind, ist er auch an der Entwicklung auf den Weltmärkten beteiligt. Mit diesem einen Investment hat er eine breit gestreute Anlage in Aktien, dem für den Vermögensaufbau am besten geeigneten Werkzeug. Dieser Aktienanteil von 100 Prozent wird als sehr aggressiv angesehen, aber genau das wollen wir ja in der Vermögensaufbauphase. Wie wir in den vorhergehenden Kapiteln erfahren haben, muss eines klar sein: Unser Leser muss sich auf Turbulenzen und Stürme einstellen, die ihm Angst machen werden. Aber dennoch muss er sich an seinen Plan halten, weiter investieren und es durchstehen. Mit 26 Jahren hat er ja noch Jahrzehnte vor sich.

Irgendwann wird er anfangen, über seinen Ruhestand nachzudenken. Dieser Ruhestand kommt vielleicht erst, wenn er 65 Jahre alt ist, oder vielleicht schon im Alter von 35 Jahren, wenn er genug »Du kannst mich mal«-Geld zusammenhat. Aber gleichgültig, wann genau es passieren wird, sobald er sich dem Zeitpunkt des Ruhestands nähert, sollte er darüber nachdenken, zu diversifizieren und auch in Anleihen anzulegen. Aber jetzt, in der Vermögensaufbauphase, sollte er sein Geld in Aktien stecken – und der VTSAX ist das beste Mittel zu diesem Zweck.

Schauen wir uns dann seine verschiedenen Geldanlagetöpfe an und überlegen uns, wie er seine VTSAX-Anlagen auf sie verteilen soll. Sie werden sich erinnern, dass in diesen »Töpfen« die Investments liegen, die wir uns ausgesucht haben. Sie lassen sich nach ihrer Attraktivität wie folgt ordnen:

1. **Sein 403(b)-Plan vom Arbeitgeber.** Da er für eine Universität arbeitet, hat er einen 403(b)-Plan und keinen 401(k)-Plan, wie er in der Privatwirtschaft üblich ist. Er hat vor, 3 Prozent seines

Einkommens darauf einzuzahlen, was steuerlich abzugsfähig ist. Die Steuern auf die Erträge der Geldanlagen werden ihm gestundet. Sein Arbeitgeber bezuschusst diese Einzahlungen bis zur Höhe von 2,5 Prozent seines Einkommens. Das ist geschenktes Geld! Und deshalb steht dieser Plan auch an erster Stelle.

2. Steuerlich abzugsfähiger IRA. Dieses Konto entspricht weitgehend dem Arbeitgeberplan, weil die Einzahlungen darauf steuerlich abzugsfähig sind und die Steuern auf die Erträge gestundet werden. Von Vorteil ist vor allem, dass er die volle Kontrolle über seine Geldanlagen hat und nicht auf die von seinem Arbeitgeber angebotenen beschränkt ist. Er sollte einen IRA bei Vanguard eröffnen und sich dafür den VTSAX beziehungsweise den VTSMX aussuchen.

In seinem Fall ist das weniger wichtig, da schon sein 403(b)-Plan eine sehr gute Auswahl bietet. Aber bei vielen von Arbeitgebern angebotenen Plänen ist das nicht der Fall. Wenn Sie solch einen Plan haben sollten, dann suchen Sie sich anhand der Richtlinien aus Kapitel 19 die Anlagemöglichkeit aus, die einem Gesamtaktienmarktindexfonds oder einem S&P-500-Indexfonds am nächsten kommt. In den meisten Plänen gibt es so etwas. Investieren Sie dann so viel, dass Sie den Arbeitgeberzuschuss vollkommen ausnutzen. Und dann legen Sie Geld auf Ihrem IRA an. Sobald hier die steuerlich begünstigte Höchstgrenze erreicht ist, wenden Sie sich wieder Ihrem Arbeitgeberplan zu und zahlen darauf bis zu dieser Höchstgrenze ein.

Im Moment liegt die maximal mögliche Einzahlung auf einen IRA bei 5500 Dollar pro Jahr und unser Leser sollte auch alles tun, um so viel einzuzahlen. Denn die Steuervorteile sind einfach zu hoch, um auf sie zu verzichten.

3. Aber nun zurück zu seinem 403(b)-Plan. Zurzeit erlauben ihm die Steuergesetze, bis zu 18 000 Dollar pro Jahr auf seinen 403(b)-Plan einzuzahlen, und bei 3 Prozent vom Einkommen legt er im Moment nur 2100 Dollar pro Jahr an. Also bleiben 15 900 Dollar an möglichen Einzahlungen übrig.

Da er nur plant, ungefähr 20 Prozent oder 14 000 Dollar von seinem Einkommen zu sparen, sollte er weitere 6400 Dollar auf seinen 403(b)-Plan einzahlen: 2100 Dollar + 5500 Dollar + 6400 Dollar = 14 000 Dollar. Aber, wie schon gesagt, ich werde versuchen, ihn zu überreden, mehr zu sparen.

Er könnte nämlich auch seinen 403(b)-Plan bis zur Obergrenze ausnutzen und zusätzlich zu den 2100 Dollar, die er anlegt, um den Arbeitgeberzuschuss abzuschöpfen, 15 900 Dollar einzahlen, was insgesamt 18 000 Dollar ergeben würde. Wenn man dazu die 5500 Dollar, die auf seinem IRA landen, addiert, dann kommt man auf eine Summe von 23 500 Dollar. Das entspricht einer Sparquote von ungefähr 33,57 Prozent.

An dieser Stelle muss ich darauf hinweisen, dass ich diese Sparquoten auf der Basis des Brutto-, also des Vorsteuereinkommens berechne. Man könnte argumentieren, dass es besser wäre, dazu das Netto-, also das Nachsteuereinkommen heranzuziehen, denn das ist es ja, was er wirklich zur Verfügung hat. Aber die Steuergesetze sind sehr kompliziert und welches Nettoeinkommen bei einem bestimmten Bruttoeinkommen übrig bleibt, wird sich von Person zu Person deutlich unterscheiden. Das Bruttoeinkommen zu verwenden ist nicht nur einfacher, sondern entspricht auch eher der Zielrichtung dieses Buches – weil es dazu ermutigt, höhere absolute Geldbeträge zu sparen.

Jeder, der wirklich finanziell unabhängig werden will, muss unbedingt alle Möglichkeiten der Steuerstundung vollständig ausnutzen. Und wenn man das tut, hat man schon eine ganz ansehnliche Sparquote erreicht. Aber es gibt keinen Grund, es dabei zu belassen.

4. **Der normale, nicht steuerbegünstigte Topf.** Hierhinein kommen alle gewöhnlichen Investments, die außerhalb der steuerbegünstigten Töpfe getätigt werden. Man muss zwar jedes Jahr Steuern auf die Dividenden und die ausgeschütteten Veräußerungsgewinne zahlen, aber dafür ist das Geld, nicht wie bei den steuerbegünstigten Konten, immer und ohne Strafzahlungen verfügbar. In diesem Topf befinden sich die 35 000 Dollar unseres Lesers jetzt, aufgeteilt auf mehrere Fonds. Alles auf den VTSAX umzustellen ändert nichts daran, dass sich das Geld immer noch in diesem Topf befindet.

Wenn er die zwölf Fonds, die er im Moment besitzt, verkauft, dann muss er Steuern auf den Veräußerungsgewinn zahlen – falls es Wertzuwächse gegeben hat. Aber da die Summe von 35 000 Dollar nicht sehr groß ist und die Steuern auf Veräußerungsgewinne gegenwärtig niedrig sind, muss er sich deswegen keine grauen Haare wachsen lassen. Wenn jedoch der Betrag, um den es geht, deutlich höher wäre, dann würde diese Entscheidung schwieriger werden. In einem solchen Fall müsste man die Geldanlagen, die man gerade hält, sorgfältig analysieren und die damit verbundenen Kosten der zu erwartenden Steuerzahlung gegenüberstellen.

Lassen Sie uns alles zusammenfassen: Die Sparquote unseres Lesers beträgt im Moment 24 Prozent, weil er eine Notfallreserve zusammensparen will; er hat vor, diese Quote auf 20 Prozent zu reduzieren. Verglichen mit der durchschnittlichen amerikanischen Sparquote sind das ausgezeichnete Zahlen. Verglichen mit seinen Zielen ist es jedoch zu wenig und er sollte mehr tun. Ich würde ihm eine Sparquote von 50 Prozent empfehlen, aber diejenigen, die fest entschlossen sind, genug »Du kannst mich mal«-Geld zu haben, streben häufig Quoten von 70 bis 80 Prozent an.

Er unterscheidet sich schon jetzt vom Durchschnittsbürger, weil er schuldenfrei ist, spart und investiert. Er hat einen Job, ist jung und ohne Kinder. Er wird niemals mehr in einer besseren Lage sein, um einen weiteren großen Schritt in Richtung finanzielle Unabhängigkeit zu tun. Auf jeden Fall sollte er eine »Lebensstandardinflation« vermeiden, indem er sich dazu entschließt, alle Gehaltserhöhungen zu sparen und zu investieren. Wenn er das heute tut, dann wird er in der Zukunft nur das Problem haben, all das Geld auszugeben, das sein Geld für ihn in der Zwischenzeit verdient hat.

Nachdem wir das geklärt haben, wollen wir uns verschiedene mögliche Sparquoten näher anschauen und dazu auch ein paar Beispielrechnungen anstellen.

Erste Möglichkeit: Sparquote 24 Prozent

Wir ignorieren jetzt, dass unser Leser seine Sparquote auf 20 Prozent reduzieren möchte, weil er auf diese Weise seine Ziele nicht erreichen würde.

Er beginnt mit den 35 000 Dollar seiner Großeltern und investiert diese vollständig in den VTSAX. Hierbei muss er Steuern auf den Veräußerungsgewinn zahlen, wenn einer anfällt. Wie wir wissen, betrug die Durchschnittsrendite des Aktienmarktes in den vergangenen 40 Jahren (Januar 1975 bis Januar 2015) 11,9 Prozent pro Jahr.[1] Bei dieser Rendite verdoppelt sich sein Geld ungefähr alle sechs Jahre. Bis er 62 Jahre alt ist (also in 36 Jahren) wird es sich fast sechs Mal verdoppelt haben. Er wird also schätzungsweise über 2 Millionen Dollar haben – ohne einen einzigen Penny zusätzlich investiert zu haben.[2] Bis er 68 Jahre alt ist, wird es sich noch einmal auf über 3 900 000 Dollar verdoppelt haben. Das liegt am Zinseszinseffekt. Habe ich schon gesagt, dass er seine Großeltern zum Essen einladen sollte?

Wenn man in dieser Zeit immer weiter investiert, steigt die Endsumme dramatisch an. Bei seiner aktuellen Sparquote von 24 Prozent kann er jedes Jahr von seinem Gehalt von 70 000 Dollar 16 800 Dollar anlegen.

Für seinen 403(b)-Plan braucht er 2,5 Prozent seines Gehalts, um den Arbeitgeberzuschuss vollständig auszunutzen, aber er investiert 3 Prozent. Das entspricht 2100 Dollar pro Jahr (von seinem Arbeitgeber kommen 2,5 Prozent – weitere 1750 Dollar – dazu, aber das zählt nicht zu seinem Anlagegeld von 24 Prozent beziehungsweise 16 800 Dollar). Dieses Geld geht in den VTSAX, den sein Plan im Angebot hat. Wenn das nicht der Fall wäre, dann würde er es in den Fonds seines Plans investieren, der dem VTSAX am nächsten kommt.

Auf seinen steuerlich abzugsfähigen IRA fließen 5500 Dollar. Die werden zuerst für den VTSMX verwendet, später, sobald der Kontostand 10 000 Dollar beträgt, für den VTSAX.

So weit haben wir 7600 Dollar pro Jahr angelegt, teils auf seinem 403(b)-Plan, teils auf seinem IRA. Die von seinen

1 http://dqydj.net/sp-500-return-calculator/ (Lassen Sie »Adjust for Inflation (CPI)?« frei.)

2 http://www.calculator.net/investment-calculator.html (Klicken Sie auf »End Amount«.)

16 800 Dollar verbleibenden 9200 Dollar investieren wir dann wieder auf seinem 403(b)-Plan.

Lassen Sie sich nicht durch diesen Prozess und seine drei Schritte verwirren. Das dient nur dazu, die Anlagealternativen in der Reihenfolge ihrer Attraktivität abzuarbeiten. Wenn unser Leser das getan hat, ist die tatsächliche Durchführung einfach:

1. Er zahlt 11 300 Dollar auf seinen 403(b)-Plan ein (2100 Dollar plus 9200 Dollar).
2. Er zahlt auf seinen IRA bis zum Höchstbetrag von 5500 Dollar ein.

Zweite Möglichkeit: Sparquote 50 Prozent

Jetzt wollen wir sehen, was passieren würde, wenn wir unseren Leser dazu bringen könnten, sich mit dem Sparen und Investieren ein bisschen mehr Mühe zu geben. Er beginnt wieder mit den 35 000 Dollar seiner Großeltern. Jetzt hat er jedes Jahr weitere 35 000 Dollar von seinem Gehalt (50 Prozent von 70 000 Dollar), die er investieren kann.

Wie zuvor fließen 3 Prozent seines Gehalts von 70 000 Dollar – also 2100 Dollar – auf seinen 403(b)-Plan und sein Arbeitgeber schießt weitere 2,5 Prozent des Gehalts zu.

Auf den steuerlich abzugsfähigen IRA, welcher in den VTSAX investiert ist, geht weiterhin der maximal mögliche Betrag von 5500 Dollar.

Damit haben wir wieder 7600 Dollar auf den 403(b)-Plan und den IRA aufgeteilt. Aber jetzt haben wir 27 400 Dollar für weitere Geldanlagen übrig. Damit können wir das Potenzial des 403(b)-Plans voll ausschöpfen und weitere 15 900 Dollar darauf einzahlen. Zusammen mit den 2100 Dollar, die er einzahlt, um den vollen Arbeitgeberzuschuss zu bekommen, hat er damit die jährliche Höchstgrenze von 18 000 Dollar erreicht – und noch 11 500 Dollar übrig:

35 000 Dollar – 2100 Dollar – 5500 Dollar
– 15 900 Dollar = 11 500 Dollar.

Diese 11 500 Dollar kommen in den »Normaltopf« mit dem VTSAX und erhöhen das Startkapital von 35 000 Dollar, mit dem ihn seine Großeltern großzügigerweise ausgestattet haben.

Es ist klar, dass im Fall der zweiten Möglichkeit sein Vermögen viel schneller wachsen wird. Er nutzt alle möglichen steuerbegünstigten Anlagepläne voll aus und schafft sich auch außerhalb dieser ein Vermögen, auf das er jederzeit und ohne Strafzahlungen zugreifen kann.

Aber das setzt natürlich voraus, dass er es schafft, sein Leben so zu führen, dass er mit den restlichen 35 000 Dollar pro Jahr auskommen kann. Einigen Lesern wird dies wie eine erbärmlich niedrige Summe vorkommen, anderen wird sie extravagant hoch erscheinen. In jedem Fall ist es machbar. Es ist lediglich eine Frage der Präferenzen und der Prioritäten – und eine Frage dessen, wie viel einem die finanzielle Unabhängigkeit wert ist.

Es mag seltsam erscheinen, aber es stimmt: Ein Einkommen von 35 000 Dollar pro Jahr bedeutet, dass man zu den 0,81 Prozent Bestverdienern weltweit gehört. Herzlichen Glückwunsch dazu! Wenn Sie wissen wollen, wie Sie und Ihr Einkommen einzustufen sind, dann können Sie unter https://www.thewealthlist.com/global-rich-list/ nachschauen.

Lassen Sie uns zum Schluss kurz darüber sprechen, auf welche Weise diese Anlagen getätigt werden sollten.

Wie die meisten Leute wird unser Leser Geld dann investieren, wenn er es verdient. Er wird dies bei seinem 403(b)-Plan, seinem IRA und seinem normalen, nicht steuerbegünstigten Konto so machen, wobei Letzteres schon sein Startkapital von 35 000 Dollar in Form des VTSAX enthält.

Das bedeutet, dass er regelmäßig im Zeitablauf bestimmte Beträge anlegt, woraus der sogenannte »Durchschnittskosteneffekt« resultiert. Diesen Effekt (das DCA, *»Dollar Cost Averaging«*) werden wir ausführlich in Kapitel 25 besprechen.

Das Schöne am 403(b)-Plan ist, dass die Einzahlungen automatisch erfolgen, wenn man ihn erst einmal eingerichtet hat. Der IRA und der »Normaltopf« erfordern etwas mehr Mühe. Der Leser muss entweder immer daran denken, regelmäßig einzuzahlen (genau wie man seine Rechnungen bezahlen muss), oder er kann sie bei Vanguard einrichten, damit das Geld automatisch abgebucht und angelegt wird. Ich würde mich für die zweite Möglichkeit entscheiden: Es ist bequemer und erhöht die Wahrscheinlichkeit, dass man auf Dauer Kurs hält.

Und damit hätten wir es: Wenn unser Leser diesem einfachen Plan folgt, wird er sein »Du kannst mich mal«-Geld haben, bevor er es merkt, und die Entscheidung, ob er arbeitet oder nicht, wird ihm freistehen. Wenn er das Alter erreicht hat, in dem seine Großeltern jetzt sind, wird er ohne Weiteres in der Lage sein, seine eigenen Enkel mit einem Startkapital auszustatten und so den Kreislauf fortzusetzen. Zu dieser Zeit wird er sich vielleicht auch Gedanken darüber machen, wie man lernen kann, »wohltätig wie ein Milliardär zu sein«. Das werden wir in Kapitel 31 besprechen.

Anmerkung

Wenn Sie sich für die Originalfassung dieser Fallstudie interessieren, dann finden Sie diese in Form eines Beitrags mit dem Titel »The Smoother Path to Wealth« auf meinem Blog www.jlcollinsnh.com. Dort gibt es auch mehrere andere Fallstudien, die ganz verschiedene Situationen betreffen. Schauen Sie einfach in der rechten Spalte unter »Categories: Case Studies« nach. Um Antworten auf eine ganze Reihe einfacher Fragen zu sehen, klicken Sie auf das Feld »Ask jlcollinsnh« am Seitenanfang.

Kapitel 22: Warum ich keine Finanzberater mag

Anderer Leute Geld zu verwalten ist ein Riesengeschäft und für die, die das tun, ein sehr lukratives Geschäft.

Offensichtlich gibt es ein Bedürfnis für Finanzberatung, denn Geldanlage und Vermögensverwaltung schrecken viele Leute ab. Dieser ganze Finanzkram scheint so kompliziert zu sein, dass es nicht überraschend ist, dass viele Menschen ihn nur zu gern Profis überlassen, die hoffentlich darin besser sind als sie selbst.

Aber leider erzielen die meisten Finanzberater *keine besseren* Ergebnisse. Investieren scheint nur deshalb so kompliziert zu sein, weil sich die Finanzindustrie nach allen Kräften bemüht, es kompliziert zu machen. Tatsächlich sind viele Geldanlageformen kompliziert. Aber wie Sie nun wissen, sind die Indexfondsanlagen nicht nur einfacher, sondern *auch ertragreicher.*

Im besten Fall sind Finanzberater einfach nur teuer, im schlechtesten sind sie Betrüger und Diebe. Googeln Sie nur einmal den Namen »Bernie Madoff« ... Wenn Sie sich beraten lassen wollen, dann suchen Sie sich Ihren Berater sehr sorgfältig aus – und geben Sie niemals die Kontrolle aus der Hand. Es ist schließlich Ihr Geld und niemand wird sich besser darum kümmern als Sie selbst. Aber viele Menschen werden versuchen, Ihr Geld an sich zu bringen. Das dürfen Sie nicht zulassen.

Wenn ich von Finanzberatern spreche, dann meine ich auch Vermögensverwalter, Investmentmanager, Börsenmakler, Versicherungsvertreter (die sich oft als Finanzplaner ausgeben) und Ähnliche. Mit anderen Worten: alle, die ihr Geld damit verdienen, sich um das Ihrige zu kümmern.

Ich bin sicher, dass es viele ehrliche, fleißige, hart arbeitende Berater gibt, die selbstlos sind und ihre eigenen Interessen hinter die ihrer Kunden zurückstellen. Wenn ich so darüber nachdenke, bin ich mir dessen gar nicht so sicher ... Aber ich wollte es einmal gesagt haben, um gegenüber den paar, die es geben mag, fair zu sein.

Meiner Meinung nach gibt es folgende Nachteile bei der Finanzberatung:

1. Es besteht ein struktureller und unvermeidbarer Gegensatz zwischen den Interessen des Beraters und denen seiner Kunden. Man kann viel mehr Geld damit verdienen, komplizierte und teure Geldanlagen zu verkaufen, als einfache, billige und effektive. Wenn der Berater das tut, was am besten für seine Kunden ist, muss er das tun, was nicht am besten für ihn ist. Um sich so zu verhalten, muss man fast ein Heiliger sein – und Heilige sind nicht nur sehr selten, sie fühlen sich typischerweise nicht zur Finanzberatung oder zur Vermögensverwaltung berufen.
2. Gut gemeinter, aber schlechter Rat ist sehr häufig in dieser Branche. Berater, die ihre eigenen Interessen hinter die ihrer Kunden zurückstellen, sind (um einen Vergleich aus dem Roman *Edge of Dark Water* von Joe Lansdale zu borgen) »seltener als getaufte Klapperschlangen«. Außerdem muss man einen finden, der nicht nur ehrlich ist, sondern auch Ahnung hat von dem, was er tut.

3. Berater tendieren nicht zu den besten Geldanlagen, sondern zu den Geldanlagen, bei denen es die höchsten Provisionen und die höchsten Verwaltungsgebühren zu verdienen gibt. Tatsächlich werden sie meistens von ihren Arbeitgebern dazu genötigt, genau diese Arten von Geldanlagen zu verkaufen. Der Kauf und Besitz solcher Geldanlagen ist zwangsläufig teuer. Und Geldanlagen, deren Kauf und Besitz teuer ist, sind zwangsläufig schlechte Geldanlagen.
4. Es kann nicht überraschen, dass eine Branche, in der man Zugang zu den Lebensersparnissen anderer Leute hat, ein Magnet für Betrüger, Diebe und Gauner ist.

Schauen wir uns einmal an, mit welchen Methoden Finanzberater ihr Geld verdienen – und wie jede dieser Methoden den Kunden schadet. Und Sie müssen bedenken, dass wir hier über die gesetzestreuen Berater reden – und nicht über die richtigen Gauner. Grundsätzlich gibt es drei verschiedene Verdienstquellen:

1. Provisionen

Der Berater bekommt jedes Mal, wenn Sie Wertpapiere kaufen oder verkaufen, eine Provision. Diese Provisionen werden in der Finanzbranche auch *»loads«* genannt.

Man erkennt unschwer das Missbrauchspotenzial und der Interessenkonflikt ist offensichtlich. Wenn man Vanguard-Fonds kauft, gibt es keine Provision *(»load«)*. Aber American Funds, wie auch andere Gesellschaften, berechnet fürstliche Provisionen. Sie betragen typischerweise ungefähr 5,75 Prozent und fließen direkt in die Taschen des Beraters. Wenn Sie also 10 000 Dollar anlegen wollen, dann werden im Endeffekt davon nur 9425 Dollar für Sie arbeiten. Die anderen 575 Dollar gehören Ihrem Berater. So, jetzt überlegen Sie einmal: Welche Fonds wird er Ihnen wohl empfehlen?

Einige Gesellschaften bieten Beratern, die ihre Fonds verkaufen, eine jährliche Verwaltungsgebühr von 1 Prozent an. Das bedeutet, dass Sie nicht nur einmal beim Kauf eine Provision zahlen müssen, sondern jedes Jahr, solange sie die betreffenden Fonds halten. Auch solche Fonds erfreuen sich der Gunst der Berater. Bei vielen Investments gibt es sogar diese Gebühr *und* gleichzeitig eine Provision *(»load«)*.

Außerdem handelt es sich bei solchen Fonds meistens um aktiv gemanagte Fonds, die eine hohe Kostenquote haben und deshalb schlechter abschneiden *müssen* als ein einfacher und billiger Indexfonds, den Sie ohne Weiteres selbst kaufen können.

Überlegen Sie einmal, was da alles zusammenkommt. Gehen wir von einer Provision von 5,75 Prozent kombiniert mit einer Verwaltungsgebühr von 1 Prozent pro Jahr aus und nehmen wir eine Kostenquote von, sagen wir, 1,5 Prozent an. Dann verschenken Sie 8,25 Prozent Ihres Kapitals gleich am Anfang. Nicht nur dieses Geld ist für Sie für immer verloren, sondern auch all das Geld, das es für Sie im Lauf der Jahrzehnte hätte verdienen können. Vergleichen Sie das einmal mit der Kostenquote von 0,15 Prozent beim VTSAX. Du meine Güte!

Bei Geldanlagen von Versicherungsgesellschaften sind die Provisionen mit am höchsten. Deswegen sind es auch die Geldanlagen, die Ihnen von den Finanzberatern am nachdrücklichsten empfohlen werden – und die Sie am meisten kosten. Bei Lebensversicherungen gibt es Provisionen von bis zu 10 Prozent. Noch schlimmer ist, dass diese Provisionen im Anlageprodukt versteckt sind, so dass Sie sie nicht erkennen. Warum diese Art von Betrug erlaubt ist, weiß ich nicht. Aber er ist erlaubt.

Hedgefonds und Vermögensverwaltungen machen ihre Vertreter und ihre Manager reich. Und die Anleger? Vielleicht manchmal, aber nicht wirklich.

Erinnern Sie sich an Bernie Madoff? Die Leute haben ihn tatsächlich *angefleht*, ihr Geld zu nehmen. Seine Referenzen waren erstklassig, genau wie die Ergebnisse, die er erzielt hatte. Nur die »besten« Finanzberater konnten einem seine Anlagen vermitteln. Madoff bezahlte ihnen dafür stattliche Provisionen, genau wie seine Kunden. Na so was ...

Als ob das alles nicht schon schlimm genug wäre, müssen Sie auch noch darauf aufpassen, dass man Sie nicht noch mit ständigen Portfolioumschichtungen melkt. Damit ist gemeint, dass man Investments häufig kauft und verkauft, nur um damit Provisionen zu generieren. Es ist zwar illegal, aber man kann es leicht als »Anpassung der Vermögensstruktur« bemänteln.

2. Managementgebühren

Angesichts des eklatanten Missbrauchs des Provisionsmodells hat in den letzten Jahren die Berechnung von pauschalen Managementgebühren an Verbreitung zugenommen. Diese Gebühren betragen typischerweise 1 bis 2 Prozent vom Gesamtwert des Kundenportfolios und diese Methode wird als »objektiver« und »professioneller« angepriesen. Aber auch hier gibt es Nachteile.

Zunächst einmal belasten diese 1 bis 2 Prozent das Wachstum Ihres Vermögens und später, wenn Sie von Ihrem Vermögen leben, Ihr Einkommen enorm. Die Erträge Ihrer Investments sind für Sie wertvoll und bei diesem Modell schöpft Ihr Berater den Rahm für sich ab.

Nehmen wir an, Sie haben Ersparnisse von 100 000 Dollar. Das entspricht etwa der Mindestsumme, ab der es für Finanzberater interessant wird. Nehmen wir außerdem an, Sie legen dieses Geld für 20 Jahre an und erzielen damit eine Rendite von durchschnittlich 11,9 Prozent pro Jahr, was, wie wir gesehen haben, die jährliche Durchschnittsrendite am Aktienmarkt in den vergangenen 40 Jahren (Januar 1975 bis Januar 2015) war.[1] Ihr Vermögen wird auf 947 549 Dollar anwachsen. Nicht schlecht, oder? Nun nehmen wir an, dass Sie von diesen jährlichen Wertzuwächsen 2 Prozent als Verwaltungsgebühren abgeben. Ihre Nettorendite beträgt dann 9,9 Prozent pro Jahr und nach 20 Jahren ergibt das 660 623 Dollar.[2] Das ist ein Riesenverlust von 286 926 Dollar! Oh Gott! Sie geben ja nicht nur die 2 Prozent pro Jahr auf, Sie geben damit auch all das Geld auf, das diese 2 Prozent für Sie während der 20 Jahre hätten verdienen können. Ich muss Ihnen das wirklich einhämmern: Es geht um sehr viel.

Zweitens haben wir immer noch das Problem des Interessenkonflikts. Es ist beim Modell der Managementgebühren zwar nicht so schwerwiegend wie beim Provisionsmodell, aber es existiert. Vielleicht überlegen Sie, Ihr Hypothekendarlehen über 100 000 Dollar abzuzahlen. Oder Sie erwägen, mit den

---

1 http://dqydj.net/sp-500-return-calculator/ (Lassen Sie »Adjust for Inflation (CPI)?« frei.)

2 http://www.calculator.net/investment-calculator.html (Klicken Sie auf »End Amount«.)

100 000 Dollar das Studium Ihres Kindes zu finanzieren, damit er oder sie sich nicht verschulden muss. Oft werden Ihnen Finanzberater von diesen beiden Möglichkeiten abraten. Dieser Rat kann Ihnen nutzen oder schaden, je nachdem, wie Ihre persönliche Situation aussieht. Für Ihren Finanzberater ist es der einzige Rat, der ihm selbst nutzt und ihm die 1000 bis 2000 Dollar an jährlichen Gebühren erhält, die er mit der Verwaltung Ihrer 100 000 Dollar verdient.

Drittens wird Sie die ganz überwiegende Mehrheit der Finanzberater auch dadurch Geld kosten, dass sie schlechter als der Markt abschneiden. Die aktiv gemanagten Fonds, die sie in der Regel empfehlen, erzielen im Vergleich zum Marktindex nur eine erbärmliche Rendite. Erst nach 20 oder mehr Jahren werden Sie wissen, ob Sie so viel Glück hatten, einen der ganz wenigen Berater zu erwischen, die besser als der Markt sind.

3. Stundensätze

Viele Berater lehnen dieses Modell ab, weil es die Kunden dazu bringe, zu wenig Zeit in die Beratung zu investieren. Das mag schon stimmen, aber es stimmt auch, dass man eine ganze Menge an Beratungsstunden braucht, um dieselben Einnahmen wie mit Provisionen und jährlichen Gebühren zu erzielen.

Die Berater weisen auch darauf hin, dass die Kunden sich wahrscheinlich gegen Provisionen und Gebühren weniger sträuben, die ja vorab abgezogen und deshalb häufig nicht wahrgenommen werden. Wenn man Stundensätze zahlt, dann muss man den Scheck ausstellen oder die Überweisung durchführen und man sieht genau, wie sein Geld weniger wird. Auch wenn diese Methode im Endeffekt kostengünstiger ist, fühlen sich die Kunden dabei nicht wohl – und das bedeutet weniger Geld für den Berater. Für die Kunden scheint mir das kein Nachteil zu sein.

Insgesamt ist diese Methode die ehrlichste und direkteste, um für Beratung zu bezahlen, wenn man Beratung benötigt. Aber bezahlen muss man nun einmal. Stundensätze von 200 bis 300 Dollar und mehr sind nicht unüblich. Es ist zwar weniger wahrscheinlich, dass man Sie betrügt, aber Sie haben immer noch das Problem herauszufinden, ob die Beratung selbst gut oder schlecht für Ihr finanzielles Wohlergehen ist.

4. Eine Kombination der drei Möglichkeiten

Eine weitere Möglichkeit besteht darin, mehrere der genannten drei Methoden miteinander zu kombinieren. Wenn Ihr Berater dies tut, dann hat er dabei höchstwahrscheinlich nicht Ihren Vorteil im Sinn.

Was ist also mein Rat, wenn es darum geht, einen guten Finanzberater zu finden? Ich habe nicht die leiseste Ahnung. Das ist wahrscheinlich noch schwieriger, als »Gewinneraktien« oder aktiv gemanagte Fonds, die den Markt schlagen, zu finden.

Berater sind nur so gut wie die Anlagen, die sie empfehlen. Und da sie meistens aktiv gemanagte Fonds empfehlen – im Gegensatz zu den Indexfonds, die in diesem Buch empfohlen werden –, stellt sich die Frage, wie oft aktiv gemanagte Fonds besser als der Markt abschneiden.

Wie wir in Kapitel 8 gesehen haben, lautet die Antwort: sehr selten. Sie werden sich an die Untersuchungen erinnern, die gezeigt haben, dass in jedem Jahr nur ungefähr 20 Prozent der aktiv gemanagten Fonds den Markt schlagen und dass dieser Prozentsatz, wenn man einen Zeitraum von 30 Jahren betrachtet, auf 1 Prozent fällt. Statistisch gesehen ist das ein Rundungsfehler oder eine Zufallsschwankung.

Und so etwas verkauft Ihnen Ihr hochbezahlter Finanzberater. Wenn Sie ein Investmentneuling sind, dann haben Sie zwei Möglichkeiten:

1. Lernen Sie, einen guten Finanzberater zu finden.
2. Lernen Sie, gute Geldanlagen zu finden.

Beides erfordert Zeit und Energie. Aber die zweite Alternative führt nicht nur zu besseren Ergebnissen, sie ist auch der einfachere und kostengünstigere Weg. Ich hoffe, dieses Buch kann Ihnen zeigen, wie dieser Weg aussieht und wohin er führt.

Die große Ironie des Geldanlegens besteht darin, dass einfache Anlagen sowohl billiger als auch besser sind. Komplizierte Investments nutzen nur den Menschen und den Unternehmen, die sie verkaufen.

Denken Sie immer daran, dass sich niemand besser um Ihr Geld kümmern wird als Sie selbst. Mit weniger Anstrengung als der, die Sie brauchen, um einen guten Berater zu finden, können Sie auch lernen, wie man sein Geld selbst verwaltet – und das zu wesentlich geringeren Kosten und mit besseren Ergebnissen.

Teil III: Was man tun – und was man lassen sollte

Man wird durch Erfahrungen weise.
Und Erfahrungen muss man machen, wenn
man nicht weise ist.
Terry Pratchett

Kapitel 23: Jack Bogle und die Hexenjagd auf Indexfonds

Wenn mich einmal jemand fragen würde, welcher eine Faktor den Aufbau meines persönlichen Vermögens am meisten behindert hat, dann würde ich antworten: meine jahrelange sture Ablehnung des Konzepts der Indexfonds. Wenn ich heute die Argumente gegen dieses Konzept höre, dann kommt es mir tatsächlich so vor, als ob ich meine eigene Stimme in meinem Kopf höre. Auch ich habe genau dieselben Argumente viel zu lange selbst vertreten.

Warum also stößt das Konzept der indexorientierten Geldanlage bei vielen auf solchen Widerstand? Zur Beantwortung dieser Frage muss man den Hintergrund kennen.

Jack Bogle gründete Vanguard 1974. Er ist der Erfinder der modernen Indexfonds mit niedrigen Gebühren und mein persönlicher Held. Wenn Sie Wohlstand und finanzielle Unabhängigkeit anstreben, dann sollte er auch Ihr Held sein.

Vor Bogle war die Finanzindustrie fast ausschließlich darauf ausgerichtet, die Verkäufer von Finanzprodukten auf Kosten ihrer Kunden zu bereichern. Zum Großteil ist sie es heute immer noch.

Dann trat Bogle auf den Plan und deckte auf, dass die Anlage in ausgesuchten Aktien und die Anlageberatung im besten Fall sinnlos, im schlechtesten Fall schädlich und immer ein teurer Hemmschuh für das Wachstum Ihres Vermögens ist. Es ist wenig überraschend, dass die Wall Street empört aufheulte und ihn hartnäckig verteufelte.

Bogle reagierte darauf, indem er den ersten S&P-500-Indexfonds auflegte. Das Heulen und Zähneknirschen ging weiter, selbst als der neue Fonds von Bogle in der Praxis gezeigt hatte, dass seine Theorien richtig waren.

Im Lauf der Jahre und als es immer mehr Belege für die Gültigkeit dieser Theorien gab, wurden die Kritiker von Bogle allmählich leiser – wahrscheinlich, denke ich, weil sie sich ziemlich albern vorkamen. Andere Fondsgesellschaften, die erkannt hatten, dass die Leute immer weniger dazu bereit waren, hohe Gebühren für fragwürdige Leistungen zu bezahlen, begannen sogar, eigene Indexfonds mit niedrigen Gebühren anzubieten, um ihre Kunden nicht zu verlieren. Ich persönlich glaube, dass sie nie ganz hinter diesem Konzept standen, und deshalb bleiben ich und mein Geld bei Vanguard.

Die Grundidee bei Vanguard besteht darin, dass die Interessen der Investmentgesellschaft und die der Besitzer ihrer Fonds übereinstimmen sollten. Das war damals eine fantastische Idee und bis heute ist Vanguard die einzige Gesellschaft, die diese Idee verwirklicht hat und deshalb die einzige Gesellschaft, die ich empfehle.

Die Grundidee der indexorientierten Geldanlage besteht darin, dass man alle Aktien eines bestimmten Index kauft, weil dadurch bessere Ergebnisse erzielt werden als beim Versuch, die »Gewinneraktien« auszuwählen; denn die Wahrscheinlichkeit, dass dies gelingt, ist verschwindend gering. Diese Idee wurde damals rundweg lächerlich gemacht und einige tun dies noch heute.

Aber im Lauf der letzten vier Jahrzehnte ist die Richtigkeit der Idee von Bogle wiederholt bestätigt worden. Angesichts dessen ist der Anteil der Anlagegelder, der in Indexfonds investiert ist, laufend gewachsen. Sogar Warren Buffett, vielleicht der erfolgreichste Aktienkäufer aller Zeiten, wird damit zitiert, dass er die indexorientierte Geldanlage empfiehlt, insbesondere für das Treuhandvermögen seiner Frau nach seinem Tod.

Buffett hat im Aktionärsbrief von Berkshire Hathaway aus dem Jahr 2003 geschrieben:

> *»Mein Rat könnte nicht einfacher sein: Investieren Sie 10 Prozent in kurzfristige Staatsanleihen und 90 Prozent in einen S&P-500-Fonds mit sehr niedrigen Kosten. (Ich empfehle den von Vanguard.) Ich glaube, dass das Treuhandvermögen dadurch bessere langfristige Ergebnisse erzielen wird als die meisten Anleger – seien dies Pensionskassen, Institutionen oder Privatanleger –, die teure Manager beschäftigen.«*

Warum also wird dieses Konzept trotz all der Tatsachen, die zu seinen Gunsten sprechen, von vielen immer noch abgelehnt? Wie wir in Kapitel 11 gesehen haben, liegt das im Wesentlichen an der menschlichen Gier und der Psychologie der Anleger.

Kurz und knapp: Man kann zu viel Geld durch die psychologischen Schwächen der Anleger verdienen, als dass aktiv gemanagte Fonds und ihre Manager jemals verschwinden würden. Tatsächlich gibt es trotz der wachsenden Beliebtheit von Indexfonds immer noch ungefähr 4600 aktiv gemanagte Aktienfonds in den USA – obwohl es nur ungefähr 3700 börsennotierte Unternehmen in den USA gibt, in die diese Fonds investieren können. Ja, Sie haben richtig gelesen: Wie wir schon in Teil II erfahren haben, gibt es mehr aktiv gemanagte Aktienfonds als Aktien, die sie kaufen können.

Die Wall Street entwickelt immer neue Produkte und immer neue Anlagepläne, die man Ihnen verkaufen will. Gleichzeitig werden systematisch und in aller Stille diejenigen, die versagt haben, vom Markt genommen – was dazu dient, die von diesen Unternehmen erzielten Ergebnisse besser aussehen zu lassen, als sie wirklich sind. Aber seien Sie sich über eines im Klaren: Es geht ihnen immer darum, die eigenen Taschen zu füllen – nicht Ihre.

Deswegen rate ich Ihnen: Nutzen Sie Indexfonds und die Gesellschaft, die Bogle gegründet hat, und behalten Sie für sich, was Ihnen gehört.

Kapitel 24: Warum ich mir nicht die besten Aktien aussuchen kann – und Sie auch nicht

Machen Sie sich nichts daraus. Wie wir gesehen haben, können das auch die meisten professionellen Anleger nicht.

Indexorientierung oder aktives Management – das ist immer eine interessante Debatte, zumindest für uns Finanzfreaks, die nichts Besseres zu tun haben. Im Lauf der Zeit habe ich beide Positionen vertreten. Lange habe ich die Indexanleger ausgelacht. Ich habe all die bekannten Argumente ins Feld geführt – und noch einige andere mehr. Denn es ist doch so: Wenn es einem nur gelingt, die offensichtlichen Verliereraktien zu vermeiden, muss man besser abschneiden als der Durchschnitt – nicht wahr? Wie wir im letzten Kapitel gesehen haben, ist das aber nicht so einfach. Im Sommer des Jahres 1989 war ich noch davon überzeugt, dass ich in diesem Spiel zu den Gewinnern zählen würde.

Auf dem Rückflug von einem Geschäftstermin saß ich zufällig neben jemandem, der für eine Investmentanalysegesellschaft arbeitete. In der Zeit bis zur Landung hatte er mir vorgeschlagen, bei seiner Gesellschaft einzusteigen, und er hatte mir, auf meine Bitte hin, drei Aktientipps gegeben. Ich habe eine dieser drei Aktien nach dem Zufallsprinzip ausgewählt und gekauft. Während der nächsten paar Wochen konnte ich dabei zusehen, wie sie sich verdreifachte, und danach habe ich mich mitten in meinem Berufsleben radikal neu orientiert: Ich habe eine große Gehaltseinbuße hingenommen, nur um bei dieser Gesellschaft zu arbeiten. Wen interessierte schon das Gehalt? Richtig Geld konnte man ja durch die Aktienmarktinformationen machen.

Und da war ich nun, mitten unter den hochintelligenten Analysten, die für dieses Unternehmen arbeiteten. Jeder konzentrierte sich auf ein oder vielleicht zwei Branchen und innerhalb dieser auf vielleicht sechs bis zehn Unternehmen und deren Aktien. Mehr als einer von ihnen war schon von der Finanzpresse mit der Auszeichnung »Analyst des Jahres« für seine Arbeit geehrt worden. Sie waren die besten auf ihrem Gebiet.

Sie kannten jede dieser Branchen und die Unternehmen dieser Branchen in- und auswendig. Sie kannten die Vorstände, sie kannten das mittlere Management und die Leute an der vordersten Front. Sie kannten die Lieferanten. Sie kannten die Empfangsdamen. Sie sprachen mit all diesen Leuten jede Woche, manchmal jeden Tag.

Aber dennoch schafften sie es nicht, früher als die Öffentlichkeit an kritische Informationen zu gelangen (das wäre Insiderhandel und narrensicher, aber illegal). Aber sie wussten genau, wann und wie solche Informationen veröffentlicht werden würden. Natürlich wusste das auch jeder andere Aktienanalyst auf der ganzen Welt, der sein Geld wert war. Jede neue Information wirkte sich deshalb innerhalb von Sekunden nach ihrer Veröffentlichung auf den Kurs aus.

Sie gaben Aktienanalysen heraus, für die unsere institutionellen Investoren teuer bezahlten. Und trotzdem gelang es ihnen niemals zuverlässig, Kursentwicklungen vorherzusagen.

Wenn Sie jemals in einem größeren Unternehmen gearbeitet haben, wissen Sie auch, warum das so ist. Der Vorstandsvorsitzende und der Finanzvorstand arbeiten auf der Grundlage interner Prognosen, die von ihren Stäben erstellt werden. Und das sieht dann wie folgt aus:

Das Verkaufspersonal muss prognostizieren, was ihre Kunden ausgeben werden. Da die Aufträge selten weit im Voraus definitiv erteilt werden, sondern jederzeit wieder gestrichen werden können, ist nichts wirklich sicher. Wenn man außerdem noch berücksichtigt, dass es viele Geschäfte gibt, die in der Luft hängen und von denen man nicht weiß, ob sie zu einem Abschluss führen werden, dann ist klar, dass von den Verkäufern nicht weniger verlangt wird, als die Zukunft vorherzusehen. Die meisten von ihnen sind aber keine Hellseher. Deshalb raten sie einfach.

Diese Vermutungen werden an ihre Manager weitergemeldet, die natürlich auch nicht hellsichtig sind und jetzt ihre eigenen Vorhersagen machen und Entscheidungen treffen müssen. Verlasse ich mich auf die Verkaufsprognosen? Korrigiere ich sie, weil ich weiß, dass Suzy eine Optimistin ist und Harry immer alles schwarzsieht? Natürlich raten auch sie und geben ihre Vermutungen an die nächste Managementebene weiter.

Und so geht es immer weiter, bis all diese Vorhersagen einer grundsätzlich nicht vorhersagbaren Zukunft zu einem Jahresplan zusammengefasst werden, der dann den Topmanagern in einer Hochglanzmappe überreicht wird. Sehr häufig sagen diese nach einem ersten Blick hinein: »Das ist nicht akzeptabel. Mit solchen Zahlen können wir uns an der Wall Street nicht sehen lassen. Wir brauchen bessere Resultate. Also setzen Sie sich noch einmal hin und überarbeiten Sie diese Zahlen.« Und damit geht es wieder los – dieses Mal von oben nach unten. Vielleicht passiert das ein paarmal und jedes Mal entfernen sich die Zahlen ein bisschen weiter von der Realität.

Die Zukunft vorherzusagen ist selbst für die begabtesten Hellseher ein schwieriges Unterfangen – und sie sind nicht in die Abläufe in einem Unternehmen eingebunden.

Mir wurde damals klar, wie sehr ich meine Fähigkeit der gezielten Aktienauswahl überschätzt hatte. Sollte ich wirklich nur durch das Lesen einiger Bücher und das Studium von 10-K-Jahresberichten einen Vorteil haben?[1] Nicht nur gegenüber professionellen Analysten, die sich den ganzen Tag mit nichts anderem beschäftigen, sondern auch gegenüber den Vorständen, die die betreffenden Unternehmen führen? Ich sollte da Erfolg haben, wo sie keinen hatten?

Ich erkannte, warum es selbst für die absoluten Stars unter den Fondsmanagern fast unmöglich ist, den einfachen Index auf Dauer zu schlagen – und warum mehr Vermögen damit gemacht wurden, Aktiengeschäfte zu vermitteln, als damit, sie zu tätigen.

Jedes Mal, wenn ich höre, dass ein Anleger ein paar Bücher über Aktienbewertung lesen und danach ähnliche Resultate wie Warren Buffett erzielen könne, sträuben sich mir die Haare. Vielleicht das beste dieser Bücher ist *The Intelligent Investor*[2], das Benjamin Graham, der Mentor von Warren Buffett, geschrieben hat. Es ist ein tolles Buch und wenn Sie Aktien-

1 Ein 10-K-Bericht ist eine umfangreiche Zusammenfassung der Geschäftsergebnisse eines Unternehmens und muss jedes Jahr bei der Börsenaufsichtsbehörde der USA eingereicht werden. Im Allgemeinen sind diese 10-K-Berichte viel genauer als die üblichen jährlichen Geschäftsberichte.

2 Deutsche Ausgabe: Graham, Benjamin (2005): *Intelligent Investieren*, München: FinanzBuch Verlag.

analysen interessieren, dann nehmen Sie sich ruhig die Zeit und lesen Sie es.

Aber denken Sie daran, dass Graham es 1949 geschrieben hat, zu einer Zeit, als der erste Indexfonds von Jack Bogle noch 25 Jahre in der Zukunft lag. Sogar aktiv gemanagte Fonds waren sehr selten. Die Fähigkeit, einzelne Aktien richtig analysieren und auswählen zu können, war damals viel wichtiger und nützlicher als heute. Aber schon im Jahr 1950 begann sich Graham für das Konzept der indexorientierten Geldanlage zu erwärmen und in der Mitte der 1970er-Jahre zeigte er sich von dessen Wert in Interviews vollständig überzeugt.

Die Idee, dass einzelne Personen ohne Weiteres den Markt schlagen können, ist Unsinn – und zwar gefährlicher Unsinn.

Die Leute haben das seit Jahrzehnten versucht und dennoch gibt es bis heute nur einen Warren Buffett. Sie müssen sich das so vorstellen:

Sie erinnern sich doch noch an Muhammad Ali? Er war zu seiner Zeit der Warren Buffett des Boxrings. Sie und ich, wir hätten sein Trainingsprogramm übernehmen und vielleicht sogar seinen Trainer Angelo Dundee engagieren können, um uns zu zeigen, was man können muss. Wir hätten uns in Topform bringen können, hätten alle unsere Hausaufgaben machen können und hätten so die »hohe Kunst« des Boxens lernen können. Und nach all dem: Wären Sie mit Joe Frazier oder George Foreman oder Sonny Liston in den Ring gestiegen?

Ich nicht. Ich bin nicht Ali – oder Warren Buffett. Und Sie sind das auch nicht. (Außer natürlich, Sie sind es tatsächlich. In diesem Fall danke ich Ihnen, dass Sie mein Buch in die Hand genommen haben!)

Wenn Sie das vorhergehende Kapitel gelesen haben, dann wissen Sie, was Warren Buffett für den Privatanleger empfiehlt: breit gestreute Indexfonds mit niedrigen Kosten. Wenn Graham noch leben würde, würde er dasselbe empfehlen.

Wenn Sie dagegen versuchen wollen, den Index zu schlagen – dann viel Glück und Gott sei mit Ihnen. Vielleicht sind Sie ja intelligenter und talentierter als ich. Höchstwahrscheinlich sehen Sie besser aus als ich. Ich werde nach Ihrem Namen Ausschau halten, der bestimmt in Kürze zusammen mit dem von Warren Buffett genannt werden wird.

Meine guten Wünsche gehen auch an all die Leute, die ich in Las Vegas getroffen habe und die mir versicherten, sie hätten das Haus geschlagen. Ich habe ihnen zugehört, mir die Milliarden-Dollar-Casinos angeschaut und gedacht, wie viele Menschen es doch auf dieser Welt gibt, die intelligenter, talentierter und besser aussehend als ich sind.

Ein bisschen Bescheidenheit ist sehr hilfreich, wenn man seine Haut und sein Geld retten will.

Kapitel 25: Warum ich nichts vom Durchschnittskosteneffekt halte

Vielleicht sind Sie irgendwann in Ihrem Leben in der glücklichen Lage, eine größere Geldsumme anlegen zu müssen. Vielleicht haben Sie geerbt oder das Geld stammt aus dem Verkauf irgendeines Teils Ihres Vermögens. Gleichgültig woher das Geld kommt, man kann, wie wir in Kapitel 5 besprochen haben, leicht Angst davor bekommen, alles auf einmal anzulegen.

Wenn der Markt in einer seiner Bullen-Phasen ist und jeden Tag neue Rekorde aufstellt, dann erscheinen die Aktien überteuert. Wenn er abstürzt, dann haben Sie Angst zu investieren, da sie nicht wissen, wie weit die Kurse noch fallen werden. Sie werden die Hände verzweifelt ringen und warten, bis Sie mehr Klarheit haben – die Sie jedoch, wie Sie genau wissen, wenn Sie bis hierher gelesen haben, niemals haben werden.

Die am häufigsten empfohlene Lösung in solchen Fällen ist, den Durchschnittskosteneffekt auszunutzen und im Lauf der Zeit regelmäßig einen bestimmten Betrag zu investieren. Das wird damit begründet, dass man sich auf diese Weise große Verluste erspart, wenn der Markt abstürzen sollte. Ich bin kein Anhänger dieser Lösung und ich werde Ihnen auch erklären, warum. Aber lassen Sie uns zunächst klären, was man genau unter dem Durchschnittskosteneffekt versteht.

Wenn Sie diesen Effekt ausnutzen wollen, dann teilen Sie Ihren Gesamtbetrag in gleiche Teile auf und legen diese dann regelmäßig zu bestimmten Zeiten über einen längeren Zeitraum an.

Nehmen wir einmal an, Sie haben 120 000 Dollar und wollen in den VTSAX investieren. Da Sie diesem Buch bis zu dieser Stelle gefolgt sind, wissen Sie, dass die Märkte volatil sind. Sie können – und werden auch manchmal – dramatisch sinken. Und Sie wissen auch, dass dies an dem Tag, nachdem Sie Ihre 120 000 Dollar investiert haben, passieren könnte. Das ist zwar sehr unwahrscheinlich, aber wenn es doch passieren sollte, würden Sie sich ganz schön elend fühlen. Um dieses Risiko zu vermeiden, entschließen Sie sich also, nicht alles auf einmal zu investieren, sondern den Durchschnittskosteneffekt zu nutzen. Das funktioniert folgendermaßen:

Sie wählen zunächst den Zeitraum, in dem Sie Ihre 120 000 Dollar anlegen wollen, sagen wir beispielsweise die nächsten zwölf Monate. Dann teilen Sie den Gesamtbetrag durch zwölf und investieren jeden Monat 10 000 Dollar. Wenn also doch der Markt nach Ihrem ersten Investment abstürzen sollte, dann haben Sie noch elf weitere Investments, mit denen Sie mehr Glück haben können. Klingt gut, oder?

Diese Methode eliminiert tatsächlich das Risiko, das man eingeht, wenn man alles auf einmal investiert. Aber das Problem besteht darin, dass sie nur funktioniert, solange die Kurse fallen und der Durchschnittskurs Ihrer Aktien während der zwölfmonatigen Investmentperiode unter dem Kurs der Aktien bleibt, die Sie bei Ihrem ersten Investment gekauft haben. Sollte der Markt steigen, dann schadet Ihnen diese Methode. Sie tauschen also ein Risiko (der Markt fällt nachdem Sie kaufen) gegen ein anderes ein: dass nämlich der Markt immer weiter steigt, während Sie nach und nach investieren und deswegen einen höheren Preis für Ihre Aktien zahlen. Welches Risiko ist das wahrscheinlichere?

Wenn Sie bei den Teilen I und II gut aufgepasst haben, dann wissen Sie, dass der Markt immer nach oben geht, auch wenn es auf diesem Weg Turbulenzen und Rückschläge geben wird. Was Sie außerdem wissen müssen, ist, dass er öfter steigt als fällt. Nehmen wir den Zeitraum von 1970 bis 2013: Der Markt ist in 33 von 43 Jahren gestiegen, also in 77 Prozent dieser Zeit.

Jetzt werden Sie wahrscheinlich schon sehen, warum ich kein Freund des Durchschnittskosteneffekts bin. Aber lassen Sie mich Ihnen trotzdem meine Gründe nennen:

1. Beim Durchschnittskosteneffekt setzen Sie darauf, dass der Markt fällt und Sie sich so Verluste ersparen können. Die Wahrscheinlichkeit, dass dies passiert, beträgt in jedem einzelnen Jahr aber nur ungefähr 23 Prozent.
2. Die Wahrscheinlichkeit, dass der Markt steigt, ist mit ungefähr 77 Prozent viel höher. Und sollte das passieren, dann werden Sie sich *Gewinne* ersparen. Denn mit jedem neuen Teilbetrag werden Sie Ihre Aktien immer teurer kaufen.
3. Wenn Sie diese Methode anwenden, dann sind Sie eigentlich der Meinung, der Markt sei zu hoch, um alles auf einmal anzulegen. Mit anderen Worten, Sie haben sich in den Sumpf des Markttimings begeben. Und dabei kann man, wie wir gesehen haben, nur verlieren.
4. Diese Methode bringt Ihre Vermögensstruktur in eine Schieflage. Am Anfang halten Sie überproportional viel Bargeld, das nur darauf wartet, investiert zu werden. Das ist in Ordnung, wenn Sie so eine Entwicklung Ihrer

Vermögensstruktur wirklich wollen. Aber Ihnen muss klar sein, dass Sie mit der Wahl dieser Methode Ihre Vermögensstruktur grundlegend geändert haben.

5. Wenn man sich für diese Methode entscheidet, dann muss man sich auch für einen bestimmten Zeithorizont entscheiden. Da der Markt dazu tendiert, im Zeitablauf zu steigen, erhöht man das Risiko, zu viel für seine Aktien zu bezahlen, wenn man einen langen Zeithorizont für seine Geldanlage wählt, sagen wir, länger als ein Jahr. Wenn man andererseits eine kürzere Periode wählt, dann reduziert sich dadurch der mögliche Vorteil dieser Methode.
6. Und wenn man am Ende seiner Investmentperiode angelangt ist, hat man immer noch dasselbe Risiko wie am Anfang, nämlich, dass der Markt einen Tag später abstürzt.

Was sollte man also stattdessen tun? Wenn Sie die Strategien, die in Teil II vorgestellt wurden, anwenden, dann müssen Sie nunmehr wissen, ob Sie in der Phase des Vermögensaufbaus sind oder in der der Vermögenserhaltung.

Wenn Sie in der Vermögensaufbauphase sind, dann investieren Sie jeden Monat aggressiv einen großen Teil Ihres Einkommens. In gewisser Weise tritt bei dieser regelmäßigen Geldanlage zwangsläufig der Durchschnittskosteneffekt auf und er dient dazu, Kursschwankungen zu glätten. Aber der große Unterschied besteht darin, dass Sie das in diesem Fall für viele Jahre oder sogar mehrere Jahrzehnte machen – ganz abgesehen davon, dass Sie gar nicht die Möglichkeit haben, eine große Summe auf einmal zu investieren. Sie lassen Ihr Geld also so schnell wie möglich und so lange wie möglich für sich arbeiten. Und dasselbe würde ich tun, wenn ich zu einer größeren Geldsumme käme.

Wenn Sie in der Vermögenserhaltungsphase sind, dann befinden sich in Ihrem Portfolio auch Anleihen, die für die Glättung von Kursschwankungen sorgen. Investieren Sie in diesem Fall einen hohen Geldbetrag auf einmal und entsprechend Ihrer Vermögensstruktur, durch die das Risiko ohnehin begrenzt wird.

Wenn Sie zu nervös sind, um diesem Rat zu folgen und der Gedanke Ihnen schlaflose Nächte bereitet, dass der Markt fallen könnte, kurz nachdem Sie Ihr Geld angelegt haben – nun, dann wenden Sie eben die Methode des Durchschnittskosteneffekts an. Davon wird die Welt auch nicht untergehen.

Aber es bedeutet, dass Sie Ihre Anlagestrategie an Ihre psychologischen Befindlichkeiten angepasst haben – und nicht umgekehrt.

Kapitel 26: Wie man ein Börsenguru wird und ins Fernsehen kommt

Vor langer Zeit führte Louis Rukeyser jeden Freitagabend durch eine Sendung bei PBS, die *Wall $treet Week with Louis Rukeyser* genannt wurde. Sie anzusehen, war für mich ein Wochenendritual.[1]

Er begann mit einem Kommentar über die Launen und Torheiten der vergangenen Börsenwoche und fragte dann eine ständig wechselnde Runde von drei Börsengurus nach ihrer Meinung. Zwei meiner Lieblinge waren Abby Joseph Cohen, eine unbeirrbare »Bullin«, und Marty Zweig, der immer »sehr besorgt über diesen Markt« war.

Jeder dieser Gäste war hoch angesehen und Rukeyser achtete sorgfältig darauf, jede Woche drei Gurus auszuwählen, die unterschiedliche Ansichten zur Situation des Marktes und zu dessen weiterer Entwicklung vertreten würden. Manchmal hatte einer von ihnen sogar recht.

Seine Kommentare, Fragen und Anmerkungen äußerte Rukeyser immer mit einem Augenzwinkern, einem Lächeln und viel Humor. Tragischerweise verstarb er 2006, so dass die ak-

---

1 Der PBS *(»Public Broadcasting Service«)* ist das amerikanische Gegenstück zum öffentlich-rechtlichen Fernsehen in Deutschland.

tuelle Generation von Geldanlegern ohne seine Einsichten und seine Weisheit auskommen muss.

Das Wichtigste, was mich seine Sendung und die Parade seiner Gäste gelehrt haben, ist, dass es zu jedem beliebigen Zeitpunkt für jede aller überhaupt denkbaren zukünftigen Entwicklungen irgendeinen Experten gibt, der genau diese vorhersagt. Da alle Möglichkeiten abgedeckt sind, muss jemand recht behalten. Und das Glück dieses Jemand hält man dann für ein Zeichen großer Weisheit. Wenn die erfolgreiche Vorhersage auch noch sehr dramatisch war, dann könnte sie sogar zu Ruhm und Reichtum führen.

Jeden Januar hat Rukeyser seine Gäste den Tiefststand, den Höchststand und den Schlussstand des Aktienmarktes im kommenden Jahr vorhersagen lassen. Ich weiß nicht mehr, was er genau gesagt hat, nachdem sie ihre Prognosen abgegeben hatten, aber es war so etwas wie: »... und hier haben wir sie also, unsere Prognosen. Aber bedenken Sie, dass sich selbst diese Experten täuschen könnten.« Und dabei zwinkerte er in die Kamera.

Im folgenden Dezember hat er dann diejenigen, die der Realität am nächsten gekommen waren, gelobt und die anderen für ihre Fehleinschätzungen getadelt. Das hat immer viel Spaß gemacht, wenn man es nicht zu ernst genommen hat. Ich habe auch immer meine eigenen Jahresprognosen angestellt, aber nie ernsthaft und nie in der Absicht, mit ihnen ins Fernsehen zu kommen. Selbst wenn ich einmal genau richtiglag, hat mir das zu keinem Interview bei CNBC verholfen. Meine Prognosen waren einfach nicht dramatisch genug. Aber diesen Ehrgeiz hatte ich auch nie. Wenn Sie ihn haben, dann kann ich Ihnen sagen (auch mit einem Augenzwinkern), was Sie tun sollten:

Schritt 1: Sagen Sie einen heftigen Marktumschwung für die nähere Zukunft voraus. Ob nach oben oder unten, spielt dabei keine Rolle. Aber nach unten ist furchterregender. Und furchterregender bedeutet mehr Aufmerksamkeit, wenn Sie recht haben.

Schritt 2: Dokumentieren Sie das Datum und die Uhrzeit dieser Prognose.

Schritt 3: Wenn sie nicht eintrifft, warten Sie ein bisschen.

Schritt 4: Wiederholen Sie die Schritte 1 bis 3 so lange, bis Sie eines Tages richtigliegen.

Schritt 5: Geben Sie eine Pressemitteilung heraus: »Der Markt stürzt ab! Genau wie von (setzen Sie hier Ihren Namen ein) vor Kurzem vorhergesagt.«

Schritt 6: Reservieren Sie in Ihrem Terminkalender genug Zeit für Interviews mit den Medien.

Schritt 7: Schicken Sie mir als Ihrem Agenten 15 Prozent von Ihren neu erworbenen Reichtümern als Honorar.

Aber achten Sie darauf, die Pressemitteilung erst herauszugeben, wenn sich gezeigt hat, dass Sie wirklich einmal recht gehabt haben.

Und dann müssen Sie auch daran denken, dass man von Ihnen erwarten wird, diesen Erfolg zu wiederholen, wenn Sie erst einmal den Status eines Börsengurus erlangt haben. Monatelang, vielleicht jahrelang wird man auf das achten, was Sie sagen. Jeder Fehlschlag wird voller Schadenfreude breitgetreten werden, bis Sie gedemütigt und diskreditiert aus der Öffentlichkeit verschwinden – aber auch reich, wenn Sie Ihre Zeit im Rampenlicht gut genutzt haben.

Kapitel 27: Auch Sie kann man übers Ohr hauen

Vor nicht allzu langer Zeit habe ich mir eine Feindin gemacht. Sie ist die Witwe eines alten Freundes, dem ich vor seinem Tod versprochen habe, mich ein wenig um sie zu kümmern.

Sie sagte mir einmal, sie würde sich in meiner Gegenwart unbedeutend und dumm fühlen. Sie weinte. Wahrscheinlich waren ihre Klagen berechtigt, denn ich bin nicht immer sehr taktvoll. Aber ich habe ihre 2 Millionen Dollar gerettet.

Ihr Ehemann ist vor einiger Zeit gestorben. Er hat lange Jahre hart gearbeitet und die erwähnte Summe angehäuft. Er liebte seine Frau sehr und wusste, dass er sie höchstwahrscheinlich als Witwe zurücklassen würde. Das Geld war ein letzter Liebesbeweis. Er wollte sicherstellen, dass sie finanziell unabhängig sein würde.

Aber er wusste auch einiges, das ihm große Sorgen bereitete.

1. Seine Frau glaubte, dass man im Leben manche Dinge geschenkt bekommen würde. Und deswegen war sie immer offen für Lockvogelangebote. Gratishandys waren ein Beispiel. Jedes Mal, wenn ihr Handyvertrag auslief, bot ihr der Mobilfunkanbieter ein »kostenloses« Handy an – und jedes Mal griff sie begeistert zu. Sie dachte nie an den neuen Zweijahresvertrag, den sie damit ab-

schloss und der sie weiter an diesen Anbieter band. Das war zwar nicht wirklich ein Problem – aber ein bedenkliches Zeichen ihrer Leichtgläubigkeit.

2. Die Welt ist voll von Räubern, die nach genau solchen Menschen Ausschau halten.
3. Geld und diese Leichtgläubigkeit ziehen sie an wie blutiges Fleisch Haie.

Es war diese Frage, ob es wirklich im Leben etwas umsonst gibt, über die ich mich ereiferte und sie dabei zum Weinen brachte. Ich versuchte, ihr schonend beizubringen, wie hoch das Risiko durch Anlagebetrüger sei. Sie ist eine sehr intelligente Frau und schien mich zu verstehen. Aber dann sagte sie: »Mach dir keine Sorgen. Mich kann man nicht übers Ohr hauen.«

»Damit hast du gerade«, erwiderte ich mit, wie ich fürchte, erhobener Stimme, »die wichtigste Regel verletzt, die man befolgen muss, wenn man nicht betrogen werden will.«

Machen Sie sich nichts vor: Sie *können* übers Ohr gehauen werden – und ich auch.

Vor vielen Jahren versuchte man, mich mit einer Betrugsmasche hereinzulegen. Glücklicherweise hatte ich zuvor darüber gelesen, sonst hätte es damals gut sein können, dass ich den Köder geschluckt hätte. Sie funktionierte wie folgt:

Sie erhalten eines Tages einen Brief oder heute eher eine E-Mail. Darin stellt sich ein Anlageberater vor und gibt Ihnen einen Aktientipp. Zum Beispiel teilt er Ihnen mit, dass die ABC-Aktiengesellschaft in den nächsten ein oder zwei Wochen dramatisch im Preis steigen wird. Er mahnt Sie aber zur Vorsicht. Sie sollten nicht investieren, bevor Sie nicht Ihre Hausaufgaben gemacht und sich umfassend informiert haben. Aber sein »patentiertes Analyseinstrumentarium« würde deutlich zeigen, dass dies ein klarer Kauf sei.

Sie sind natürlich kein Narr und beschließen, die Sache erst einmal nur im Auge zu behalten. Nur um zu sehen, ob wirklich etwas daran ist. Sie wollen sich schließlich nichts durch die Lappen gehen lassen. Und tatsächlich, der Kurs geht steil nach oben. Sie hätten also 50, 60 oder sogar 100 Prozent Gewinn innerhalb von ein paar Tagen machen können. Verdammt! Dann kommt der zweite Brief.

In diesem steht, dass der BCD-Aktiengesellschaft ein Kurssturz bevorsteht. Unsere Analysen, so der Brief, zeigen, dass man diese Aktie »leer« verkaufen sollte (mit einem Leerverkauf verkauft man Aktien, die einem gar nicht gehören, weil man darauf wettet, dass sie im Preis fallen werden und man sie dann billiger kaufen kann, als man sie vorher verkauft hat). Aber Sie sind ein vorsichtiger Anleger und beschließen wieder abzuwarten, obwohl Sie jetzt deutlich stärker an der Sache interessiert sind.

Und tatsächlich, der Kurs dieser Aktie bricht wie vorhergesagt ein. Wenn Sie der Empfehlung gefolgt wären, hätten Sie einen großen Gewinn machen können.

Der dritte Brief kommt an. Dann der vierte, fünfte oder vielleicht sogar sechste. Jedes Mal kommt es genau so wie vorhergesagt. Vielleicht haben Sie sogar gewagt, etwas zu investieren, und haben ein oder zwei Mal Gewinne gemacht. Und jetzt ist es sehr schwer für Sie, nicht beeindruckt zu sein.

Dann erhalten Sie eine Einladung zum Dinner in einem der besseren Restaurants in Ihrer Gegend. Sie und eine Handvoll anderer »Premiuminvestoren« werden zu einem zwanglosen Treffen mit Herrn Machtniefehler eingeladen. Er wird Ihnen sein patentiertes Analyseinstrumentarium vorstellen und Ihnen berichten, wie es ihn reich gemacht hat.

Beim Dinner tritt Herr Machtniefehler gewinnend auf. Er ist freundlich, einfühlsam und um Ihr Wohl besorgt. Man sieht ihm seinen Reichtum an, aber er zeigt ihn auf eine geschmackvolle und zurückhaltende Weise. Grafiken und Kurstafeln werden präsentiert. Die eigentliche Investmentmethode bleibt im Unklaren – aber schließlich ist sie ja patentiert. Da kann man nichts anderes erwarten. Und dann erwähnt er nebenbei, dass er zufällig noch ein paar Anteile an seinem neuen privaten Investmentfonds übrig hat. Es gibt selbstverständlich keine Kaufverpflichtung, aber »nach unserer Erfahrung« werden sie bis morgen weg sein. Falls Sie also interessiert sind …

Natürlich steckt ein Trick dahinter, wie bei allen Zauberkunststücken. Können Sie ihn erkennen? Wenn ja und wenn dies das erste Mal ist, dass Sie davon gehört haben, dann sind Sie schlauer als ich. Aber werden Sie nicht übermütig. Wenn Sie nicht auf diese Masche hereinfallen, dann eben auf eine andere, die Sie nicht durchschauen. Es kann auch Ihnen passieren. Und wenn Sie das nicht verstehen, dann wird es auf jeden Fall passieren. Das ist die erste und wichtigste Regel.

Insgesamt gibt es fünf Regeln:

Regel 1: Jeder kann betrogen werden. Dummköpfe sind natürlich besonders anfällig, aber auch außergewöhnlich intelligente Menschen. Sobald Sie denken, Ihnen könne so etwas nicht passieren, sind Sie für die Gauner besonders interessant geworden. Die leichteste Beute sind diejenigen, die denken, dass sie zu schlau und zu klug sind, um hereingelegt zu werden. Ja, damit meine ich genau Sie!

Regel 2: Wahrscheinlich versucht man, Sie mit etwas zu betrügen, mit dem Sie sich gut auskennen. Das liegt einerseits daran, dass sich Betrüger ihre Zielgruppen genau aussuchen, andererseits an Ihrem Ego. Wenn Betrüger eine bestimmte Masche anwenden wollen, dann suchen sie sich Leute als Opfer, die darauf besonders gut ansprechen – also Leute, die auf dem betreffenden Gebiet daheim sind. Sie fühlen sich auf dem Gebiet sicher, das sie gut kennen und mit dem sie vertraut sind. Und sie glauben, dass sie zu schlau sind, um übertölpelt zu werden. Intelligente Menschen wissen, auf welchen Gebieten sie sich nicht auskennen, und werden da besonders vorsichtig sein. So waren viele der Opfer von Bernie Madoff Investmentprofis.

Regel 3: Gauner sehen nicht wie Gauner aus. Nur im Film tragen sie Schlapphüte, die sie tief über ihre verschlagenen Augen gezogen haben. Erfolgreiche Gauner sehen aus wie die ehrlichsten, aufrichtigsten, anständigsten und wohlmeinendsten Leute, die man sich nur vorstellen kann. Wenn man sie sieht, erkennt man sie nicht. Allzu oft heißt man sie herzlich willkommen.

Regel 4: 99 Prozent von dem, was Betrüger sagen, ist wahr. Die besten, wirksamsten Lügen sind von der Wahrheit umgeben – unter ihr begraben. Der Betrug, durch den Sie pleitegehen und in Verzweiflung gestürzt werden, ist sorgfältig verborgen. Er steckt tief im sprichwörtlichen Kleingedruckten.

Regel 5: Wenn es zu gut klingt, um wahr zu sein, dann ist es nicht wahr. Es gibt nichts geschenkt, niemals. Das hat Ihnen schon Ihre Mutter beigebracht. Und sie hatte recht. Hören Sie also auf Ihre Mutter.

Andererseits muss man auch sagen, dass es Betrugsversuche gibt, die leicht zu durchschauen sind. Die E-Mail von einem Fremden aus Nigeria, der Ihnen, ausgerechnet Ihnen, Millionen anbietet, wenn Sie ihm bei einem Geldtransfer behilflich sind: Das sollte offensichtlich sein, oder?

Der Fremde, der an Ihrer Haustür klopft und Reparaturen fürs Haus zu Niedrigstpreisen anbietet, »weil er ohnehin hier in der Nachbarschaft zu tun hat«, aber nur, wenn Sie im Voraus bar bezahlen – er ist ein Betrüger. Das wissen Sie, oder?

An diese Art primitiver Betrügereien hat die Frau meines Freundes gedacht. Und sie hatte damit recht, dass sie viel zu intelligent sei, um auf so etwas hereinzufallen. Aber deswegen hatte sich ihr Mann auch keine Sorgen gemacht. Er dachte an die cleveren Betrüger dieser Welt, die gezielt nach intelligenten, reichen und einsamen Opfern suchen.

Wenn Sie es nicht schon getan haben, dann sprechen Sie über diese Dinge mit Ihrem Ehegatten oder Partner. Überlassen Sie das nicht einem taktlosen, aber ehrlichen Freund der Familie wie mir.

Angesichts der versicherungsmathematischen Tabellen zur Lebenserwartung und angesichts ihrer guten Gene wird mich meine eigene Frau wahrscheinlich um mehrere Jahrzehnte überleben. Da ich mich um unsere Geldanlagen kümmere, sprechen wir regelmäßig über diese Dinge. Wir schauen uns an, was wir besitzen und warum wir es besitzen. Glücklicherweise versteht sie die Prinzipien der Geldanlage und deren Bedeutung.

Das ist übrigens ein weiterer Grund, warum ich ein Anhänger von Indexfonds bin. Ich möchte ihr ein einfaches Portfolio hinterlassen, um das sie sich nicht weiter zu kümmern braucht.

Bis jetzt habe ich sie mir durch diese Gespräche noch nicht zur Feindin gemacht. Das denke ich zumindest.

Übrigens, die Masche von Herrn Machtniefehler funktionierte wie folgt:

Es handelte sich um ein umgekehrtes Pyramidensystem. Er suchte sich eine sehr volatile Aktie aus und verschickte 1000 Briefe. In der einen Hälfte sagte er einen Kursanstieg, in der anderen einen Kursverfall voraus. Die 500 Empfänger, die die richtige Vorhersage erhalten hatten, bekamen einen zweiten Brief, in dem es um eine andere sehr volatile Aktie ging. Die 250 Empfänger, die Briefe mit zwei korrekten Kursprognosen erhalten hatten, bekamen den dritten Brief und so weiter. Wenn er beim sechsten Brief angelangt war, blieben 15 oder 16 Leute übrig, die sechs Briefe hintereinander mit ausnahmslos richtigen Kursprognosen erhalten hatten. Das war die Zielgruppe von Herrn Machtniefehler und die meisten von ihnen baten praktisch darum, von ihm betrogen zu werden.

Teil IV: Wenn man am Ziel ist – was dann?

Ohne Geld ist man gezwungen, Dinge
zu tun, die man nicht gerne tut.
Da es fast nichts gibt, das ich gerne tue,
brauche ich Geld sehr dringend.
Groucho Marx

Kapitel 28: Entnahmequoten – wie viel kann ich überhaupt ausgeben?

4 Prozent, vielleicht mehr.

Sie haben also die drei Hauptregeln des »einfachen Wegs« befolgt:

- Sie haben keine Schulden gemacht.
- Sie haben weniger ausgegeben, als Sie verdient haben.
- Sie haben den Überschuss angelegt.

Und nun sitzen Sie da mit Ihrem Vermögen und überlegen sich, wie viel Sie jedes Jahr ausgeben können, wenn Sie Ihr Vermögen erhalten wollen. Sich diese Gedanken zu machen, sollte nicht anstrengend, sondern das reine Vergnügen sein. Vielleicht sind Sie sogar frech genug zu fragen: »Wie viel Prozent seines Vermögens gibt Jim jedes Jahr aus?« Wir kommen darauf gleich zu sprechen.

Sie müssen sich nicht sehr in die Literatur zur Ruhestandsfinanzierung vertiefen, um auf die »4-Prozent-Regel« zu stoßen. Anders als die meisten Allerweltsregeln hält diese unserer strengen Überprüfung ganz gut stand, auch wenn sie selten richtig verstanden wird.

Im Jahr 1998 rechneten drei Professoren der Trinity University ein paar Zahlen durch.[1] Im Wesentlichen fragten sie sich, was mit verschiedenen Portfolios, mit jeweils unterschiedlichen Anteilen von Aktien und Anleihen, bei verschiedenen Entnahmequoten über einen Zeitraum von 30 Jahren passieren würde, abhängig davon, in welchem Jahr mit den Entnahmen begonnen wird. Sie berechneten die verschiedenen Szenarien sowohl für den Fall der Anpassung der Entnahmequoten an die Inflation als auch für den Fall der Nichtanpassung. Und im Jahr 2009 brachten sie ihre Rechnungen auf den aktuellen Stand.

Unter den Dutzenden Varianten, die die Studie untersucht hat, gab es nur ein Modell, mit dem sich die Finanzpresse ausführlich beschäftigt hat: das Modell mit 4 Prozent Entnahmequote, mit einem Portfolio mit 50 Prozent Aktien und 50 Prozent Anleihen und mit Inflationsanpassung. Es stellte sich heraus, dass in 96 Prozent der Fälle nach 30 Jahren der Wert eines solchen Portfolios erhalten geblieben ist. Anders ausgedrückt war die Wahrscheinlichkeit, dass diese Strategie fehlschlägt und man im Alter mittellos dasteht, nur 4 Prozent. Tatsächlich schlug sie nur bei zwei der 55 überprüften Anfangsjahre fehl: 1965 und 1966. Abgesehen von diesen beiden Jahren hat die Strategie so gut funktioniert, dass der Wert des Portfolios nicht nur erhalten worden, sondern in vielen Fällen spektakulär gewachsen ist.

Denken Sie darüber einmal einen Moment nach.

Denn das bedeutet ja, dass die Eigentümer dieser Portfolios in den meisten Fällen 5, 6 oder 7 Prozent hätten entnehmen

1 Die Trinity University ist eine private Hochschule in San Antonio, Texas (Anmerkung des Übersetzers).

können und dabei gut über die Runden gekommen wären. Es ist tatsächlich so, dass, wenn man auf Inflationsanpassungen verzichtet und jedes Jahr 7 Prozent entnommen hätte, in 85 Prozent der Fälle alles in Ordnung gewesen wäre. Meistens bedeutete eine Entnahme von nur 4 Prozent jährlich, dass Sie am Ende Ihrer Tage eimerweise Geld Ihren (allzu oft undankbaren) Erben hinterlassen hätten. Das ist eine gute Nachricht, wenn das Ihr Ziel sein sollte – oder wenn Sie davon ausgehen, dass Sie länger als 30 Jahre von Ihrem Portfolio leben werden.

Aber die Finanzpresse ist der Meinung, dass die meisten Leute nicht gründlich nachdenken wollen. Indem sie über die Resultate bei 4 Prozent berichteten, konnten sie über etwas berichten, das so gut wie sicher war. Wenn man bis auf 3 Prozent zurückgeht, dann ist der Ruhestand fast so sicher wie der Tod oder die Steuern. Und das auch, wenn man sich aufgrund der Inflation jedes Jahr eine entsprechende Erhöhung genehmigt.

1965 und 1966 waren zwar die letzten und einzigen Anfangsjahre, bei denen der 4-Prozent-Plan nicht funktioniert hat. Aber man muss dabei natürlich bedenken, dass bei vielen späteren Anfangsjahren die 30-Jahres-Periode noch nicht vorbei ist. Ich würde vermuten, dass man auf zwei weitere Jahre stoßen wird, in denen der 4-Prozent-Plan nicht funktioniert: nämlich, wenn man mit den Entnahmen 2007 oder in den ersten Monaten von 2008, also genau vor dem Börsenkollaps, begonnen hätte. In diesem Fall sollte man die Entnahmen herunterfahren. Wenn man andererseits mit Entnahmen in Höhe von 4 Prozent des Portfoliowerts vom März 2009 begonnen hat, als der Markt seinen Tiefststand erreichte, dann schwimmt man jetzt im Geld und kann sich höhere Entnahmen leisten.

Wenn Sie neugierig sind und Näheres wissen wollen, dann finden Sie hier eine Zusammenfassung der Trinity-Studie:

http://www.onefpa.org/journal/Pages/Portfolio%20Success%20Rates%20Where%20to%20Draw%20the%20Line.aspx

Zusammenfassung

3 Prozent oder weniger jedes Jahr zu entnehmen ist praktisch so sicher, wie nur irgendetwas in diesem Leben sicher sein kann.

- Wenn Sie die 7 Prozent deutlich überschreiten, werden Sie sich in Zukunft irgendwann von Hundefutter ernähren müssen.
- Aktien sind wichtig für den Werterhalt eines Portfolios.
- Wenn Sie absolut und auf jeden Fall auf der sicheren Seite sein und jedes Jahr einen Inflationsausgleich haben wollen, dann bleiben Sie mit Ihren Entnahmen unter 4 Prozent – und halten Sie Aktien und Anleihen im Verhältnis 75 zu 25.
- Wenn Sie auf den jährlichen Inflationsausgleich verzichten, dann können Sie bei einer Aktien-Anleihen-Mischung im Verhältnis von eins zu eins bis auf 6 Prozent gehen.
- Die Autoren der Studie deuten sogar an, dass man bis zu 7 Prozent jährlich entnehmen kann, solange man aufmerksam und flexibel bleibt. Das heißt, wenn der Markt steil abtaucht, dann reduzieren Sie Ihre Entnahmen und Ihre Ausgaben, bis er sich wieder erholt hat.

Wenn Sie sich die Studie anschauen, dann werden Sie feststellen, dass sie vier Tabellen enthält. Die Tabellen 1 und 2 zeigen, wie sich verschiedene Portfolios bei verschiedenen Entnahmeraten im Zeitablauf entwickelt haben. In den Tabellen 3 und 4 kann man ablesen, wie hoch der Portfoliorestwert nach 30 Jahren ist. Dabei wird in den Tabellen 2 und 4, im Unterschied zu den Tabellen 1 und 3, angenommen, dass der absolute Geldbetrag, der entnommen wird, jedes Jahr an die Inflation angepasst wird. Schauen wir uns das einmal näher an.

Wenn Sie zum Beispiel in Tabelle 1 beim Portfoliomix von 50/50 und der Entnahmerate von 4 Prozent nachschauen, dann sehen Sie, dass Sie eine Chance von 100 Prozent haben, dass Ihr Portfolio 30 Jahre lang überleben wird.

Aus der Tabelle 2 erfahren Sie, dass unter denselben Voraussetzungen, aber wenn Sie sich wegen der Inflation jedes Jahr einen höheren Entnahmebetrag genehmigen, die Überlebenswahrscheinlichkeit Ihres Portfolios auf 96 Prozent fällt. Das hört sich sinnvoll an, oder?

Die Tabellen 3 und 4 sagen uns, wie viel die verschiedenen Portfolios nach 30 Jahren noch wert sind und diese Zahlen haben mich sehr beeindruckt. Tabelle 3 geht wieder von einem konstanten Entnahmebetrag aus und in Tabelle 4 erhält man einen jährlichen Inflationsausgleich, so dass der Entnahmebetrag im Zeitablauf steigt. Schauen wir uns einige Beispiele an.

Tabelle 1: Die Erfolgsraten von Ruhestandsportfolios, in Abhängigkeit von Entnahmequote, Portfoliostruktur und Entnahmezeitraum

Jährliche Entnahmerate in Prozent vom Portfolioanfangswert										
Entnahmezeitraum	3 %	4 %	5 %	6 %	7 %	8 %	9 %	10 %	11 %	12 %
100 % Aktien Erfolgsrate in Prozent										
15 Jahre	100	100	97	97	94	93	86	80	71	63
20 Jahre	100	98	97	95	92	86	77	66	55	51
25 Jahre	100	98	97	93	90	80	67	55	48	40
30 Jahre	100	98	96	93	87	76	62	51	40	35
75 % Aktien/25 % Anleihen										
15 Jahre	100	100	100	100	97	94	90	77	66	56
20 Jahre	100	100	100	97	95	89	74	58	49	43
25 Jahre	100	100	98	97	92	78	60	52	42	32
30 Jahre	100	100	98	96	91	69	55	38	29	20
50 % Aktien/50 % Anleihen										
15 Jahre	100	100	100	100	100	99	93	73	57	46
20 Jahre	100	100	100	100	98	88	63	46	32	20
25 Jahre	100	100	100	100	95	67	48	28	18	13
30 Jahre	100	100	100	98	85	53	27	15	9	5
25 % Aktien/75 % Anleihen										
15 Jahre	100	100	100	100	100	100	86	53	34	30
20 Jahre	100	100	100	100	100	68	35	26	22	14
25 Jahre	100	100	100	100	68	33	25	17	13	10
30 Jahre	100	100	100	96	38	24	15	9	5	2
100 % Anleihen										
15 Jahre	100	100	100	100	100	73	56	44	29	19
20 Jahre	100	100	100	92	54	49	28	20	14	9
25 Jahre	100	100	97	58	43	27	18	10	10	8
30 Jahre	100	100	64	42	24	16	7	2	0	0

Tabelle 2: Die Erfolgsraten von Ruhestandsportfolios, in Abhängigkeit von Entnahmequote, Portfoliostruktur und Entnahmezeitraum (mit Anpassung der Entnahmebeträge an die Inflation)

Jährliche Entnahmerate in Prozent vom Portfolioanfangswert										
Entnahmezeitraum	3 %	4 %	5 %	6 %	7 %	8 %	9 %	10 %	11 %	12 %
100 % Aktien Erfolgsrate in Prozent										
15 Jahre	100	100	100	94	86	76	71	64	51	46
20 Jahre	100	100	92	80	72	65	52	45	38	25
25 Jahre	100	100	88	75	63	50	42	33	27	17
30 Jahre	100	98	80	62	55	44	33	27	15	5
75 % Aktien/25 % Anleihen										
15 Jahre	100	100	100	97	87	77	70	56	47	30
20 Jahre	100	100	95	80	72	60	49	31	25	11
25 Jahre	100	100	87	70	58	42	32	20	10	3
30 Jahre	100	100	82	60	45	35	13	5	0	0
50 % Aktien/50 % Anleihen										
15 Jahre	100	100	100	99	84	71	61	44	34	21
20 Jahre	100	100	94	80	63	43	31	23	8	6
25 Jahre	100	100	83	60	42	23	13	8	7	2
30 Jahre	100	96	67	51	22	9	0	0	0	0
25 % Aktien/75 % Anleihen										
15 Jahre	100	100	100	99	77	59	43	34	26	13
20 Jahre	100	100	82	52	26	14	9	3	0	0
25 Jahre	100	95	58	32	25	15	8	7	2	2
30 Jahre	100	80	31	22	7	0	0	0	0	0
100 % Anleihen										
15 Jahre	100	100	100	81	54	37	34	27	19	10
20 Jahre	100	97	65	37	29	28	17	8	2	2
25 Jahre	100	62	33	23	18	8	8	2	2	0
30 Jahre	84	35	22	11	2	0	0	0	0	0

Tabelle 3: Median-Restwert des Ruhestandsportfolios nach Abzug der fixen jährlichen Entnahmen (Annahme: Portfolio-Anfangswert beträgt 1000 Dollar)

Jährliche Entnahmerate in Prozent vom Portfolioanfangswert										
Entnahmezeitraum	3 %	4 %	5 %	6 %	7 %	8 %	9 %	10 %	11 %	12 %
100 % Aktien Restwert in Dollar										
15 Jahre	4.037	3.634	3.290	2.978	2.564	2.061	1.689	1.378	1.067	563
20 Jahre	6.893	6.083	5.498	4.640	3.821	2.907	2.059	1.209	610	51
25 Jahre	10.128	8.466	7.708	6.094	4.321	2.936	1.765	459	0	0
30 Jahre	17.950	15.610	12.137	9.818	7.752	5.413	2.461	41	0	0
75 % Aktien/25 % Anleihen										
15 Jahre	3.414	3.086	2.682	2.293	1.937	1.528	1.169	888	623	299
20 Jahre	5.368	4.594	3.933	3.177	2.665	2.062	1.339	574	0	0
25 Jahre	8.190	5.724	4.732	3.889	2.913	1.865	500	0	0	0
30 Jahre	12.765	10.743	8.729	5.210	3.584	2.262	1.424	800	367	105
50 % Aktien/50 % Anleihen										
15 Jahre	2.668	2.315	2.015	1.705	1.398	1.097	785	470	187	0
20 Jahre	3.555	3.018	2.329	1.926	1.462	940	420	0	0	0
25 Jahre	4.689	3.583	2.695	1.953	1.293	624	0	0	0	0
30 Jahre	8.663	7.100	5.538	2.409	1.190	466	136	16	0	0
25 % Aktien/75 % Anleihen										
15 Jahre	1.685	1.446	1.208	961	731	499	254	14	0	0
20 Jahre	2.033	1.665	1.258	882	521	136	0	0	0	0
25 Jahre	2.638	1.863	1.303	704	130	0	0	0	0	0
30 Jahre	3.350	2.587	1.816	647	0	0	0	0	0	0
100 % Anleihen										
15 Jahre	1.575	1.344	1.102	886	651	420	211	0	0	0
20 Jahre	1.502	1.188	926	537	132	0	0	0	0	0
25 Jahre	1.639	1.183	763	41	0	0	0	0	0	0
30 Jahre	1.664	1.157	670	0	0	0	0	0	0	0

Tabelle 4: Median-Restwert des Ruhestandsportfolios nach Abzug der an die Inflation angepassten jährlichen Entnahmen (Annahme: Portfolio-Anfangswert beträgt 1000 Dollar)

Jährliche Entnahmerate in Prozent vom Portfolio-Anfangswert										
Entnahmezeitraum	3 %	4 %	5 %	6 %	7 %	8 %	9 %	10 %	11 %	12 %
100 % Aktien				**Restwert in Dollar**						
15 Jahre	3.832	1.760	3.005	2.458	2.018	1.427	859	483	44	0
20 Jahre	6.730	5.808	5.095	3.421	1.953	1.215	361	0	0	0
25 Jahre	8.707	6.304	5.103	2.931	1.683	0	0	0	0	0
30 Jahre	12.929	10.075	7.244	4.128	1.253	0	0	0	0	0
75 % Aktien/25 % Anleihen										
15 Jahre	3.139	1.601	2.163	1.773	1.290	943	612	275	0	0
20 Jahre	4.548	3.733	2.971	2.051	1.231	450	0	0	0	0
25 Jahre	5.976	4.241	2.878	1.514	383	0	0	0	0	0
30 Jahre	8.534	5.968	3.554	1.338	0	0	0	0	0	0
50 % Aktien/50 % Anleihen										
15 Jahre	2.316	1.390	1.535	1.268	889	489	182	0	0	0
20 Jahre	2.865	2.256	1.667	1.068	469	0	0	0	0	0
25 Jahre	3.726	2.439	1.453	583	0	0	0	0	0	0
30 Jahre	4.754	2.971	1.383	9	0	0	0	0	0	0
25 % Aktien/75 % Anleihen										
15 Jahre	1.596	1.011	777	456	56	0	0	0	0	0
20 Jahre	1.785	1.196	778	268	0	0	0	0	0	0
25 Jahre	1.847	941	67	0	0	0	0	0	0	0
30 Jahre	2.333	633	0	0	0	0	0	0	0	0
100 % Anleihen										
15 Jahre	1.325	852	612	303	48	0	0	0	0	0
20 Jahre	1.058	621	146	0	0	0	0	0	0	0
25 Jahre	919	102	0	0	0	0	0	0	0	0
30 Jahre	626	0	0	0	0	0	0	0	0	0

Anmerkung: Die Aktienrendite wurde auf Grundlage der monatlichen Gesamtrendite des Index Standard & Poor's 500 ermittelt und die Anleiherenditen sind die monatlichen Gesamtrenditen erstklassiger Unternehmensanleihen. Alle Renditedaten beziehen sich auf die Zeit von Januar 1926 bis Dezember 2009 und wurden von Morningstar im Ibbotson SBBI 2010 Classic Yearbook veröffentlicht.

Tabelle 1: (Quelle: Financial Planning Association, 2010, »Table 1: Retirement Portfolio Success Rate by Withdrawal Rate, Portfolio Composition, and Payout Period«.) Tabelle 2: Die Inflationsanpassung wurde gemäß den Jahreswerten des Konsumentenpreisindex (Stadt) berechnet, der vom Amt für Arbeitsmarktstatistik der USA unter www.bis.doc.gov veröffentlicht wird. (Quelle: Financial Planning Association, 2010, »Table 2: Retirement Portfolio Success Rate by Withdrawal Rate, Portfolio Composition, and Payout Period in Which Withdrawals Are Adjusted for Inflation«.) Tabelle 3: (Quelle: Financial Planning Association, 2010, »Table 3: Median End-of-Period Retirement Portfolio Values Net of Fixed Withdrawals – Assuming Initial Portfolio Value of $ 1.000«.) Tabelle 4: Die Inflationsanpassung wurde gemäß den Jahreswerten des Konsumentenpreisindex (Stadt) berechnet, der vom Amt für Arbeitsmarktstatistik der USA unter www.bis.doc.gov veröffentlicht wird. (Quelle: Financial Planning Association, 2010, »Table 4: Median End-of-Period Retirement Portfolio Values With Inflation-Adjusted Withdrawals – Assuming Initial Portfolio Value of $ 1.000«.)

Gehen wir von einer Entnahmequote von 4 Prozent bei einem Portfolio mit einem Anfangswert von 1 Million Dollar aus. Gemäß Tabelle 3 (ohne Anpassung der Entnahmen an die Inflation) hätte man nach 30 Jahren folgende Beträge übrig (Median-Restwerte):

- 100 Prozent Aktien: 15 610 000 Dollar,
- 75 Prozent Aktien/25 Prozent Anleihen: 10 743 000 Dollar,
- 50 Prozent Aktien/50 Prozent Anleihen: 7 100 000 Dollar.

In Tabelle 4 (mit Anpassung der Entnahmen an die Inflation) finden wir diese Zahlen:

- 100 Prozent Aktien: 10 075 000 Dollar,
- 75 Prozent Aktien/25 Prozent Anleihen: 5 968 000 Dollar,
- 50 Prozent Aktien/50 Prozent Anleihen: 2 971 000 Dollar.

Das sind ganz tolle Zahlen. Sie können also ganz beruhigt und zuversichtlich sein, wenn Sie dem »einfachen Weg zum Reichtum« folgen.

Wenn Sie sich die Tabellen anschauen, dann dürfte eines sehr klar werden: wie wichtig und wie notwendig nämlich Aktien für den Aufbau und Erhalt Ihres Vermögens sind. Und das ist auch der Grund, aus dem sie beim »einfachen Weg zum Reichtum« die Hauptrolle spielen.

Was wahrscheinlich weniger offensichtlich, aber genauso wichtig ist, ist die große Bedeutung, die die Anlage in Indexfonds mit niedrigen Kosten beim Aufbau Ihres Vermögens hat. Wenn Sie nämlich erst einmal Anlageberatern und/oder Managern aktiv gemanagter Fonds 1 bis 2 Prozent Gebühren zahlen, dann können Sie all diese schönen Prognosen auf den Müll werfen. Wade Pfau, Professor für Ruhestandseinkommen am American College of Financial Services und einer der angesehensten Kommentatoren der Trinity-Studie, hat es so ausgedrückt:

> *»Um ein Beispiel zu nennen: Das 50/50-Portfolio mit einer Entnahmequote von 4 Prozent und Anpassung der Entnahmen an die Inflation hat über einen Zeitraum von 30 Jahren eine Erfolgsrate von 96 Prozent ohne Gebühren, von 84 Prozent bei Gebühren von 1 Prozent und von 65 Prozent bei Gebühren von 2 Prozent.«*

Mit anderen Worten: Man kann die Prognosen der Trinity-Studie nur für solche Portfolios heranziehen, die ausschließlich Indexfonds mit niedrigen Gebühren enthalten.

Um nunmehr die Frage zu beantworten, auf die weiter oben angespielt wurde: Welche Entnahmequote habe ich persönlich für meinen Ruhestand gewählt? Ich muss zugeben, dass ich darauf so wenig achtgegeben habe, dass ich einige Zeit gebraucht habe, um das herauszufinden. Und selbst dann war die Zahl nicht genau. Aber nach meiner besten Schätzung dürfte diese Quote in den letzten paar Jahren bei etwas über 5 Prozent gelegen haben. Dieses nachlässige Vorgehen überrascht Sie vielleicht. Aber es gibt mildernde Umstände:

1. Meine Tochter hat studiert. Das war jedes Jahr ein riesiger Ausgabeposten, aber seit Frühjahr 2014 ist er weggefallen. Während ihres Studiums war dieses Geld zwar

Bestandteil meines Nettovermögens, aber auch als feste Ausgabe verplant.

2. Seit ich mich zur Ruhe gesetzt habe, reisen meine Frau und ich viel mehr als früher und unsere Ausgaben dafür sind stark angestiegen. Ich will nicht pessimistisch erscheinen, aber in meinem Alter mache ich mir mehr Sorgen darüber, dass mir die Zeit als dass mir das Geld ausgehen könnte. Sollte der Markt stark fallen, dann wären das Ausgaben, die man unschwer anpassen könnte.
3. Irgendwann in den nächsten paar Jahren werden wir zwei nette zusätzliche Einkommen in Form von gesetzlichen Rentenzahlungen erhalten.
4. Und am wichtigsten: Ich weiß, dass ich deutlich unterhalb der Grenze von 6 bis 7 Prozent liege, ab der man sorgfältig achtgeben muss.
5. Angesichts dessen schätze ich, dass unsere Entnahmequote in der Zukunft auf unter 4 Prozent fallen wird.

Innerhalb des Bereichs von 3 bis 7 Prozent hängt die Wahl Ihrer eigenen Entnahmequote weniger von den genauen Zahlen ab als vielmehr von Ihrer persönlichen Flexibilität. Wenn Sie, sollte das notwendig werden, ohne Weiteres willens und fähig sind, die Ausgaben für Ihren Lebensunterhalt anzupassen, Arbeit zu finden, um Ihre Kapitaleinkünfte zu ergänzen, oder sich einen weniger teuren Wohnort zu suchen, dann wird Ihr Leben im Ruhestand wesentlich sicherer und problemloser sein, als wenn dies nicht der Fall ist – und zwar unabhängig davon, welche Entnahmequote Sie wählen. Ich denke, es wird auch glücklicher sein.

Wenn Sie dagegen Einkünfte in einer bestimmten Höhe unbedingt brauchen, nicht mehr arbeiten wollen oder können und sie so fest Wurzeln geschlagen haben, dass Sie sich niemals mehr nach anderen Wohnorten umsehen werden, dann müssen Sie wesentlich vorsichtiger sein. Ich persönlich würde daran arbeiten, diese Einstellungen zu ändern. Aber das ist nur meine persönliche Meinung.

4 Prozent sind eine grobe Richtschnur. Nur Flexibilität und vernünftiges Verhalten bringen wirklich Sicherheit.

Kapitel 29: Wie hole ich mir am besten meine 4 Prozent?

Wenn Sie dem »einfachen Weg« gefolgt sind, der in diesem Buch beschrieben wird, dann werden Sie irgendwann in der Lage sein, Ihre Rechnungen mit den Erträgen Ihres Vermögens anstatt mit Ihrem Gehalt zu bezahlen.

Wie lange es dauert, bis Sie diesen Punkt erreichen, hängt sehr davon ab, wie hoch Ihre Sparquote ist und wie viel Geld Sie für Ihren Lebensunterhalt brauchen. Aber in jedem Fall wird Ihr Vermögen irgendwann so hoch sein, dass Sie von den Erträgen daraus leben können, wenn Sie jährlich 4 Prozent entnehmen, so wie wir dies im vorhergehenden Kapitel besprochen haben. Oder anders ausgedrückt: Ihr Vermögen ist dann gleich dem 25-Fachen Ihrer jährlichen Ausgaben.

Da Sie dann auch aufgehört haben werden zu arbeiten, haben Sie alle vom Arbeitgeber angebotenen Rentensparpläne, wie etwa einen 401(k)-Plan, auf Ihren IRA übertragen und die Anlagen selbst bestehen in dem Verhältnis aus Aktien und Anleihen, das Ihrer persönlichen Risikoneigung am besten entspricht. Idealerweise werden Ihre Anlagen in Form von Niedrigkosten-Indexfonds von Vanguard gehalten: dem VTSAX für Aktien und dem VBTLX für Anleihen.

Wie wir in Kapitel 19 gesehen haben, werden beide Fonds sowohl in Ihren steuerbegünstigten als auch in Ihren »normalen« (nicht steuerbegünstigten) Töpfen liegen. Bis zu Ihrem Ruhestand haben Sie die Zahl dieser Töpfe auf drei reduziert: IRA, Roth-IRA und »Normal«-Topf. Meine Empfehlung, der ich auch selbst folge, ist, die Anlagen auf diese Töpfe wie folgt zu verteilen:

- Den VBTLX auf den IRA, da dies steuerlich am günstigsten ist.
- Den VTSAX auf den Roth-IRA, da ich diese Anlagen ganz zum Schluss liquidieren werde und da bei ihnen deshalb die Wahrscheinlichkeit am höchsten ist, dass ich sie meinen Erben hinterlassen werde. Sein Vermögen in Form von Guthaben auf einem Roth-IRA zu vererben, ist aus erbschaftssteuerrechtlichen Gründen von Vorteil. Und da in diesem Topf die langfristigsten Anlagen liegen, gehört der VTSAX aufgrund des langfristigen Wachstumspotenzials von Aktien hier hinein.
- Der VTSAX gehört auch auf das nicht steuerbegünstigte Konto, da die Steuerbelastung bei diesem Fonds geringer als beim VBTLX ist.
- Der VTSAX wird auch auf dem regulären IRA gehalten, da auch dieser Fonds von einer Steuerstundung profitiert.

Wie Sie sehen, werden Sie, wenn Sie ledig sind, vier verschiedene Positionen auf Ihren Investmentkonten haben: den VBTLX auf Ihrem IRA und den VTSAX auf Ihrem IRA, auf Ihrem Roth-IRA und auf Ihrem nicht steuerbegünstigten Konto. Wenn Sie verheiratet sind, könnte die Aufteilung Ihres Vermögens in etwa wie die unsere aussehen.

Mir persönlich gehören:

- VTSAX-Anteile auf meinem Roth-IRA und meinem regulären IRA.
- Alle unsere Anleihen in Form von VBTLX-Anteilen auf meinem regulären IRA.

Meine Frau hält persönlich:

- VTSAX-Anteile auf ihrem Roth-IRA und ihrem regulären IRA.

Gemeinsam gehören uns:

- VTSAX-Anteile auf unserem nicht steuerbegünstigten Konto und eine geringe Summe frei verfügbares Geld auf unseren Giro- und Sparkonten.

Zusammen haben wir also zwei Roth-IRAs, zwei reguläre IRAs und ein nicht steuerbegünstigtes Investmentkonto. Auf diese fünf Konten haben wir einen Bestand an VBTLX- und fünf Bestände an VTSAX-Anteilen verteilt. Wir haben in VTSAX und VBTLX im Verhältnis 75 zu 25 investiert.

Es ist natürlich möglich, dass Sie, auch wenn Sie dem »einfachen Weg« in diesem Buch gefolgt sind, trotzdem noch über andere Anlagen verfügt haben. Wenn sich diese auf Ihren steuerbegünstigten Konten befanden, dann werden Sie sie bestimmt – da Sie auf diese Transaktion keine Steuern zahlen müssen – in Indexfonds von Vanguard umgewandelt haben. Wenn sie aber auf nicht steuerbegünstigten Konten liegen, dann haben die drohenden Steuern auf Veräußerungsgewinne Sie vielleicht dazu gebracht, an diesen Anlagen festzuhalten. Als ich mich zur Ruhe gesetzt habe, hatten wir auch einige dieser »Altlasten«, meistens in Form von Einzelaktien, da ich die Angewohnheit, mit ihnen mein Glück zu versuchen, noch nicht aufgegeben hatte.

Jetzt kann es etwas kompliziert werden. Es gibt praktisch unendlich viele Möglichkeiten, von Ihren Anlagen die 4 Prozent zu entnehmen, die Sie für Ihren Lebensunterhalt brauchen. Lassen Sie uns deshalb mit der praktischen Durchführung dieser Entnahmen beginnen; dann komme ich auf einige wichtige Grundprinzipien zu sprechen und darauf, wie wir selbst vorgehen – und warum. Danach sollten Sie alles Nötige wissen, um Ihre eigene Entnahmestrategie zu entwickeln.

Praktische Durchführung

Wenn Ihre Anlagen auf Konten bei Vanguard oder einer vergleichbaren Gesellschaft liegen, dann ist die praktische Durchführung Ihrer Geldentnahmen kinderleicht. Mit einem Telefonanruf oder einigen Klicks auf der Homepage der betreffenden Gesellschaft können Sie Folgendes tun:

- Sie lassen einen festen Betrag von irgendeinem Ihrer Konten in einem Rhythmus Ihrer Wahl an sich überweisen: wöchentlich, monatlich, vierteljährlich oder jährlich.
- Sie lassen Veräußerungsgewinne und/oder Dividenden und Zinsen bei Ausschüttung an sich überweisen.
- Sie lassen sich einen bestimmten Betrag einmalig überweisen.
- Oder Sie wählen eine beliebige Kombination dieser drei Möglichkeiten.

Das Geld kann auf Ihr Girokonto oder ein anderes Konto Ihrer Wahl überwiesen werden. Es könnte wirklich nicht einfacher sein. Wenn Sie bei Vanguard (oder auch bei einer anderen Gesellschaft) anrufen, dann wird man Ihnen, bis Sie sich auskennen, freundlich dabei helfen, sich zurechtzufinden.

Grundprinzipien

Lassen Sie uns nun einen Blick auf die Prinzipien werfen, nach denen wir selbst unser Vorgehen ausrichten.

Erstens müssen Sie wissen, dass wir bei der Strukturierung unseres Vermögens im Verhältnis 75 zu 25 unsere Anlagen *insgesamt* betrachten, unabhängig davon, auf welchen Konten sie gehalten werden.

Zweitens reinvestieren wir alle unsere Dividenden, Zinsen und Veräußerungsgewinne, die wir durch Anlagen auf steuerbegünstigten Konten erhalten. Anders als viele bin ich nicht von der Idee begeistert, »nur von den Erträgen zu leben« (also nur von Dividenden und Zinsen). Stattdessen bin ich bestrebt, die ungefähr 4 Prozent zu entnehmen, die nach den Ergebnissen der Finanzforschung bei einem Portfolio wie dem meinen auf Dauer möglich sind.

Drittens lassen wir die Dividenden und Veräußerungsgewinne, die uns aus den VTSAX-Anteilen auf unserem nicht steuerbegünstigten Konto zufließen, unmittelbar auf unser Girokonto überweisen. Da diese Einkünfte steuerpflichtig sind, wäre es sinnlos, sie erst zu reinvestieren und wenig später einen Betrag in Höhe der Steuerschuld zu entnehmen.

Viertens will ich bei meinen steuerbegünstigten Anlagen den Vorteil der Steuerstundung so lange wie möglich ausnutzen und diese so lange wie möglich weiterwachsen lassen.

Fünftens habe ich vor, da ich in weniger als zehn Jahren das Alter von 70½ Jahren erreichen werde, von unseren regulären IRAs so viele Investments auf unsere Roth-IRAs zu übertragen, wie dies möglich ist, ohne dass wir dabei aus der 15-Prozent-Steuerklasse herausfallen. Sie erinnern sich bestimmt an diese Vorgehensweise, die wir bei unserer Diskussion der Mindestentnahmepflichten in Kapitel 20 angesprochen haben.

Sechstens werden wir, sobald wir das Alter von 70½ Jahren erreichen und Mindestentnahmen vornehmen müssen, die Entnahmen aus den nicht steuerbegünstigten Konten durch diese Mindestentnahmen ersetzen. Die Anlagen auf den nicht steuerbegünstigten Konten werden wir dann wieder wachsen lassen.

Die 4-Prozent-Entnahme in der Praxis

1. Erstens haben wir die Erwerbseinkünfte berücksichtigt, die wir noch haben. Wenn Sie aktiv leben, dann kann es ja sein, dass Sie auch im Ruhestand noch solche Aktivitäten verfolgen, die etwas Geld bringen. Unser Hauptziel ist nicht mehr die Ersparnisbildung, aber wir geben diese Erwerbseinkünfte immer als Erste aus, damit wir entsprechend weniger von unseren Anlagen auflösen müssen und diese dann noch länger weiterwachsen können.
2. Erinnern Sie sich noch an die »Altlasten« auf unserem nicht steuerbegünstigten Konto? Als ich mich zur Ruhe gesetzt habe, waren das die ersten Anlagen, die wir verkauft haben. Begonnen haben wir mit denen,

die am meisten enttäuscht haben. Ob Sie nun dem Rest unseres Entnahmeplans folgen oder nicht, so empfehle ich doch nachdrücklich, solche Altlasten, falls Sie denn welche in Ihrem Portfolio haben, auf diese Art loszuwerden. Wenn nötig, gehen Sie Schritt für Schritt vor, um die Steuern auf Veräußerungsgewinne zu minimieren. Natürlich können Sie diejenigen sofort verkaufen, bei denen Veräußerungsverluste anfallen. Sie können bei dieser Gelegenheit auch einige der Aktien verkaufen, bei denen Sie Gewinne erzielt haben, weil Sie die Veräußerungsverluste von diesen Gewinnen abziehen können und in dieser Höhe keine Steuer auf die Veräußerungsgewinne zahlen müssen. Außerdem kann man pro Jahr bis zu 3000 Dollar an Veräußerungsverlusten steuermindernd von seinem Erwerbseinkommen abziehen. Veräußerungsverluste, die man nicht in dem Jahr geltend machen kann, in dem sie entstanden sind, können vorgetragen und in den Folgejahren geltend gemacht werden.

3. Sobald unsere Altlasten verkauft waren, sind wir dazu übergegangen, Entnahmen aus unserem nicht steuerbegünstigten VTSAX-Konto zu tätigen. Das werden wir so lange tun, bis wir das Alter von 70½ Jahren und damit diese lästigen Mindestentnahmepflichten erreicht haben.
4. Da das nicht steuerbegünstigte VTSAX-Konto nur einen Teil unseres Gesamtvermögens ausmacht, sind die Beträge, die wir jetzt daraus jedes Jahr entnehmen, weit höher als 4 Prozent des Anfangskontostands. Aber man darf die Entnahmen nicht nur auf dieses Konto beziehen, sondern muss sie im Zusammenhang mit unserem gesamten Vermögen betrachten.

5. Wir hätten, wie ich das oben beschrieben habe, einen Dauerauftrag von dem nicht steuerbegünstigten VTSAX-Konto auf unser Girokonto einrichten können, aber das haben wir nicht getan. Stattdessen loggt sich meine Frau (die unsere alltäglichen Zahlungen abwickelt) jedes Mal dann bei Vanguard ein, wenn sie merkt, dass unser Girokontostand zu niedrig wird, und lässt sich so viel Geld überweisen, wie sie braucht.
6. Diese Vorgehensweise mag ein wenig unsystematisch erscheinen – und sie ist es bestimmt auch. Aber wie ich im vorhergehenden Kapitel erklärt habe, denke ich nicht, dass wir uns damit verrückt machen müssen, ganz genau innerhalb des Rahmens der 4-Prozent-Regel zu bleiben.
7. Stattdessen führen wir ein einfaches Haushaltsbuch in Form einer Excel-Tabelle, in die wir alle Ausgaben, geordnet nach Ausgabenarten, eintragen. Dadurch sehen wir, wofür wir unser Geld ausgeben, und können uns überlegen, wo wir kürzen könnten, wenn der Markt abstürzen sollte und wir kürzen müssten.
8. Jedes Jahr berechne ich die Höhe unseres gesamten Einkommens und dann transferiere ich so viel von unseren regulären IRAs auf unsere Roth-IRAs, wie dies möglich ist, ohne dass wir dabei aus der 15-Prozent-Steuerklasse herausfallen. Damit bereite ich mich auf die Mindestentnahmepflichten ab dem Alter von 70½ Jahren vor. Wenn es so weit ist, sollen die Kontostände auf unseren regulären IRAs so niedrig wie möglich sein.
9. Sobald wir das Alter von 70½ Jahren erreicht haben, entnehmen wir nichts mehr von unserem nicht steuerbegünstigten Konto, sondern lassen dieses wieder

wachsen. Stattdessen werden wir anfangen, von den Mindestentnahmen zu leben, die wir dann bei unseren IRAs vornehmen müssen, wenn wir Strafzahlungen von 50 Prozent vermeiden wollen.

10. Ich bin zwar ziemlich sicher, dass das Geld auf unserem nicht steuerbegünstigten Konto reichen wird, bis wir 70½ Jahre alt sind. Aber wenn es nicht reichen sollte, dann würden wir einfach schon vor dem Beginn der Mindestentnahmepflicht damit anfangen, Geld von unseren IRAs zu entnehmen. Das wäre dann im Wesentlichen das Geld, das ich andernfalls auf die Roth-IRAs übertragen hätte. Ich würde natürlich auch in diesem Fall versuchen, nur so viel zu entnehmen, dass wir innerhalb der 15-Prozent-Steuerklasse bleiben.
11. Trotz meiner Bemühungen, die Kontostände unserer regulären IRAs zu reduzieren, werden die Mindestentnahmen, sobald wir beide dazu verpflichtet sind, wahrscheinlich höher sein als das, was wir zum Leben brauchen. Dann werden wir den Überschuss in Form von VTSAX-Anteilen auf unserem nicht steuerbegünstigten Konto anlegen.

Das wäre es also gewesen. Sie könnten zwar dieser Strategie genau folgen, aber Sie müssen es nicht. Ändern Sie sie ruhig, damit sie möglichst gut zu Ihrer persönlichen Situation und zu Ihrem Temperament passt.

Wenn Ihnen zum Beispiel die Vorstellung, Ihr Kapital anzugreifen, zuwider ist und Sie nur die Erträge Ihrer Anlagen ausgeben wollen, dann können Sie Ihrer Investmentgesellschaft den Auftrag erteilen:

- alle Ihre Dividenden, Zinsen und Veräußerungsgewinne bei Ausschüttung auf Ihr Girokonto zu überweisen.
- Weil diese Zahlungen wahrscheinlich weniger als die angestrebten 4 Prozent ausmachen werden, können Sie sich jedes Mal, wenn das notwendig werden sollte, einloggen und sich mehr Geld überweisen lassen, indem Sie den Verkauf von ein paar Anteilen in Auftrag geben.
- Oder Sie könnten sich Ihre Dividenden, Zinsen und Veräußerungsgewinne bei Ausschüttung überweisen lassen und außerdem einen Dauerauftrag für Überweisungen von Ihrem nicht steuerlich begünstigten Konto auf Ihr Girokonto erteilen, um insgesamt auf ungefähr 4 Prozent zu kommen.

Nehmen wir zum Beispiel an, Sie haben 1 Million Dollar in Ihrem Portfolio, zu 75 Prozent in Form von Aktien und zu 25 Prozent in Form von Anleihen.

- Eine Entnahmequote von 4 Prozent entspricht 40 000 Dollar pro Jahr.
- Ihre 750 000 Dollar in VTSAX-Anteilen bringen Ihnen eine Dividende von ungefähr 2 Prozent oder 15 000 Dollar.
- Ihre 250 000 Dollar in VBTLX-Anteilen bringen Ihnen Zinsen von ungefähr 3 Prozent oder 7500 Dollar.
- Das ergibt zusammen 22 500 Dollar. Wenn Sie nicht mehr brauchen, dann war's das.
- Aber wenn Sie die gesamten 40 000 Dollar haben wollen, dann würden Sie die fehlenden 17 500 Dollar entnehmen, indem Sie Anteile aus Ihrem nicht steuer-

begünstigten Konto verkaufen. Monatlich wären das Anteile für ungefähr 1500 Dollar.

Das erscheint mir ziemlich umständlich zu sein und ich habe dieses Beispiel nur gebracht, um zu zeigen, wie jemand, der darauf aus ist, nur von den Erträgen seiner Anlagen zu leben, die Sache angehen könnte.

Und das würde ich *nicht* tun

Ich würde keinen jährlichen 4-Prozent-Entnahmeplan aufstellen und mich dann nicht mehr darum kümmern.

Wie wir im vorhergehenden Kapitel gesehen haben, ging es bei der Trinity-Studie darum herauszufinden, wie viel von einem Portfolio über Jahrzehnte entnommen und ausgegeben werden kann, wenn es langfristig überleben soll. Es stellte sich heraus, dass bei Berücksichtigung der Inflation Entnahmequoten von 4 Prozent eine Erfolgswahrscheinlichkeit von 96 Prozent haben. Daraus wurde die 4-Prozent-Regel: Wenn man sich an sie hält, dann steht man die große Mehrheit der Markteinbrüche durch und muss sich in seinem Ruhestand keine Sorgen über Kursschwankungen machen.

Die Studie hat wichtige wissenschaftliche Erkenntnisse geliefert und es ist sehr ermutigend zu hören, dass die Portfolios, mit ein paar wenigen Ausnahmen, sehr gut 30 Jahre über die Runden gekommen sind. Mehr noch, in den meisten Fällen sind sie trotz der Entnahmen enorm gewachsen.

Außer in den paar wenigen Fällen, in denen diese Methode zu Ihrem Ruin geführt hätte, hat sie in der ganz überwiegenden Mehrheit der Fälle große Vermögen produziert. Da ich annehme, dass Sie weder pleitegehen noch sich die Chance auf den Vermögenszuwachs entgehen lassen wollen, den Ihre Investments noch erzielen können, sollten Sie vorsichtig sein und die Entwicklung im Lauf der Jahre genau verfolgen.

Deshalb denke ich, dass es verrückt wäre, nur einen 4-Prozent-Entnahmeplan aufzustellen und diesen stur zu verfolgen, unabhängig davon, was in der Welt alles passiert. Sie können darauf wetten, dass ich meine Ausgaben reduzieren würde, wenn die Märkte einbrechen und mein Portfolio die Hälfte an Wert verlieren würde. Wenn ich arbeiten würde und eine Gehaltseinbuße von 50 Prozent hinnehmen müsste, würde ich natürlich dasselbe tun. Und Sie sollten genauso handeln.

Aus demselben Grund würde ich in guten Zeiten vielleicht ein bisschen mehr als 4 Prozent ausgeben, da ich ja weiß, dass der Markt steigt und ich und mein Portfolio dadurch Rückenwind haben.

Wie dem auch sei, ich würde auf jeden Fall jedes Jahr mein Vorgehen überprüfen. Genau der richtige Zeitpunkt hierfür ist dann, wenn man ohnehin sein Portfolio kontrolliert und gegebenenfalls umschichtet, damit es die gewünschte Struktur beibehält. Wir persönlich machen das immer am Geburtstag meiner Frau oder wenn der Markt sich um mehr als 20 Prozent nach oben oder nach unten bewegt hat.

Nur durch diese Flexibilität kann man finanzielle Unabhängigkeit wirklich erreichen – und die Möglichkeiten, die in seinem Vermögen stecken, vollständig ausnutzen. So wie sich der Wind an den Märkten dreht, so ändere ich den Kurs, den ich mit meinen Entnahmen verfolge. Und Sie sollten das ebenso halten.

Kapitel 30: Die gesetzliche Rentenversicherung – wie sicher sie ist und wann man sie in Anspruch nehmen sollte

Ich erinnere mich, dass ich in den frühen 1980er-Jahren bei meiner Mutter, die damals in Rente war, über die gesetzliche Rentenversicherung *(»Social Security«)* geschimpft habe.[1] Als sie aufwuchs, hatte sie das Bild von alten Damen, die von Katzenfutter lebten, im Kopf. So etwas war in der Zeit, als sie ein Mädchen war, tatsächlich möglich, denn damals stellten die Alten die ärmste Bevölkerungsgruppe in den USA dar. Ich erklärte ihr, dass ich und meine beiden Schwestern ihr jeden Monat mehr Geld geben könnten, als sie jetzt Rente bekam, und sogar noch etwas übrighätten, das wir für uns sparen könnten – wenn uns nur die gesetzliche Rentenversicherung aus ihren Fängen lassen würde. Meine Mutter kaufte mir das nicht ab.

Ich war mir, ehrlich gesagt, auch nicht so sicher. Aber ich dachte, dass ich nie etwas von der gesetzlichen Rentenversicherung haben würde. Meine ganze persönliche Finanzpla-

---

1 Die Ausführungen des Autors beziehen sich auf die amerikanische Rentenversicherung und sind nicht eins zu eins auf die Verhältnisse in Deutschland übertragbar. Allerdings steht die deutsche Rentenversicherung vor denselben Problemen wie die amerikanische, so dass die im Folgenden erwähnten Reformen auch hierzulande bevorstehen könnten (Anmerkung des Übersetzers).

nung ging von dieser Annahme aus. Deshalb wäre es für mich kein Problem, wenn ich keine gesetzliche Rente erhalten würde. Wenn doch, dann wäre es eine angenehme Überraschung. Und jetzt, nur ein paar Jahre vor dem Renteneintritt, sieht es so aus, als ob ich – Überraschung! – doch etwas bekommen werde, noch dazu eine überraschend stattliche Summe. Angesichts der Beiträge, die ich bezahlt habe, und falls ich lange genug lebe, ist die gesetzliche Rentenversicherung ein ziemlich gutes Geschäft für mich gewesen. Ich hatte den Einfluss der AARP, der mächtigsten Lobby, die es je gab, unterschätzt.[2]

Die gesetzliche Rentenversicherung wurde 1935 auf dem Höhepunkt der Weltwirtschaftskrise gegründet. Fast jeder ist damals ruiniert worden, aber vielleicht niemand wurde härter getroffen als die Alten, die nicht mehr in der Lage waren zu arbeiten, selbst wenn es Arbeit gegeben hätte. Viele von ihnen lebten tatsächlich von Katzenfutter, wenn sie überhaupt etwas hatten.

In jenen Tagen war die Lebenserwartung deutlich geringer als heute. Den genauen Unterschied herauszufinden ist nicht ganz einfach, da die Höhe der durchschnittlichen Lebenserwartung am stärksten von der Säuglings- und Kindersterblichkeit beeinflusst wird. Aber wenn man die Lebenserwartung von Menschen heranzieht, die das Alter von 20 Jahren erreicht haben, kann man einen sinnvollen Vergleich anstellen. 1935 betrug diese für Männer im Durchschnitt ungefähr 65 Jahre, für Frauen ungefähr 68 Jahre. Seither hat die Lebenserwartung in den USA kontinuierlich zugenommen. 2013 betrug sie nach Angaben der Weltgesundheitsorganisation ungefähr 77 Jahre für Männer und rund 82 Jahre für Frauen.

---

2 Die AARP (American Association of Retired Persons) ist eine einflussreiche Organisation, die die Interessen der Rentner und Senioren vertritt.

Anhand dieser Zahlen sieht man leicht, dass das System der gesetzlichen Rentenversicherung auf der sicheren Seite war, als das Renteneintrittsalter auf 65 Jahre festgesetzt wurde. Alle Arbeitnehmer würden einzahlen, aber relativ wenige würden lange genug leben, um eine Rente zu erhalten, und diejenigen, die eine erhielten, würden sie nur für ein paar Jahre beziehen. Es gab zwar im Lauf der Zeit ein paar kleinere Reformen, aber insgesamt funktionierte das System so gut, dass bis zum Jahr 2011 die jährlichen Beitragseinnahmen höher waren als die jährlichen Rentenzahlungen. Es funktionierte sogar so gut, dass der Gesamtüberschuss im Jahr 2011 die Summe von 2,7 Billionen Dollar erreichte.

Aber wie Sie wissen, hat sich der Wind seitdem gedreht. Die Babyboomer-Generation – die geburtenstärkste Generation, die es je gab – hat begonnen, in Rente zu gehen. Dazu kommt, dass die Rentner immer länger leben. In der Zukunft wird deshalb das System der gesetzlichen Rentenversicherung mehr ausgeben als einnehmen, wenn es keine Reformen gibt. Die Lage stellt sich wie folgt dar:

- 1935–2011: Jährliche Überschüsse werden erzielt und summieren sich auf bis zu ungefähr 2,7 Billionen Dollar.
- 2011–2021: Die jährlichen Rentenversicherungsbeiträge auf Lohn- und Gehaltszahlungen sind geringer als die jährlichen Rentenzahlungen. Aber diese Lücke kann durch die Zinsen in Höhe von circa 4,4 Prozent auf den bisher erzielten Überschuss von 2,7 Billionen Dollar gedeckt werden.
- 2021–2033: Die Zinsen reichen nicht mehr aus, um die jährlichen Defizite zu decken, und wir müssen begin-

nen, dazu auch die 2,7 Billionen Dollar selbst heranzuziehen.
- 2033: Die 2,7 Billionen Dollar sind aufgebraucht.
- Nach 2033: Die Rentenversicherungsbeiträge werden nur zur Finanzierung von 75 Prozent der anstehenden Rentenzahlungen ausreichen.

Wo genau liegen diese 2,7 Billionen Dollar?

Man spricht von dem Überschuss von 2,7 Billionen Dollar im Allgemeinen als Treuhandfonds *(Trust Fund)* der gesetzlichen Sozialversicherung. Er wird in Form von US-Bundesstaatsanleihen gehalten. Im Jahr 2012 entsprach er übrigens ungefähr 16 Prozent der gesamten Staatsverschuldung von rund 16 Billionen Dollar. Tatsächlich ist es so, dass wir ungefähr 29 Prozent (4,63 Billionen Dollar) unserer Staatsschulden von 16 Billionen Dollar uns selbst schulden – in Form von Staatsanleihen, die von der gesetzlichen Rentenversicherung, Medicare und den Pensionskassen der zivilen und militärischen Bundesbediensteten (Military and Civil Service Retirement Systems) gehalten werden.[3] Die USA schulden China, das unser wichtigster ausländischer Gläubiger ist, von dem wir in den Medien am meisten hören, nur 1,1 Billionen Dollar (8,2 Prozent). Japan schulden wir ungefähr genauso viel. (Inzwischen, im Jahr 2016, beträgt die gesamte US-Staatsverschuldung über 19 Billionen Dollar.)

3 Medicare ist die staatliche Krankenversicherung für Personen, die behindert oder über 65 Jahre alt sind (Anmerkung des Übersetzers).

Existieren diese 2,7 Billionen Dollar überhaupt?

Sie haben wahrscheinlich gehört, dass der Treuhandfonds gar nicht wirklich existiert und dass die Regierung das Geld schon ausgegeben hat. Stimmt das? Ja und nein.

Es gibt keinen Tresor, der mit 100 000-Dollar-Scheinen vollgestopft irgendwo steht. (Solche Scheine wurden 1934 gedruckt und »Goldzertifikate« genannt. Sie trugen das Porträt von Woodrow Wilson und wurden von der Regierung nur für amtliche Transaktionen innerhalb des Zentralbanksystems verwendet. Für die Öffentlichkeit waren sie nie verfügbar.[4])

Der Treuhandfonds besteht aus einer Riesenmenge von US-Bundesstaatsanleihen.

Um die Frage beantworten zu können, ob das Geld wirklich da sei, muss man ein bisschen über diese Staatsanleihen und ihre Funktionsweise wissen.

Anleihen werden verkauft, um sich Geld zu leihen, das man ausgeben will. Die Anleihesumme und der Zins werden mit künftigen Einnahmen zurückbezahlt. US-Bundesstaatsanleihen – also die Anleihen, die der Treuhandfonds hält – gelten als die weltweit sicherste Anlageform. Hinter ihnen stehen, wie man so schön sagt, »das Ansehen und die Kreditwürdigkeit der Regierung der Vereinigten Staaten«. Und hinter der Regierung stehen im Endeffekt wir, also die amerikanischen Steuerzahler, denen der Großteil dieser 2,7 Billionen Dollar geschuldet ist.

Deshalb sind die US-Bundesstaatsanleihen, die der Treuhandfonds hält, reale Wertpapiere, die einen realen Wert ha-

4 Woodrow Wilson war von 1913 bis 1921 Präsident der Vereinigten Staaten (Anmerkung des Übersetzers).

ben – genau wie diejenigen US-Bundesstaatsanleihen, die von den Chinesen, den Japanern, vielen Anleihe- und Geldmarktfonds und unzähligen Privatanlegern gehalten werden.

Schön und gut, aber mir wäre es trotzdem lieber, wenn sie meine Beitragszahlungen nicht ausgegeben, sondern in Form von Bargeld in einem Tresor deponiert hätten

Dazu muss man sagen, dass es unsinnig ist, langfristig Anlagen in Form von Bargeld zu halten. Denn durch die Inflation wird dessen Kaufkraft langsam, Schritt für Schritt, zerstört.

Man muss verstehen, dass das Geld, das man anlegt, immer ausgegeben wird. Wenn Sie ein Sparkonto bei Ihrer örtlichen Bank haben, dann liegt Ihr Geld nicht einfach im Tresor, sondern die Bank verleiht es, um Zinsen damit zu verdienen. Sie können deshalb nicht immer sofort und in voller Höhe über Ihr Geld verfügen.

Wenn Sie dieses Risiko nicht akzeptieren wollen, dann haben Sie nur die Alternative, Ihr Geld unters Kopfkissen oder in ein Bankschließfach zu legen. Wenn die Regierung das getan hätte, würde der Fonds nunmehr vor lauter Bargeld überquellen – also Geldscheinen, hinter denen, wie Sie schon ahnen werden, »das Ansehen und die Kreditwürdigkeit der Regierung der Vereinigten Staaten« stehen.

Zumindest gibt es Zinsen auf die Bundesstaatsanleihen.

Wann sollte ich meine Rente in Anspruch nehmen?

Ab einem Alter von 62 Jahren können Sie Zahlungen aus der gesetzlichen Rentenversicherung erhalten. Der Haken dabei ist, dass Ihre Rente umso niedriger ist, je früher Sie sie in Anspruch nehmen. Je länger Sie damit warten (höchstens bis zum Alter von 70 Jahren), desto höher sind die Rentenzahlungen. Andererseits ist die Zeitdauer Ihres Rentenbezugs natürlich umso kürzer, je später Sie mit dem Rentenbezug beginnen.

In zahllosen Artikeln ist versucht worden, die Frage zu beantworten, wann man am besten damit beginnen soll, seine Rente zu beziehen. Alle nur denkbaren, manchmal recht komplizierten Strategien sind beschrieben worden. Ich habe viel darüber gelesen und meiner Ansicht nach ist es im Endeffekt ziemlich einfach: Da die versicherungsmathematischen Tafeln der Regierung so exakt wie nur möglich sind, entspricht die Staffelung der Rentenhöhe nach Renteneintrittsalter ziemlich gut der Lebenserwartung. Deshalb müssen Sie sich Folgendes fragen:

1. Wann brauche ich das Geld? Wenn Sie Ihre Rente wirklich sofort brauchen, dann spielt alles andere keine Rolle. Aber mit jedem Monat, den Sie warten, wächst die monatliche Rentenzahlung.
2. Erwarten Sie, dass die gesetzliche Rentenversicherung zusammenbrechen und die Zahlungen einstellen wird? Wenn ja, dann sollten Sie natürlich zusehen, dass Sie Rente bekommen, solange das noch möglich ist. Ich persönlich denke, dass Sie sich damit täuschen würden, und ich werde weiter unten noch erklären, warum ich das denke.

3. Wie lange, denken Sie, dass Sie leben werden? Je länger Sie leben, desto vorteilhafter ist das Aufschieben des Renteneintritts. Bei der Entscheidung zwischen einem Renteneintritt im Alter von 62 Jahren und einem im Alter von 66 Jahren liegt der Wendepunkt bei einer Lebenserwartung von ungefähr 84 Jahren. Das heißt, wenn Sie mehr als 84 Jahre alt werden, dann werden Sie insgesamt höhere Rentenzahlungen erhalten, wenn Sie den Rentenbezug bis zum Alter von 66 Jahren aufschieben, als wenn Sie schon mit 62 Jahren beginnen, Ihre Rente zu beziehen. Wenn Sie denken, dass Sie wahrscheinlich früher sterben werden, dann sollten Sie Ihre Rente eher in Anspruch nehmen. Es sei denn, ...
4. ... Sie sind verheiratet und waren der besser verdienende Gatte. Dann müssen Sie auch noch erwägen, wie lange Ihr Gatte wahrscheinlich leben wird. Denn wenn Ihr Gatte Sie überleben wird, dann kann er bei Ihrem Tod anstelle seiner niedrigeren Rente Ihre höhere beziehen.

Um ein Beispiel zu nehmen: Meine Frau und ich sind beide bei guter Gesundheit. Aber angesichts unserer Familiengeschichten und der höheren Lebenserwartung von Frauen gehe ich davon aus, dass sie mich überleben wird. Ich schätze, dass ich vielleicht 80 bis 85 Jahre schaffen werde. Wenn ich ledig wäre, würde ich meine Rente so bald wie möglich beziehen. Aber meine Frau kann leicht 95 oder sogar 100 Jahre alt werden. Wenn ich sterbe, dann hat sie die Möglichkeit, von ihrer Rente auf meine umzusteigen. Das wird sie auch tun, da meine Rente höher als ihre sein wird. Um ihre Rentenbezüge zu maximieren, werde ich mit meinem Rentenbezug warten, bis ich 70 bin; sie wird ihren mit 66 beginnen.

Und noch etwas sollte man bedenken: Je älter man wird, desto mehr nimmt die geistige Leistungsfähigkeit ab. Damit wird es immer schwerer, seine Geldanlagen zu verwalten, so dass man immer mehr auf andere angewiesen ist. Dann ist eine verlässliche und sichere monatliche Zahlung vom Staat mehr wert als der bloße Geldbetrag.

Selbstverständlich weiß niemand, was die Zukunft bringen wird. Wir können nur versuchen, uns so gut wie möglich darauf vorzubereiten.

Aber die gesetzliche Rentenversicherung ist dem Untergang geweiht! Ich will meine Rente so bald wie möglich!

Es gibt Menschen, die ihre Rente genau in dem Augenblick, in dem sie 62 Jahre alt werden, in Anspruch nehmen, auch wenn dadurch die monatliche Rente geringer wird. Einige brauchen das Geld sofort und haben keine andere Wahl. Aber andere haben einfach Angst. Sie glauben, dass die gesetzliche Rentenversicherung noch in ihrem Leben zusammenbrechen wird, und sie wollen so viel herausholen, wie sie nur können. Ich mache mir da keine Sorgen. Wenn Sie 55 Jahre und älter sind, dann werden Sie jeden Cent erhalten, der Ihnen zusteht. Ich will Ihnen auch sagen, warum:

1. Hinter der gesetzlichen Sozialversicherung steht die mächtigste Interessenvertretung, die es jemals gab: die AARP.
2. Der Anteil alter Knacker an der Bevölkerung wächst.
3. Alte Knacker gehen zur Wahl.

4. Politiker versuchen nur selten, einer großen Bevölkerungsgruppe, die wählen geht, etwas wegzunehmen.
5. Deswegen betreffen alle möglichen Reformen, die bisher diskutiert wurden, nur die unter 55-Jährigen.

Das ist ja sehr beruhigend – ich bin unter 55! Was soll ich tun?

Für alle, die 55 Jahre und älter sind, hat sich die gesetzliche Rentenversicherung als ein ziemlich gutes Geschäft erwiesen. Aber meine Generation wird wahrscheinlich die letzte sein, die in den Genuss dieser Vorteile kommen wird. Das System der gesetzlichen Rentenversicherung steht unter Druck und Reformen sind unausweichlich. Für diejenigen, die heute unter 55 sind, werden sich die Bedingungen deutlich verschlechtern. Damit müssen Sie rechnen:

1. Sie werden 100 Prozent Ihrer Rentenansprüche erhalten, aber diese werden niedriger werden.
2. Es wird für Sie teurer werden. Die Beitragsbemessungsgrenze (der Teil Ihres Einkommens, auf den Sie Beiträge zur gesetzlichen Rentenversicherung zahlen müssen) wird weiter steigen. 2003 lag sie bei 87 000 Dollar, 2013 bei 113 700 Dollar – und dieser Trend wird sich fortsetzen.
3. Das reguläre Renteneintrittsalter wird weiter steigen. Früher lag es bei 65 Jahren. Für mich liegt es bei 66 Jahren. Für diejenigen, die 1960 oder später geboren wurden, beträgt es 67 Jahre. Und so wird das weitergehen.

4. Es wird eine Bedürftigkeitsprüfung geben. Ihre monatliche Rente wird also nicht davon abhängen, wie viel sie an Beiträgen bezahlt haben, sondern wie bedürftig Sie sind.
5. Der Kongress wird weiter an dem System der gesetzlichen Rentenversicherung herumbasteln, aber sie wird in der einen oder anderen Form fortbestehen.

Ist die gesetzliche Rentenversicherung also ein gutes Geschäft?

Nun, es kommt darauf an. Für die Leser dieses Buches, die ja finanziell verantwortungsvolle Menschen sind, wahrscheinlich nicht. Wenn Sie die 7,65 Prozent Ihres Einkommens, die Sie an Beiträgen zahlen müssen, und den Arbeitgeberanteil von ebenfalls 7,65 Prozent (Stand 2015) nehmen und stattdessen gemäß den von mir vorgeschlagenen Strategien anlegen würden, dann hätten Sie nach mehreren Jahrzehnten wahrscheinlich sehr viel mehr davon als von Ihrer Rente. Außerdem hätten Sie Ihr Geld selbst in der Hand und es könnte Ihnen egal sein, auf welche Ideen die Politiker bei der Rentenversicherung noch kommen. Aber das gilt nur für sehr wenige.

Denn mir ist durchaus klar, dass die meisten Menschen nicht vernünftig mit ihrem Geld umgehen können. Ohne die gesetzliche Rentenversicherung würden viele von ihnen im Alter wieder von Katzenfutter leben müssen. Alle anderen müssten nicht nur traurige Geschichten über diese Schicksale lesen, sondern es wäre auch möglich, dass man eine viel radikalere Maßnahme, als sie die gesetzliche Rentenversicherung darstellt, ergreifen würde, um Abhilfe zu schaffen. Deshalb ist die gesetzliche Rentenversicherung für die meisten Leute eine gute Sache, wahrscheinlich auch für die Gesellschaft als Ganzes. Aber nicht für Sie – oder mich.

Meine Empfehlung

Planen Sie Ihre finanzielle Zukunft unter der Annahme, dass Sie nichts von der gesetzlichen Rentenversicherung erhalten werden. Leben Sie bescheiden, investieren Sie das, was Sie nicht ausgeben, verschulden Sie sich nicht und sammeln Sie Ihr »Du kannst mich mal«-Geld an. Seien Sie unabhängig – finanziell und auch sonst. Und freuen Sie sich, wenn dann doch etwas von der gesetzlichen Rentenversicherung bei Ihnen landet.

Wollen Sie wissen, wie hoch Ihre aktuellen Rentenansprüche sind?

Besuchen Sie diese Seite: http://ssa.gov/myaccount/. Das ist die Internetseite der gesetzlichen Rentenversicherung. Sobald Sie dort ein Konto für sich eingerichtet haben, können Sie immer abrufen, wo genau Sie stehen und wie hoch Ihre Rentenansprüche sind. Sie können auch überprüfen, ob Ihre Einkünfte korrekt erfasst sind. Das ist sehr wichtig, da die Höhe Ihrer Rente zum Teil davon abhängt, wie viel Sie im Lauf der Jahre verdient haben.

Kapitel 31: Wohltätig sein wie ein Milliardär

Ich weiß genau, was Sie jetzt denken. Sie haben sich die ganze Zeit gefragt, was eigentlich Mrs Collins und ich mit Bill und Melinda Gates gemeinsam haben. Hier ist die Antwort:

Beide Paare haben gemeinnützige Stiftungen.

Und jetzt denken Sie bestimmt: »Ich wusste es! Jim ist ein Milliardär!« Aber damit hätten Sie – leider, wie ich sagen muss – unrecht. Leider bin ich mehr Mönch als Minister. Wir wohnen auch nicht in so einem Palast wie Bill Gates.

Wir haben viel über Geldanlagen und das Ansammeln Ihres »Du kannst mich mal«-Geldes gesprochen, aber kaum etwas darüber, wie man es ausgibt. Da uns persönlich der Besitz von Dingen nicht so wichtig ist, habe ich dazu wenig zu sagen. Wir reisen gerne und geben dafür viel Geld aus. Und das Geld für das Studium unserer Tochter war auch gut angelegt, da sie sehr engagiert war und viel daraus gemacht hat.

Aber am glücklichsten und am zufriedensten mit uns selbst waren wir, wenn wir Geld verschenken konnten. Ich kann heute noch genau sagen, welche 1200 Dollar mir persönlich am meisten gebracht haben. Ich erzähle diese Geschichte nur ungerne, weil man sie leicht als Angeberei auffassen kann. Aber ich will damit nur meine Einstellung verdeutlichen und hoffe, sie wird in diesem Sinn verstanden.

Vor vielen Jahren waren wir bei einer Wohltätigkeitsauktion, die die katholische Grundschule unserer Tochter veranstaltete. Die Lehrer und die Mutter Oberin, die die Schule leitete, hatten uns schon immer sehr beeindruckt.

Eines unserer Lieblingsrestaurants war das »Parker's«, das nach dem Chefkoch, dem es gehörte, benannt war. Für diese Auktion hatte Parker ein Gourmetdinner für zehn Personen gespendet. Wir beschlossen spontan, das Dinner zu ersteigern und es den Lehrern zu schenken.

Es gab viele Gebote, aber als sie den Betrag erreichten, den so ein Dinner tatsächlich kosten würde, nahm das Interesse deutlich ab. Mit ungefähr 1200 Dollar waren wir die Gewinner.

Als ich der Mutter Oberin unser Geschenk machte, stellte ich zwei Bedingungen: Erstens müsste sie aus den insgesamt 15 Lehrern die zehn auswählen, die daran teilnehmen durften; und zweitens müsste sie eine von diesen zehn sein. Schließlich kannten wir die Mutter Oberin und ihre selbstlose Art.

Als sich unser Vorhaben herumsprach, passierten ein paar sehr interessante Dinge. Parker selbst erhöhte seine Spende auf ein Dinner für 15 Personen, so dass alle Lehrer teilnehmen konnten. Einer der anderen Bieter bei dieser Auktion erklärte sich bereit, die Weinrechnung zu übernehmen.

Vielleicht wissen Sie ja, was passiert, wenn gutes Essen, Wein und katholische Schullehrer zusammenkommen. Sagen wir einfach, sie hatten einen schönen Abend, und belassen es dabei ...

Neben dem guten Gefühl, das einem Wohltätigkeit gibt, existiert auch ein anderer Vorteil: Wohltätige Spenden können (bis zu gewissen Höchstgrenzen) vom zu versteuernden Einkommen abgezogen werden und mindern so die Höhe der Einkommensteuerschuld. Um diesen Vorteil in Anspruch zu nehmen, muss man natürlich in seiner Steuererklärung alle abzugsfähigen Ausgaben einzeln auflisten. Zum Beispiel beträgt der Werbungskostenpauschbetrag bei einem verheirateten Paar, das zusammen veranlagt wird, im Jahr 2015 12 600 Dollar. Wenn Sie tatsächlich weniger abzugsfähige Ausgaben haben, dann sollten Sie besser den Pauschbetrag in Anspruch nehmen und sich die Mühe sparen, alle Posten einzeln anzugeben.

Vor einigen Jahren erkannte ich, dass auf uns zwei Änderungen in unseren persönlichen Umständen zukommen würden, die sich auf unsere steuerliche Situation auswirken würden. Wir hatten vor, unser Haus zu verkaufen, und ich hatte vor, mich zur Ruhe zu setzen. Ohne das Haus und die damit zusammenhängenden abzugsfähigen Ausgaben würde es sich für uns nicht länger lohnen, unsere Werbungskosten und anderen abzugsfähigen Ausgaben einzeln geltend zu machen. Und durch den Ruhestand würde ich in eine niedrigere Steuerklasse rutschen. Beides würde den Steuervorteil von wohltätigen Spenden reduzieren. Die Lösung bestand im:

JL-Collins-Wohltätigkeitsfonds.

Sie wissen ja, dass ich ein großer Fan von Vanguard bin. Deshalb wird es Sie nicht überraschen, dass wir für die Einrichtung unserer Stiftung das Stiftungsprogramm von Vanguard nutzten. Und zwar aus folgenden Gründen:

1. Sie müssen kein Milliardär sein. Sie können Ihre eigene Stiftung mit nur 25 000 Dollar gründen. Eine solche Stiftung wird natürlich nicht in einem Prachtbau residieren …

2. Sie können den abzugsfähigen Betrag bei der Steuer in dem Jahr geltend machen, in dem Sie Ihre Stiftung gründen. Ich nahm den Steuervorteil durch die Stiftung dann in Anspruch, als er am größten war.
3. Wenn Sie Aktien, Fonds oder andere Vermögensgegenstände besitzen, die an Wert zugenommen haben, dann können Sie diese direkt auf Ihre gemeinnützige Stiftung übertragen. Sie können einen Betrag in Höhe des vollen Marktwertes bei der Steuer geltend machen und müssen keine Steuer auf Veräußerungsgewinne zahlen. Das ist ein doppelter Steuervorteil und bedeutet mehr Geld für Ihre Stiftung.
4. Wenn Sie der Pflicht zu Mindestentnahmen unterliegen, die wir in Kapitel 20 diskutiert haben, können Sie die Anlagen auf Ihrem steuerbegünstigten Konto ganz oder teilweise steuerfrei auf Ihre Stiftung übertragen.
5. Sie haben die Wahl zwischen verschiedenen Anlagemöglichkeiten, so dass sich das von Ihnen gespendete Geld steuerfrei vermehren kann, bis Sie darüber entscheiden, was damit geschehen soll.
6. Sie können selbst entscheiden, welche gemeinnützigen Organisationen wann wie viel von Ihrem Geld erhalten sollen. Sie können auch bestimmen, dass diese Zahlungen regelmäßig und automatisch geleistet werden.
7. Sie können jederzeit das Kapital Ihrer Stiftung erhöhen. Falls der Kontostand unter 15 000 Dollar fallen sollte, würden Ihnen 250 Dollar pro Jahr an Verwaltungsgebühren in Rechnung gestellt werden.
8. Dieses Programm ist ein Programm von Vanguard und das bedeutet, dass die Kosten so niedrig sind wie nur möglich.

9. Ich kann unerwünschten Spendensammlern immer sagen: »Wir geben Geld nur mittels unserer Stiftung. Wenn wir Ihnen helfen sollen, reichen Sie bitte ein schriftliches Gesuch ein.« Wir haben genau null Gesuche erhalten.
10. Ihr Name wird nicht auf den Listen von Geldgebern erscheinen, die einige gemeinnützige Organisationen an andere Spendensammler verkaufen.

Dieses Vorgehen bringt nicht nur Steuervorteile, sondern entspricht auch am ehesten meinen persönlichen Vorlieben in Sachen Wohltätigkeit:

- Man sollte sich mit seinen Spenden nicht verzetteln. Wir haben nur zwei gemeinnützige Organisationen ausgewählt, denen wir Geld geben.
- Vielen Organisationen kleine Beträge zu geben mag Ihnen persönlich besser gefallen, aber Sie erzielen dadurch einen geringeren Effekt und ein höherer Prozentsatz Ihrer Spenden wird durch die Verwaltung aufgefressen.
- Viele kleine Spenden führen dazu, dass Ihr Name in vielen Werbeverteilern erscheinen wird.
- Geben Sie niemals Spendensammlern etwas, die Sie anrufen.
- Je mehr Werbung ich von einer gemeinnützigen Organisation sehe, desto weniger glaube ich, dass es ihr tatsächlich nur darum geht, mein Geld an diejenigen weiterzuleiten, denen angeblich geholfen werden soll.
- Sie müssen Ihre Hausaufgaben erledigen und sich gründlich informieren. Es gibt nicht nur Betrüger, sondern auch viele Organisationen, die einfach unwirt-

schaftlich arbeiten und nicht gut darin sind, Ihr Geld an die Hilfsbedürftigen weiterzugeben.

- Es gibt verschiedene Seiten im Internet, auf denen gemeinnützige Organisationen durchleuchtet werden. Ich habe die folgende genutzt: www.charitynavigator.org.

Sie brauchen keine gemeinnützige Organisation, um zu helfen

Es gibt gute Argumente dafür, Geld nicht auf dem Weg über die traditionellen, steuerbegünstigten Organisationen zu geben. Wenn Sie Ihren Freunden und Nachbarn direkt helfen, dann ist das zwar nicht steuerlich abzugsfähig, aber es hat sofort einen positiven Effekt in Ihrer Umgebung. Ich werde versuchen, dies in den kommenden Jahren verstärkt zu tun, auch weil ich im Moment keine Abzugsbeträge einzeln geltend mache.

Eines noch: Freigebig zu sein und zu spenden ist sehr schön und sehr befriedigend. Aber niemand ist dazu verpflichtet. Jeder, der Ihnen etwas anderes erzählt, will Sie nur zu etwas bringen – höchstwahrscheinlich dazu, ihm und/oder seinem Lieblingsprojekt Geld zu geben.

Persönlich haben wir gegenüber der Gesellschaft nur eine einzige Verpflichtung: sicherzustellen, dass wir und unsere Kinder anderen nicht zur Last fallen. Alles andere ist unsere Privatangelegenheit. Treffen Sie Ihre eigenen Entscheidungen und tragen Sie dazu bei, die Welt interessanter zu machen.

Nachwort

Ihre Ziele können Sie nur erreichen, wenn Sie
Ihre Ängste überwinden.
Jack Canfield

Kapitel 32: Der Weg für meine Tochter – die ersten zehn Jahre

Meine Tochter hat kürzlich ihr Studium abgeschlossen. Ich habe ihr für ihre jungen Jahre folgenden finanziellen Weg empfohlen. Aber man muss nicht gerade mit seinem Studium fertig geworden oder in seinen Zwanzigern sein, um diesem Weg zu folgen. Wenn Sie älter sind und Ihr Augenmerk stärker auf den Aufbau Ihres Vermögens richten wollen, dann sehen Sie ihn als eine Art Zehnjahresplan an.

- Machen Sie keine Schulden. Kein Besitz ist so viel wert, dass es sich lohnt, dafür Zinsen zu zahlen.
- Halten Sie sich fern von Leuten, die nicht mit Geld umgehen können. Und heiraten Sie auf keinen Fall so jemanden.
- Schuften Sie die nächsten ungefähr zehn Jahre, um Ihre Karriere voranzubringen und sich auf Ihrem Gebiet einen guten Ruf zu erwerben.
- Das soll nicht heißen, dass Sie so eine Art Arbeiterdrohne sein müssen. Gehen Sie an Ihre Karriere so kreativ und aufgeschlossen heran, wie Sie nur können. Es gibt Möglichkeiten ohne Ende.
- Nutzen Sie die Fähigkeit, mit wenig Geld auszukommen, die Sie während Ihres Studiums erworben haben,

damit Sie neue Erfahrungen machen und Abenteuer erleben können.

- Lassen Sie sich nicht von den Zwängen eines bestimmten Lebensstandards einengen – oder befreien Sie sich von ihnen.
- Sparen und investieren Sie mindestens 50 Prozent Ihres Einkommens. Legen Sie Ihr Geld in VTSAX-Anteilen oder einer der anderen Anlageformen an, die wir besprochen haben.
- Zahlen Sie auf jeden steuerbegünstigten Investmentplan vom Typ 401(k), den Ihnen Ihr Arbeitgeber anbietet, ein.
- Zahlen Sie auf Ihren Roth-IRA ein, wenn Ihr Einkommen und die Steuer darauf niedrig sind.
- Zahlen Sie auf Ihren normalen, nicht steuerbegünstigten IRA ein, sobald Ihr Einkommen und die Einkommensteuer zu steigen beginnen.
- Wenn Sie das zehn Jahre lang durchhalten, sind Sie auf einem guten Weg, Ihre finanzielle Unabhängigkeit zu erreichen.
- Wenn Sie mehr als 50 Prozent sparen, werden Sie dieses Ziel früher erreichen. Wenn Sie weniger sparen, wird es etwas länger dauern.
- Wenn der Markt sich günstig für Sie entwickelt, wird es schneller gehen – wenn nicht, geht es etwas langsamer.
- Freuen Sie sich über Kursstürze, wenn Sie sich in Ihrer Vermögensaufbauphase befinden. In dieser Phase sind Kursstürze von Vorteil, weil Sie mit jedem Dollar, den Sie investieren, mehr Aktien kaufen können.
- Aber verfallen Sie niemals auf die Idee, Sie (oder irgendjemand anderes) könnten diese Einbrüche vorhersehen und sie für gezielte An- und Verkäufe ausnutzen.

- Irgendwann, wenn Sie Anfang oder Mitte 30 sind (oder 10 bis 15 Jahre nachdem Sie begonnen haben), werden zwei Dinge passieren: Ihre Karriere wird einen starken Aufschwung nehmen und Sie kommen Ihrer finanziellen Unabhängigkeit immer näher.
- Sobald 4 Prozent Ihres Vermögens ausreichen, um Ihre jährlichen Ausgaben zu decken, dürfen Sie sich als finanziell unabhängig bezeichnen.
- Oder anders ausgedrückt: Die finanzielle Unabhängigkeit ist dann erreicht, wenn Ihr Vermögen das 25-Fache Ihrer jährlichen Ausgaben beträgt.
- Wenn Sie wie unser Freund Mike Tyson 400 000 Dollar im Monat oder 4,8 Millionen Dollar im Jahr zum Leben brauchen, dann werden Sie erst bei einem Vermögen von 120 Millionen Dollar finanziell unabhängig sein.
- Wie Sie sehen, hat finanzielle Unabhängigkeit genauso viel mit der Kontrolle Ihrer Bedürfnisse wie mit dem Aufbau Ihres Vermögens zu tun.
- Beginnen Sie, von den Erträgen Ihrer Geldanlagen zu leben, sobald Sie finanziell unabhängig sind.
- Zu dem Zeitpunkt, an dem Sie finanziell unabhängig werden, können Sie sich entscheiden, ob Sie weiterhin Spaß mit Ihrer Karriere haben oder etwas Neues ausprobieren wollen.
- Wenn Sie weiterarbeiten, legen Sie 100 Prozent Ihres Verdienstes an. Sie leben ja jetzt von Ihren Geldanlagen. Dadurch wird sich das Wachstum Ihres Vermögens dramatisch beschleunigen.
- Anmerkung: Sie müssen die drei letztgenannten Punkte nicht wortwörtlich umsetzen. Es geht mehr um die Art und Weise, wie Sie über Ihr Einkommen und Ihr

Vermögen denken sollten. Höchstwahrscheinlich werden Sie sich bei der Umsetzung dieses Konzepts dafür entscheiden, Ihre Ausgaben mit Ihrem Erwerbseinkommen zu finanzieren und gleichzeitig Ihre Investments nicht anzutasten, sondern sie weiter auszubauen.

- Der absolute Geldbetrag, der 4 Prozent Ihres Vermögens entspricht, wird wiederum durch das so erzielte Wachstum Ihres Vermögens erhöht.
- Solange Sie arbeiten, brauchen Sie keine anderen Geldanlagen als den VTSAX. Das Geld, das Sie ständig neu investieren, wird dazu beitragen, die Kursschwankungen automatisch zu glätten.
- Sobald Sie entschieden haben, mit dem Arbeiten aufzuhören, sollten Sie auch in Anleihen investieren. Je stärker Sie auf Anleihen setzen, desto gleichmäßiger wird sich Ihr Vermögen entwickeln, aber desto geringer wird die durchschnittliche Wachstumsrate sein.

Wenn Sie die finanzielle Unabhängigkeit erreicht haben und von 4 Prozent Ihres Vermögens im Jahr leben können, falls Sie dies wollen, ist die Zeit gekommen:

- ein großzügigeres Leben zu führen. Sie müssen aber immer darauf achten, Ihre Ausgaben im Rahmen von 4 Prozent Ihres Vermögens zu halten.
- darüber nachzudenken, wohltätig wie ein Milliardär zu werden, wie wir in Kapitel 31 diskutiert haben.
- Kinder zu haben, wenn Sie das planen. Sie sind immer noch jung genug und finanziell abgesichert und durch Ihre finanzielle Unabhängigkeit können Sie Ihr Leben

so gestalten, dass Sie ihnen die Zeit schenken können, die ihnen zusteht.
- über den Kauf eines Hauses nachzudenken, falls Ihnen danach der Sinn steht. Aber überstürzen Sie nichts. Häuser sind keine Geldanlagen, sie sind ein teurer Luxus. Kaufen Sie sich erst dann ein Haus, wenn Sie es sich ohne Probleme leisten können und wenn es zu dem Lebensstil passt, den Sie anstreben.

Sie sind jung, intelligent, gesund und zäh. In Ihren Dreißigern werden Sie Ihr »Du kannst mich mal«-Geld zusammenhaben und Sie werden dabei noch jede Menge Spaß gehabt haben. Wenn Sie es erst einmal haben, wird es sich weiter vermehren – genau wie die Zahl der Möglichkeiten, die Ihnen offenstehen werden. Ihre Zukunftsaussichten strahlen in einem so hellen Licht, dass mir meine Augen wehtun, wenn ich hinsehe.

Das habe ich meiner Tochter gesagt und das sage ich ihr immer noch.

Wenn Sie also noch studieren oder erst seit ein paar Jahren damit fertig sind und wissen wollten, was Ihnen der gute Onkel Jim empfiehlt: Jetzt wissen Sie es. Wie bei allem, was wir diskutiert haben, geht es auch hier in erster Linie darum, das Beste aus Ihrem Leben zu machen.

Aber auch wenn Sie schon ein wenig älter sind, müssen Sie nicht verzweifeln. Es ist nie zu spät. Ich habe Jahrzehnte gebraucht, um all das zu lernen, was ich heute weiß. Ihr Weg ist wahrscheinlich, genau wie der meinige, viel holpriger gewesen, als es der Weg derjenigen sein wird, die von Anfang an dem »einfachen Weg« folgen. Aber das holprige Wegstück liegt hinter Ihnen. Es ist die Zukunft, um die es geht, und sie beginnt für alle von uns genau jetzt.

Kapitel 33: Geschichten aus dem Südpazifik

Eines Tages vor vielen Jahren hatte ich einmal einen besonders schlechten Arbeitstag. Spät am Nachmittag habe ich meine zukünftige Frau angerufen und zu ihr gesagt: »Ich habe genug von all dem Mist. Lass uns unsere Jobs hinwerfen und nach Tahiti abhauen.« Ich bin nicht ganz sicher, ob ich damals wusste, wo Tahiti liegt.

Sie antwortete: »Das klingt doch gut. Ich kann günstige Flugtickets besorgen.«

Zwei Wochen später hängte mir eine hübsche Tahitianerin einen Willkommensblütenkranz um den Hals und ich hatte gelernt, dass ich vorsichtig mit dem sein sollte, was ich dieser Frau, die ich heiraten wollte, vorschlug.

Muk

Tahiti ist eine Gruppe von Inseln im Südpazifik, von denen eine beeindruckender als die andere ist. Auf einer dieser Inseln verbrachten wir eine Weile in einer Hütte, die über das kristallklare Meer hinaus gebaut war.

Eines Morgens, als wir draußen beim Frühstück vor dem Café des Hotels saßen, kam ein ansehnlicher, athletischer Typ an unseren Tisch. Er war barfuß und hatte einen nackten Oberkörper. Er stellte sich als Muk vor, einer der Eigentümer des Hotels. An seinem Akzent erkannten wir ihn sofort als Amerikaner.

Wir waren natürlich sehr neugierig und luden ihn ein, sich zu uns zu setzen. Muk ist ein guter Unterhalter und Geschichtenerzähler. Als Erstes gab er zu, dass ihm meine Noch-nicht-Frau aufgefallen war, als sie am Vortag auf dem Hotelgelände herumgeschlendert war, und dass er sie um ein Haar wegen ihrer schlechten Arbeitsmoral zurechtgewiesen hätte. Sie sieht nämlich einer Tahitianerin sehr ähnlich.

Das war zwar alles sehr amüsant, beantwortete aber nicht die Frage, die mich am brennendsten interessierte: »Wie kam es denn dazu«, fragte ich, »dass ein Amerikaner als Hotelbesitzer auf Tahiti endet?«

Es stellte sich heraus, dass Muk und zwei seiner Kumpels in den frühen 1960er-Jahren ihr Studium an einer Universität irgendwo in Michigan abgeschlossen hatten. Von da aus gingen sie nach Kalifornien. Während sie überlegten, was sie tun sollten, sah einer von ihnen zufällig eine Kleinanzeige in der Zeitung, in der eine Ananasplantage auf Tahiti zum Kauf angeboten wurde. Total billig. Sie müssen wissen, dass Tahiti erst später eine berühmte Touristenattraktion werden sollte.

Sie haben ungesehen gekauft und ihre Siebensachen gepackt.

»Hatten Sie eine Ahnung vom Ananasanbau«?, fragte ich ihn.

»Nicht die geringste«, antwortete Muk.

»Sind Sie auf einer Farm aufgewachsen?«

»Ach was, wir waren alle Stadtkinder.«

»Aber Sie haben doch bestimmt in Ihrer Schulzeit auf einer Farm gearbeitet?«

»Ich habe niemals auch nur einen Fuß auf eine gesetzt.«

Sie kamen also nach Tahiti und fingen mit der Arbeit auf ihrer Ananasplantage an. Nach ein paar Monaten wurde ihnen klar, warum sie so billig gewesen war. Es stellte sich nämlich heraus, dass man auf Tahiti mit dem Anbau von Ananas nicht seinen Lebensunterhalt verdienen konnte. Sie waren pleite, sogar mehr als pleite, und im Paradies gestrandet. Als sie sich den Kopf darüber zerbrachen, was sie tun sollten, lud sie die örtliche Bank von Papeete zu einem Treffen ein.

Es war so, dass sich am Wasser, unterhalb des Hügels, auf dem die Plantage lag, ein halb fertig gebautes Hotel befand. Der Bauherr war pleite und hatte aufgegeben. Würden Muk und seine Kumpels, fragte die Bank, das Hotel fertig bauen wollen? Natürlich zu großzügigen Bedingungen.

»Eine Sekunde«, unterbrach ich ihn. »Hattet ihr Jungs irgendwelche Erfahrungen im Hausbau?«

»Überhaupt keine.«

»Aber ihr hattet schon einmal ein Hotel geführt?«

»Ach was.«

»Dann aber in einem gearbeitet?«

»Nie. Aber wir hatten ab und zu in einem übernachtet.«

»Warum also zum Teufel, um mich so freundlich wie möglich auszudrücken, würde eine Bank euch Jungs ein halbfertiges Hotel und Baukredite geben?«, fragte ich.

»Sie standen mit dem Rücken zur Wand und wir waren Amerikaner. Amerikaner hatten den Ruf, das zu schaffen, was sie anpackten.«

Muk und seine Freunde wurden diesem Ruf gerecht. Trotz ihres Mangels an Erfahrung gelang es ihnen, das Hotel fertigzustellen und profitabel zu führen. Dann machten sie weiter und bauten und führten andere Hotels, zu denen auch das gehörte, in dem wir wohnten.

Als wir ihn trafen, war er reich, barfuß, ohne Hemd und wurde immer reicher. Und zum Übermaß lebte er auch noch im Paradies.

Übrigens, als ich dies schrieb, fragte ich mich, wie es Muk wohl ergangen sei, und habe ihn gegoogelt. Es sieht so aus, als ob er jetzt 80 und immer noch aktiv und gut in Form ist. Einige Einzelheiten seiner Geschichte, wie ich sie im Internet gefunden habe, unterscheiden sich von denen, an die ich mich erinnere und die ich hier wiedergegeben habe, aber es ist offensichtlich, dass wir nicht die Einzigen gewesen sind, die er beeindruckt hat.

Aber Muk war nicht der Einzige, den wir auf Tahiti getroffen haben, der sein Leben auf seine Art und Weise lebte.

Während des Dinners

Eines Abends wanderten wir den Strand entlang zu einem kleinen Restaurant am Meer, um dort zu essen. Draußen in der Bucht lagen mehrere schöne Segelboote.

Während wir etwas tranken, legte ein Schlauchboot von einem der Segelboote ab und steuerte auf den Strand zu. Ein Paar, das etwa in unserem Alter war (wir waren damals Ende 20) ging an Land, kam den Strand herauf und setzte sich an den Tisch neben uns. Wir kamen ins Gespräch und wenig später setzten wir uns zusammen an einen Tisch und hatten Dinner. Leider habe ich ihre Namen vergessen, aber ihre Geschichte werde ich nie vergessen.

Sie waren von Los Angeles hierher gesegelt und dabei, vier Monate lang die Südsee zu durchstreifen. Was machten sie beruflich, fragte ich, dass sie sich so etwas leisten konnten?

Es stellte sich heraus, dass der Mann zwei Partner hatte. Zusammen gehörten ihnen zwei Dinge: das Segelboot und ein Unternehmen in Los Angeles. Abwechselnd vergnügte sich immer einer von ihnen mit dem Boot, während die beiden anderen sich in Los Angeles um das Geschäft kümmerten.

Für so etwas braucht man natürlich Partner, denen man bedingungslos vertrauen kann. Das war bei diesen dreien der Fall und ich kann mir kein besseres Leben vorstellen als das, das sie führten. Diese Leute sind, genau wie Muk, ein gutes Beispiel dafür, was es heißt, mutig zu leben.

Solche Menschen sind selten, aber es gibt sie. Im Lauf der Jahre habe ich eine Menge Leute getroffen, die ihr Leben nach ihren eigenen Vorstellungen gestalteten. Sie wollten die Fesseln der Verschuldung, des Konsumwahns und der Engstirnigkeit zerbrechen und frei leben – und sie waren voll von Ideen und Mut.

Diese Freiheit ist für mich das Höchste und Wichtigste, das man sich für Geld kaufen kann – und der Grund, warum ich dieses Buch mit all seinen Ratschlägen geschrieben habe.

Kapitel 34:
Zu guter Letzt – einige Gedanken zum Thema Risiko

Wenn Sie sich entscheiden, finanziell unabhängig werden zu wollen, müssen Sie sich auch entscheiden, Ihr Geld anzulegen. Irgendwie wird das bei uns heutzutage von den meisten Menschen als ein großer Verzicht angesehen. Das habe ich noch nie verstanden. Ich persönlich hätte lieber genug »Du kannst mich mal«-Geld als irgendetwas anderes.

Wenn man es einmal hat, stehen einem alle Wege offen und man hat dic Qual der Wahl, was man mit seiner Freiheit anfangen soll. Die einzigen Grenzen sind die eigene Fantasie und die eigenen Ängste.

Obwohl man nicht wirklich auf viel verzichten muss, wenn man sein Geld investiert, bedeutet es doch, dass man ein gewisses Risiko tragen muss.

Die Geldanlagemethode in diesem Buch basiert auf der Annahme, dass der Aktienmarkt immer nach oben geht. Schließlich begann der Dow Jones Industrial Average das letzte Jahrhundert bei einem Stand von 68 und beendete es bei einem Stand von 11 497. Während dieser Zeit gab es zwei Weltkriege, Inflationen, unzählige kleinere Kriege und Finanzkrisen. Wenn Sie in diesem Jahrhundert als Anleger erfolgreich sein wollen, dann müssen Sie die Dinge im richtigen Licht sehen.

Einige Menschen wollen absolute Sicherheit, aber die kann es nicht geben.

Kann man sicher sein, dass die amerikanische Wirtschaft nicht gerade dabei ist, eine 25-jährige Abwärtsspirale zu beginnen, so wie die japanische seit Beginn der 1990er? Oder dass nicht etwas noch Schlimmeres passiert? Nein, das kann man nicht.

Wird man mit einer Entnahmequote von 4 Prozent immer auf der sicheren Seite sein? Gewiss nicht. In ungefähr 4 Prozent aller Fälle wird sie dazu führen, dass einem das Geld ausgeht, wenn man stur der 4-Prozent-Regel folgt.

Und was ist mit Asteroiden, Riesenvulkanen, Viren oder außerirdischen Invasoren oder einer neuen Eiszeit oder einer Umpolung des Erdmagnetfeldes oder intelligenten Robotern oder Nanorobotern oder Zombies, die uns vielleicht alle erledigen? Bleiben Sie entspannt. Das wird nicht passieren, zumindest nicht, solange wir leben.

Die Erde gibt es seit ungefähr 4,5 Milliarden Jahren. Vielzelliges Leben existiert seit ungefähr einer halben Milliarde Jahren. Ein großes Artensterben ist ungefähr fünf Mal passiert, also im Durchschnitt alle 100 Millionen Jahre. Eine dieser Katastrophen wurde durch den Einschlag eines Asteroiden ausgelöst, der die Dinosaurier vor ungefähr 65 Millionen Jahren auslöschte.

Bilden wir uns wirklich ein, dass es ausgerechnet in diesem geologischen Augenblick wieder passieren wird, in dem wir auf der Welt sind? Dass genau wir die Augenzeugen davon sein werden? Das ist recht unwahrscheinlich.

Und wenn ich mich täusche? Wenn tatsächlich eines dieser Ereignisse eintreten sollte, die das Ende der Zivilisation oder sogar des Lebens auf der Erde bedeuten, dann spielt es nicht die geringste Rolle, wie wir unser Geld angelegt haben.

Das soll nun nicht heißen, dass es keine Risiken gäbe. Wenn Sie Geld haben, dann tragen Sie immer auch ein gewisses Risiko. Sie haben nicht die Wahl, überhaupt kein Risiko einzugehen, sondern nur die Wahl, welche Art von Risiko. Überlegen Sie einmal:

- Aktien gelten als sehr riskant und kurzfristig sind sie sicher volatil. Aber auf Sicht von fünf oder zehn Jahren sind die Chancen sehr gut, dass man eine stattliche Rendite mit ihnen erzielt. Wenn man einen Zeitraum von 20 Jahren betrachtet, ist es so gut wie sicher, dass man durch ihren Besitz reicher wird. Das gilt zumindest, wenn die vergangenen 120 Jahre mit all ihren Turbulenzen als Richtschnur dienen können.
- Bargeld gilt als sehr sicher, aber jeden Tag wird seine Kaufkraft durch die Inflation ausgehöhlt. In einem Zeitraum von wenigen Jahren spielt das keine große Rolle und das Geld, das man in der nächsten Zeit vorhat auszugeben, muss man in Form von Bargeld oder auf einem Girokonto halten. Aber auf Sicht von 10 oder 20 oder mehr Jahren spielt die Inflation eine sehr große Rolle und man wird mit Sicherheit enorme Verluste erleiden.

Vielleicht ist es ja ohnehin besser, nicht auf das Risiko, sondern auf die Volatilität zu achten. Aktien sind sehr viel volatiler als Bargeld, haben dafür aber ein wesentlich größeres Potenzial zum Aufbau eines Vermögens. Bargeld ist kaum volatil, aber dafür bezahlt man mit dem langsamen und stetigen Verlust an Kaufkraft.

Um die Frage »Was ist am besten?« zu beantworten, müssen Sie zunächst die Frage beantworten: »Wie sehen meine Bedürfnisse, Einstellungen und Ziele aus?«

Wir alle müssen so gut es geht mit dem Risiko umgehen und unsere Entscheidungen danach treffen, welche Alternativen wir haben. Aber dabei sollten wir auch immer bedenken, dass Risiken und Ängste oft übertrieben sind und dass auch dadurch ein Risiko entsteht, dass man sich von seinen Ängsten leiten lässt.

Dass ich meine eigenen Ängste überwunden habe, hat mich in die Lage versetzt, nicht in Panik zu geraten und Finanzkrisen wie diejenige von 2008 durchzustehen. Ich habe es dadurch geschafft, mein »Du kannst mich mal«-Geld zusammenzubekommen – und gewissen, etwas riskanten Leidenschaften frönen zu können. Dieses Buch soll Ihnen helfen, dasselbe zu schaffen.

Jetzt, wo Sie so weit gelesen haben, verstehen Sie, wie Geldanlagen wirklich funktionieren und wie man ein Vermögen vernünftig aufbauen kann. Sie wissen auch, dass der Weg holprig und uneben sein kann und dass Markteinbrüche normal sind. Mit diesem Wissen werden Ihnen solche Ereignisse keine Angst mehr machen und Sie können ruhig bleiben und sich auf Ihr Ziel konzentrieren, ein Vermögen aufzubauen und finanziell unabhängig zu werden.

Der Weg liegt vor Ihnen. Sie müssen nur beginnen und den ersten Schritt tun. Viel Spaß auf der Reise!

Danksagungen

Ich bin ein eifriger Leser und habe die Danksagungen in vielen Büchern gelesen. Ich habe mich immer darüber lustig gemacht. Ich dachte immer, dass einige Leute vielleicht ein bisschen bei der einen oder anderen Kleinigkeit geholfen haben, dass aber der Autor die Hauptarbeit geleistet hat und jetzt bloß nett sein will.

Aber dann habe ich dieses Buch geschrieben ...

Lektorat

Der einfache Weg zum Reichtum verdankt seine Existenz meinem Lektor, **Tim Lawrence** (www.timjlawrence.com). Und das ist nicht nur so dahergesagt.

Seine Ratschläge haben das Endprodukt viel besser gemacht, als es sonst gewesen wäre. Seine Hartnäckigkeit, seine Ermutigung, seine Ausdauer und sein Glaube an die Wichtigkeit und die Notwendigkeit dieses Buches waren dafür verantwortlich, dass ich es fertig geschrieben habe. Er hat mich auch hartnäckig dazu angehalten, das Wort »hartnäckig«, das eines meiner Lieblingswörter ist, nicht so oft zu verwenden. Aber da er die Seite mit den Danksagungen nicht kontrolliert hat, hatte ich die Gelegenheit, dieses Wort noch ein paar Mal einzuschmuggeln.

Seine Aufgabe war so schwer, dass er gegen Ende Zuflucht in der Stille und im Frieden eines Klosters suchte. Ich freue mich, dass er nach einem halben Jahr wieder in die Welt und zu uns zurückgekehrt ist. Seither lebt er als Nomade. Als ich das letzte Mal von ihm hörte, war er irgendwo in Südostasien. Er schreibt über die Härten des Lebens und das dafür notwendige Durchhaltevermögen.

Erstaunlicherweise sprechen wir noch miteinander.

Umschlaggestaltung

Seitdem ich vorläufige Fassungen meines Buches andere habe sehen lassen, wurde der Umschlag begeistert gelobt. Ich wette, Sie wären auch begeistert gewesen, wenn man Sie um Ihre Meinung gebeten hätte. Ich rechne also nicht mit Widerspruch, wenn ich sage, dass die Designerin **Carol Chu** (www.heycarolchu.com) eine tolle Arbeit geleistet hat.

Wie kommt man zu so einem Talent? Sie war (vor der Zeit von Monica Lewinsky) eine Praktikantin im Weißen Haus und sie hat auf ihren Reisen schon drei Pässe verbraucht, in denen sie die Visa von Haiti, Indien, Estland, Japan, Frankreich, Dänemark, Norwegen, Finnland und Italien gesammelt hat. Einmal hat sie die russische Grenzpolizei festgenommen und ihren Pass beschlagnahmt.

Sie arbeitet seit 15 Jahren als Designerin. Neben diesem Job hat sie drei Bücher illustriert und zwei geschrieben. Ihr Ehemann ist Dichter und zusammen mit ihm restauriert und verkauft sie nebenberuflich Möbel aus der Mitte des 20. Jahrhunderts. Sie und ihr Mann haben sich während eines Schneesturms getroffen.

Das ist alles schön und gut, aber ich wette, dass die Ursache für unsere gute Zusammenarbeit und ihren Erfolg mit meinem Buch das Erlebnis mit den Russen war.

Umschlagillustration

Ich liebe das Bild auf dem Buchumschlag. **Trisha Ray** (www.trisharay.com) und ich sind Freunde seit meiner Fahrradtour durch Irland, auf der sie und ihr damaliger Verlobter mich nach Galway zu einem Musikfestival verschleppten und mich dann am Straßenrand allein zurückließen. Wir mussten einfach Freunde werden.

Sie hat in zwölf Ländern auf vier Kontinenten gelebt und gearbeitet. Im Moment wohnt sie in New Mexico mit ihrem Lebensgefährten, der Musiker ist, und einer ängstlichen Katze. Jetzt, nachdem sie ihr Import-Export-Unternehmen verkauft hat, hat sie mehr Zeit für ihre Reisen mit Rucksack und Skizzenblock. Ihr Buch *Meanwhile, Back in Los Ranchos*[1] ist voll von ihren wunderbaren Illustrationen und gut erzählten Kurzgeschichten über die Abenteuer, die zur Entstehung dieser Bilder führten. »Ich wurde zweimal verhaftet. Einmal fürs Falschparken und einmal, als ich ein Grab ausgehoben habe. Ich war in beiden Fällen schuldig.«

In dem Buch gibt es sogar eine Geschichte mit Bildern über mich. Aber sie handelt nicht von meinem Abenteuer in Irland.

Layout

Mary Jaracz arbeitet seit fast 15 Jahren als Grafikerin. Sie hat Preise gewonnen für die Bücher, die sie gestaltet hat, für ein

1 Ray, Trisha (2013): *Meanwhile, Back in Los Ranchos*, Scotts Valley: CreateSpace/Bogmark Press.

T-Shirt, das sie für eine Rockband designt hat, und für ihr Schokokeksrezept.

Sie ist immer offen für neue Herausforderungen und hat eine Vielzahl von Kunsthandwerken gemeistert, wie etwa Glasbläserei, Keramik, Holzschnitzerei oder Stoffdesign. Mary und ihr Ehemann widmen sich gerne ihrem historischen Haus aus dem Ende des 18. Jahrhunderts und ihren zwei Söhnen. Man kann sie unter maryjaracz@gmail.com erreichen.

Ich empfehle Ihnen dringend, sich an sie zu wenden, wenn sie ein Buch gestalten lassen wollen oder einfach nur gerne ein gutes Keksrezept hätten. Das setzt aber voraus, dass sie, nachdem sie mit mir zu tun hatte, wieder andere Aufträge annimmt.

Korrekturlesen

Weil ich sehr genau bin, habe ich zwei Leute das Buch Korrektur lesen lassen. Beide waren dafür fast ein bisschen überqualifiziert.

- **Dr. Kelly Paradis** hat einen Doktortitel in Atomphysik und arbeitet zurzeit als Medizinphysikerin an einem großen Universitätskrankenhaus im Mittleren Westen. Als sie sich bereit erklärte, *Der einfache Weg zum Reichtum* Korrektur zu lesen, musste ich ihr leider sagen, dass sie dafür nicht die richtige Qualifikation besitze.
  In ihrer Doktorarbeit beschäftigte sie sich mit eingefangenen Atomen und Quanteninformation. Jetzt wendet sie physikalische Prinzipien bei der Strahlentherapie von Krebs an und hält dazu im In- und im Ausland Vor-

träge. Schließlich dachte ich, sie könnte doch fürs Korrekturlesen geeignet sein.
Sie hat nicht nur Korrektur gelesen, sondern auch alle Berechnungen überprüft – wahrscheinlich, weil sie meinem Urteilsvermögen nicht ganz traut.
Wenn sie nicht gerade in ihrem Labor ist und dort Dinge in die Luft jagt, dann schreibt sie zusammen mit ihrem Ehemann und ihrer Katze Apollo über ihren eigenen Weg zur finanziellen Unabhängigkeit.

- **Rich Carey** ist Oberstleutnant in der amerikanischen Luftwaffe und deshalb meiner Meinung nach zu niedrig im Rang für die Aufgabe des Korrekturlesens.
Er hat den größten Teil seiner 16-jährigen Militärkarriere im Ausland verbracht und in dieser Zeit bei der NATO, den Vereinten Nationen sowie verschiedenen ausländischen Militar- und Polizeibehörden gearbeitet. Er hat sogar mit internationalen Friedensverhandlungen zu tun gehabt. Er spricht fließend Chinesisch und auch Japanisch. Für mich war aber wichtiger, dass Englisch seine Muttersprache ist.
Er strebt nach finanzieller Unabhängigkeit und hat es geschafft, innerhalb von sechs Jahren sein Stadthaus in Washington, D.C. und seine Studentenkredite zurückzuzahlen. Er hat auch einige Immobilien gekauft, die er vermietet und auf denen keine Hypotheken lasten. Über seine Erfahrungen berichtet er unter www.richonmoney.com.

Faktenprüfung

Da die in diesem Buch präsentierten Konzepte, Meinungen und Vorgehensweisen meist eher unkonventioneller Natur sind, war es für mich besonders wichtig, dass die Fakten richtig sind. Deshalb habe ich die Dienste dreier Faktenprüfer in Anspruch genommen.

Zwei der intelligentesten Autoren zum Thema finanzielle Unabhängigkeit sind der **Mad Fientist** von www.madfientist.com (ein Finanzblog, wo es auch ab und zu etwas zum Thema Reisen zu lesen gibt), der immer noch versucht, anonym zu bleiben, und **Jeremy Jacobson** von www.gocurrycracker.com (ein Reiseblog, in dem gelegentlich auch Finanzbeiträge erscheinen), der auf Anonymität keinen Wert legt.

Wenn ich ihre Beiträge lese, dann passiert es immer wieder, dass ich mich in meinem Stuhl zurücklehne und mir sage: »Toll. Daran habe ich noch nie gedacht.« Oder: »Dieser Blickwinkel ist mir neu.« Und wenn man sich mit dem Thema Geldanlage schon so lange beschäftigt hat wie ich, dann will das schon etwas heißen.

Genau diese beiden habe ich für mein Buch gebraucht. Das gilt ebenso für **Matt Becker** von www.momanddadmoney.com. Er ist ein professioneller Finanzberater. Wie Sie lesen werden, kritisiere ich diesen Berufsstand und die meisten seiner Vertreter ziemlich scharf. Aber Matt ist einer der »Guten« und seine Erkenntnisse und seine Ansichten haben meinen Horizont erweitert. Ohne ihn wäre mein Buch nicht so gut geworden, wie es ist.

Die Leser

Als das Buch Stück für Stück Gestalt annahm, wollte ich sicher sein, dass es »das Richtige« für meine Leserschaft ist.

Ich brauchte also Menschen, die intelligent sind, die gerne lesen, die wenig über Geldanlage und persönliche Finanzen wissen, aber daran so viel Interesse haben, dass sie bereit sind, ein Buch zu diesem Thema zu lesen. Und sie sollten mich nicht persönlich kennen, um unvoreingenommen zu sein.

Mir wurden Kontakte zu diesen drei Personen vermittelt:

- **Tom Mullen** ist ein Globetrotter und Unternehmensberater. Er hat Bücher über Wein, Reisen und Menschenführung geschrieben. Näheres zu ihm und seinen Büchern und Beiträgen kann man unter www.roundwoodpress.com und www.vinoexpressions.com finden.
- **Kate Schroedinger** ist eine Leseratte, eine Expertin für den Leseunterricht an der Mittelschule und eine Collegeprofessorin. Sie war deshalb die beste Wahl für das Lesen des Buchmanuskripts. Sie hat dafür gesorgt, dass die Konzepte dieses Buches auch für Menschen, die mit Finanzen nicht viel am Hut haben, verständlich sind. Denn sie ist, wie sie selbst so schön sagt, »keine Finanzprofessorin oder Finanzexpertin«.
- **Brynne Conroy** ist eine Bloggerin zum Thema persönliche Finanzen und eine freiberufliche Schriftstellerin. Auf ihrer Webseite www.femmefrugality.com teilt sie mit ihren Lesern hilfreiche Ratschläge und finanzielle Kniffe, bei denen es vor allem darum geht, wie man im Alltag Geld sparen und mehr aus seinem Einkommen machen kann. Erst seit Kurzem beschäftigt sie sich auch

mit Geldanlagen, so dass sie für mein Buchprojekt die perfekte Probeleserin war. Sie ist intelligent, erkennt, ob etwas gut oder schlecht geschrieben ist, und weiß genug zum Thema, um dafür zu sorgen, dass ich auf dem richtigen Weg blieb.

Vorwort

Pete Adeney alias Mr. Money Mustache (www.mrmoneymustache.com) war so freundlich, das Vorwort zu schreiben. Pete hat beim Thema finanzielle Unabhängigkeit ein gewichtiges Wort mitzusprechen. Er ist seit Langem ein Unterstützer meines Blogs und meines Geldanlageansatzes. Er war auch der Erste, den ich bat, bei unserem jährlichen Chautauqua-Treffen in Ecuador einen Vortrag zu halten, und er hat seitdem in jedem Jahr teilgenommen. Es gab also genug Gründe, ihn um ein Vorwort zu bitten. Es beschämt mich ein wenig, dass er so schnell zugesagt und dann so ein brillantes Vorwort geschrieben hat. Mein Freund, ich schulde Dir etwas.

Emotionale Unterstützung

Dieses Buch zu schreiben war ein langer und manchmal anstrengender Prozess. Meine Gefühle sind dabei Achterbahn gefahren: Einmal war ich deprimiert, ein anderes Mal wütend mit Schaum vor dem Mund und noch ein weiteres Mal ganz schwindlig vor Freude. Meine Frau, **Jane**, hat alles ausgehalten, ohne mir ein Messer in den Rücken zu rammen. Dafür hätte sie einen Orden verdient.

Kurz und gut: Mit all der Unterstützung, die ich bekommen habe, habe ich mich bemüht, mein Buch so gut zu machen, wie es mir eben möglich war. Selbstverständlich bin nur ich für etwaige Fehler, Mängel oder Ungenauigkeiten verantwortlich. Diese sind höchstwahrscheinlich in den seltenen Momenten entstanden, in denen ich es versäumt habe, auf die guten Ratschläge zu hören, die ich bekommen habe.

Ich danke Ihnen dafür, dass Sie dieses Buch lesen.

Lob für *Der einfache Weg zum Reichtum*

»Es liest sich nicht wie ein Investmentratgeber, aber man hat von diesem Buch viel mehr als von jedem anderen Investmentratgeber.«

Steve Fallert
Senior Director of Contracts
Simon & Schuster Publishers

»In Der einfache Weg zum Reichtum *geht es eigentlich um die Entscheidung für eine bestimmte Lebensweise: eine Lebensweise, die Ihre Sicht auf die Welt und das Leben verändern wird. Sie beruht auf einer einfachen Philosophie, die nur drei Lehren kennt: Geben Sie weniger aus, als Sie verdienen; investieren Sie vernünftig; und verschulden Sie sich nicht. In diesem Buch werden komplizierte Zusammenhänge mithilfe von einfachen Geschichten verständlich gemacht und es wird gezeigt, wie Sie mithilfe des Zinseszinseffekts zu einem Vermögen gelangen können, das Ihnen Freiheit geben wird. Collins schreibt klar und anschaulich und die wichtigsten Punkte werden so gut erklärt, dass man sie leicht verstehen kann. Die Lektüre dieses Buches ist ein gutes Investment in Ihre Zukunft. Und sie wird Ihnen die Augen darüber öffnen, was wirklich wichtig im Leben ist.«*

T. Mullen
Roundwood Press
www.roundwoodpress.com

Warum hat mir das niemand früher über Geld verraten

Mario Lochner

Geld regiert die Welt. Aber warum verrät uns niemand in der Schule oder in Ausbildung und Studium, wie wir damit umgehen sollen? Und warum es so wichtig ist, frühzeitig die Balance zwischen finanzieller Disziplin und dem Glück im Leben zu finden? Mario Lochner zeigt in seinem neuen Buch, wie jeder den Weg hin zu „finanzieller Unbesiegbarkeit“ gehen kann. Er gibt Einblick in die Mechanismen der Finanzwelt, enthüllt, warum die Gefühle Angst und Gier den Umgang mit Geld dominieren und hilft, das wahre Wesen von Börse und Risiko zu verstehen. Und er gibt eine konkrete Anlagestrategie, um sich ein finanzielles Fundament aufzubauen sowie Werkzeuge für ein glückliches und selbstbestimmtes Leben – frei von finanziellen Sorgen.

272 Seiten | Hardcover | 18,00 € (D) | 18,50 € (A) | ISBN 978-3-95972-461-6

Was ich meinem 18-jährigen Ich raten würde

Dirk Kreuter

»Dirk! Wenn du noch mal 18 wärst, was würdest du tun? Was würdest du deinem 18-jährigen Ich raten?« Diese Frage wurde Bestsellerautor und Top-Verkaufstrainer Dirk Kreuter so oft gestellt, dass er beschloss, dazu ein YouTube-Video aufzunehmen. Die riesige Resonanz führte dazu, dass er darauf basierend dieses Buch schrieb, mit dem Ziel, Orientierung, Handlungshilfen und Leitplanken für beruflichen und privaten Erfolg zu geben – etwas, das in der Schule fast völlig versäumt wird. Hier gibt er wertvolle Hilfestellung zu Persönlichkeitsentwicklung, Karriere sowie finanzieller Unabhängigkeit und zeigt, wie jeder den Grundstein dafür legen kann.

224 Seiten | Hardcover | 19,99 € (D) | 20,60 € (A) | ISBN 978-3-95972-345-9

Raus aus dem Stundenlohn

Oliver Pott

Die alten, sicher geglaubten Arbeitsmodelle haben ausgedient: Selbst DAX-Konzerne entlassen massenhaft Mitarbeiter. Die Krise ist der Weckruf, sich als Angestellter oder Selbstständiger nicht nur auf sein Gehalt zu verlassen, sondern das eigene Einkommen selbstbestimmt in die Hand zu nehmen. Und wer sein eigenes Talent voll entfaltet, muss nie wieder Lebenszeit an andere verkaufen.
Hier erfahren Leser, wie sie ihre größte Leidenschaft zum Beruf machen, indem sie neue Einkommensquellen für sich entdecken. So erlangen sie die Freiheit und Unabhängigkeit, um ohne Druck und feste Arbeitszeiten an den eigenen Zielen zu arbeiten.

224 Seiten | Softcover | 19,99 € (D) | 20,60 € (A) | ISBN 978-3-95972-424-1

Finanzielle Freiheit mit Dropshipping

Fabian Siegler

Der Online-Handel boomt weltweit. Doch wie kann man von diesem stetig wachsenden Business profitieren? Am besten neben dem Beruf und ohne Vorkenntnisse? Das Zauberwort heißt »Dropshipping«. Dahinter verbirgt sich die Idee, seine Waren nicht vorab einzukaufen. Stattdessen verbleiben diese bei einem Großhändler, bis der Kunde bestellt. Erst dann versendet der Großhändler die Ware direkt an den Kunden. Weil Dropshipping Zeit, Kapital und unnötige Risiken erspart, bietet es sich auch für Start-ups, Studenten, Teil- oder Vollzeitarbeitnehmer oder sogar Arbeitssuchende an. Eine einfach umsetzbare Einführung auch völlig ohne Vorkenntnisse.

288 Seiten | Hardcover | 24,99 € (D) | 25,70 € (A) | ISBN 978-3-95972-314-5

Das 5-Tage-Wochenende

Nik Halik, Garrett Gunderson

Viele Menschen wollen mehr vom Leben und wissen, dass es einen besseren Weg gibt, das ihre zu leben. Und doch stecken viele in ihrem Nine-to-Five-Arbeitsalltag fest, fristen ihr Dasein nach den Regeln anderer und fragen sich eines Tages, wo ihr Leben geblieben ist. Das 5-Tage-Wochenende bietet einen Ausweg aus der Sackgasse. Es zeigt, wie sich durch den Aufbau eigener Unternehmen und clevere Investmentstrategien regelmäßige, passive Einkommensströme generieren lassen, sodass finanzielle und persönliche Unabhängigkeit erreicht und die Konzentration auf die großen Lebensziele möglich wird. Ziel ist es, mit einem unabhängigen Einkommen nicht mehr im Hamsterrad gefangen zu sein, sondern sich daraus zu befreien. Das Buch enthält zahlreiche Fallbeispiele und Übungen, die dem Leser die Zielfindung und Etablierung neuer Strategien erleichtern. So fühlt sich jeder Tag wie Wochenende an!

368 Seiten | Softcover | 16,99 € (D) | 17,50 € (A) | ISBN 978-3-95972-250-6

Rebellion im Hamsterrad: Wie Sie Ihre Routine endlich

Niclas Lahmer

Im Ferrari die Küste der Algarve hinunterfahren, in der First Class für den Preis der Holzklasse fliegen und mit 5 Stunden Arbeit mehr Geld verdienen als die meisten Manager mit einer 70-Stunden-Woche – wer will das nicht? Die Möglichkeit, das Leben außerhalb des Gewöhnlichen zu erleben, dem alltäglichen Hamsterrad zu entkommen, bleibt den meisten verwehrt. Doch das muss nicht sein! Niclas Lahmer zeigt in seinem neuen Buch, wie Sie mehr finanzielle und persönliche Freiheit erlangen können, indem Sie sich aus den Zwängen gesellschaftlicher Glaubenssätze befreien. Raus aus der Knechtschaft des Geistes, des Konsums, des Kapitals und der Zeit, damit mehr Zeit für das Wesentliche und für ein erfülltes Leben bleibt!

320 Seiten | Hardcover | 18,99 € (D) | 19,60 € (A) | ISBN 978-3-95972-268-1

Busy is the new stupid

Tim Reichel

Neue Technologien und die Digitalisierung haben unseren Arbeitsalltag stark verändert. Sie schaffen unzählige Möglichkeiten, haben aber auch einen Haken: Wir leben in einer Zeit der unbegrenzten Ablenkungen. Unsere Aufmerksamkeit und unsere Konzentration werden zu den wichtigsten Erfolgsgrößen, die es zu verteidigen gilt. Wer dieser Falle entgehen möchte, muss die richtigen Prioritäten setzen und sich auf die wichtigen Dinge konzentrieren. Tim Reichel zeigt 101 Wege für ein glückliches Leben im 21. Jahrhundert. Es ist ein moderner Werkzeugkoffer mit den besten Zeitmanagement-Methoden und Produktivitätstechniken, die aktuell bekannt sind.

208 Seiten | Softcover | 14,99 € (D) | 15,50 € (A) | ISBN 978-3-95972-306-0

Cool bleiben und Dividenden kassieren

Christian W. Röhl, Werner H. Heussinger

Deutschland ist im Immobilienfieber. Doch nicht jeder kann sich eine Immobilie leisten, noch dazu zeigt der Immobilienmarkt besonders in Deutschland die ersten Überhitzungserscheinungen. Der schlaue Anleger aber weiß: Dividenden-Aktien sind die neuen Immobilien! Und funktionieren fast genauso: Wer eine Immobilie besitzt und regelmäßige Mieteinnahmen hat, den kümmert es wenig, ob der Wert der Immobilie schwankt, denn solange man sie nicht verkaufen möchte, spielt es keine Rolle. Nicht anders funktionieren Dividendenaktien; Wer eine Aktie besitzt und dafür regelmäßig – noch dazu oft jährlich steigende – Dividenden kassiert, für den spielt es keine Rolle, ob die Aktie an der Börse unterschiedlich bewertet ist – solange man sie nicht verkaufen möchte. Noch dazu fallen bei einer Aktie keine Unterhalts- oder Instandhaltungskosten an. Die Dividenden-Aktie ist also nicht nur die neue, sondern die bessere Immobilie!

256 Seiten | Hardcover | 16,99 € (D) | 17,50€ (A) | ISBN 978-3-95972-957-7